부동산
경매실무
따라하기

최신 개정판

누구나 쉽게 성공하는
실전경매

부동산
경매실무
따라하기

초   판 1쇄 발행일 2015년 6월 12일
개정판 1쇄 발행일 2021년 5월 17일

지은이 김병석
펴낸이 양옥매
디자인 이윤경
교   정 조준경

펴낸곳 도서출판 책과나무
출판등록 제2012-000376
주소 서울특별시 마포구 월드컵북로 44길 37 천지빌딩 3층
대표전화 02.372.1537 팩스 02.372.1538
이메일 booknamu2007@naver.com
홈페이지 www.booknamu.com
ISBN 979-11-5776-622-2(13320)

최신 개정판

누구나 쉽게 성공하는 실전경매

부동산 경매실무 따라하기

김병석 지음

책과나무

부동산 경매란?

누구나 부동산 경매에 관심을 가진다. 그 이유는 저렴한 금액으로 부동산을 취득하여 수익을 내기 위한 재테크로 활용하기 위해서일 것이다.

그렇다면 부동산 경매를 낙찰받기 위해서는 어떤 것을 배워야 하며, 어떤 기술이 있어야 할까?

가장 기본적인 경매의 기초에서 낙찰 후 방법에 이르기까지 실전사례를 통한 이론과 방법을 통한 내용으로, 쉽고 즐겁고 빠르게 부동산 경매에 관한 법률적인 지식을 전달하고자 한다.

이 저서는 부동산 법원 경매에 관심이 있는 많은 사람들이 부동산 경매에 준비된 자세로 임할 수 있도록 기초에서 실전에 이르기까지 단계별 실전사례 위주로 집필하여, 누구나 부동산 경매의 전문가가 되어 손실 없이 이익을 추구하는 재테크 전문가로 거듭날 수 있는 지침서가 될 것이다.

– 경매의 발생

경매란? 변제기가 도래한 채무에 대해 채무자가 여타 이유로 그 의무를 이행치 않을 때 채권자가 채권을 변제받고자 채무자의 부동산을 강제로 매각하여 줄 것을 입찰법원에 요청하는 절차라고 할 수 있다.

일반적으로 부동산을 구입하는 사람들 대부분은 100% 현금으로 부동산을 구입하지 않고 은행대출(금융권)을 이용하는데, 이 과정에서 해당 부동산을 담보설정 등기하여 돈을 빌린다. 이는 채무자(담보제공자)와 채권자(대출기관)가 쌍방의 합의에 의해 이루어지는 합법적 법률행위가 되는 것이다.

그런데 약정에 의해 발생한 채권을 채무자가 약속이행을 하지 않을 시 채권자는 담보된 부동산을 대신 처분하여 채권을 회수하기 위한 방법으로 부동산을 경매 신청한다. 이처럼 담보된 부동산을 처분하는 금액으로 상환하는 과정이 부동산 경매가 발생하는 과정이다.

즉, 채권자는 채무자가 채권행위를 성실히 이행하지 않는 상황이 도래하여 채무변제를 강제로 이행시키고자 담보로 제공된 부동산을 법원에 경매 신청을 하고, 법원은 채권자의 요청에 의해 합법적인 절차를 거쳐 공개적으로 최고가 매수인을 선정하여 그 담보 부동산을 처분하고 매각대금을 가지고 채권자에게 배당을 해 주는 방법으로 채무관계를 강제로 해소해 주는 방법이 부동산 경매이다.

법원은 단순하게 채권자의 경매신청을 접수하여 서류상 경매진행에 합당하면 채권자의 ▷법원의 경매개시결정과 매각의 준비 ▷매각기일 등 공고 ▷입찰자의 정보수집 및 입찰 참여 ▷법원의 최고매수인의 선정 ▷법원의 매각허가결정 ▷매수인의 매각대금 지급 및 권리 취득 ▷채권자에 대한 배당을 통해 채권자들에게 권리의 우선순위에 따라 경매대금을 배당하고 등기를 촉탁하는 것으로 경매에 관한 업무를 집행한다.

법원에 그 부동산에 등기부상의 하자가 있다든지 그 부동산 물건 자체에 문제가 있다고 해도 물건매각명세서와 현황 상 중요한 하자가 있지 않으면, 경매부동산에 대하여 소유자나 경매법원이나 그 누구도 이에 따른 책임을 지지 않고 오로지 최고가 낙찰자 본인이 그 책임을 져야 한다. 따라서 법원 경매에 응찰하는 입찰자는 일반부동산 매매시장보다 신중하게 권리분석과 임장활동을 통한 진위와 사실 여부를 확인하여야 한다. 만일 부동산 경매에 대해 충분한 지식과 사실 확인을 하지 않으면, 경매로 수익을 내려다 오히려 손해를 입을 수 있는 경우가 생긴다.

경매 은행이나 채권자는 채무자가 정상적으로 돈을 갚지 못하면 채무자가 담보로 제공한 부동산을 강제로 경매에 넘겨 빌려준 돈을 회수할 수 있다. 시중은행은 채무자가 보통 3개월 이상 대출이자를 연체할 경우, 독촉·협의 절차를 거친 뒤 법원에 경매를 신청한다. 그리고 법원이 이를 받아들이면 경매 절차에 들어간다.

법원은 부동산을 압류하고 세입자 등 다른 채권자들도 배당받을 수 있도록 이들의 요구를 접수한다. 그리고 감정평가를 통해 경매물건의 평가액을 산정해 최저매각가격을 정해 경매를 시작한다. 첫 경매에선 감정평가액이 최

저가가 되고, 유찰될 때마다 최저가가 일정 비율(지역에 따라 20~30%)씩
내려간다.

"부동산 경매는 꾸준히 배우고 임장을 통한 사실 확인과 매각물건의 가치판
단까지 본인이 하여야 하기에, 부동산을 경매로 취득하는 것은 개인의 준비
된 노력과 공부 없이는 수익성을 낼 수 없다."

- 저자 김 병 석

제1장

경매용어
이해하기

경매를 최초로 접하는 사람들이 가장 어렵게 생각하고 생소하게 여기는 것이 경매에서 사용하는 용어다. 물론 경매라는 것을 모르는 사람은 거의 없다고도 할 수 있는 것이 요즘은 경매가 대중화되고, 재산증식수단으로 가장 좋다고 생각하여 너도 나도 경매에 관심을 갖고 있기 때문이기도 하다.

그래도 경매에 관심을 갖고 있고, 또한 언젠가는 경매에 참여하고자 한다면 경매에서 사용하는 경매용어를 확실히 알고 가는 것이 좋다.

왜냐하면 기본적인 용어와 그 뜻을 확실히 알고 있어야 경매를 제대로 알 수 있기 때문이다.

임의경매와 강제경매

경매는 임의경매와 강제경매로 분류할 수 있다. 그러나 경매를 진행하는 것은 그 절차, 즉 경매신청에서부터 경매개시결정, 매각실시, 매각결정, 대금납부, 소유권이전, 부동산인도명령, 배당, 명도 등에서 동일하다고 볼 수 있다.

먼저 임의경매는 채무자가 채권자에게 담보설정을 해 주고 차용을 하면서 상환약속을 지키지 않으면 채권자 임의대로 경매를 진행하여 차용한 돈을 회수할 수 있는 것을 말한다.

일반적으로 주택·토지·상가를 구입하면서 자금이 부족하여 은행이나 개인에게 대출을 받고, 부동산담보에 근저당 설정을 해주고 자금을 차용한다. 그러나 불가피하게 그 자금을 상환하지 않았을 때는 설정된 담보 근저당권을 원인으로 하여 별도의 소송절차 없이 법원에 경매를 신청한다.

이때는 근저당권을 설정한 은행이나 개인은 누구에게 묻지도 따지지도 않고 임의대로 경매를 진행한다. 이러한 경매를 임의경매라고 한다. 임의경매는 이와 같은 근저당권뿐만 아니라 전세권, 담보가등기에 기해서도 신청할 수 있다.

반대로 강제경매는 임의경매와 달리 근저당권 등의 설정을 하지 않고 채권자가 채무자에 대한 금전청구로, 법원에서 받은 판결문·지급명령결정문·공정증서 등에 의하여 채무자의 재산에 대하여 강제로 경매를 진행하는 것을 말한다.

실제 우리 주변에서 설정을 하지 않고 차용증서로 금전을 차용하였으나 채무자가 상환을 하지 않아, 채권자가 소액심판·지급명령 등을 통하여 확정판결을 받아 채무자의 재산에 강제로 경매를 진행하는 것을 볼 수 있다.

채무자의 재산 보유 현황을 알아야 그 물건에 경매를 신청할 수 있다. 하지만 채무자에게 보유하고 있는 재산에 대해 물었을 때 쉽게 답변할 채무자가 극히 드물 것이다. 그래서 법원에 채무자가 본인의 재산이 얼마 있는지 공개하라는 명령을 신청할 수 있는 제도가 '재산명시신청서'이다.

▶ 재산명시란?

채권자가 법원에 소송의 종결로 인하여 어떠한 판결문·조정조서·이행결정문 등의 집행권원을 보유하고 있는데도 불구하고, 채무자가 임의로 변제하지 않을 경우 채무자의 재산을 강제집행 해야 하는데, 사실상 채무자의 재산이 어디에 얼마나 있는지 알 수 없어 이에 따라 채권자는 법원에 채무자가 본인의 재산이 얼마 있는지 공개하라는 명령을 신청할 수 있는 제도이다.

이러한 제도를 '재산명시신청'이라고 하며, 만약 재산명시기일에 채무자가 응하지 않는다면 20일 이내에 감치에 처할 수 있고, 허위로 재산목록을 제출할 시 3년 이하의 징역 또는 500만 원 이하의 벌금형으로 처벌할 수 있다.

또한 만약 양도한 재산이 발견될 시, 강제집행 면탈죄로 고소하여 3년 이하의 징역 또는 1천만 원 이하의 벌금형으로 처벌할 수 있다.

• 재산명시신청비용: 인지 1,000원, 송달료 × 5회분 × 당사자 수

☞ 법원 송달료 인상 「송달료규칙의 시행에 따른 업무처리요령(재일 87-4)」

　1회분 송달료 : 4,500원 - 2017. 11. 1. 부터

　1회분 송달료 : 5,100원 - 2020. 7. 1. 부터

재 산 명 시 신 청 서

채권자 OOO   (–   )

주소 :

채무자 OOO   (–   )

주소 :

집행권원의 표시

위 당사자간 OO지방법원 2014가소 OOO임대차보증금반환 청구사건의 집행력 있는 판결문

채무불이행금액

금전채무액 : 금   원(위 집행권원상 채무전액)

신 청 취 지

채무자는 재산상태를 명시한 재산목록을 재산명시기일까지 제출하라는 명령을 바랍니다.

신 청 사 유

1. 채권자는 채무자에 대하여 위 표시 집행권원을 가지고 있고 채무는 이를 변제하지 아니하고 있습니다.
2. 따라서 민사집행법 제61조에 의하여 채무자에 대한 재산명시명령을 신청합니다.

첨 부 서 류

1. 집행력있는 판결정본   1부
2. 송달증명원   1부
3. 확정증명원   1부
4. 송달료납부서   1부

20 .   .   .

채권자   (날인 또는 서명)

○○지방법원 귀중

◇ 유 의 사 항 ◇

1. 채권자는 연락처란에 언제든지 연락 가능한 전화번호나 휴대전화번호(팩스번호, 이메일 주소 등도 포함)를 기재하기 바랍니다.
2. 채권자는 수입인지 외에 5회분의 송달료를 납부하여야 합니다.
3. 명시신청을 함에는 집행력있는 정본과 강제집행을 개시하는 데 필요한 문서를 첨부하여야 합니다.
4. 신청서를 제출할 때 집행력있는 정본외 그 사본을 한 부 제출하면 접수공무원이 사본에 원본 대조필을 한 다음 정본은 이를 채권자에게 반환하여 드립니다.

최초법사가격과 감정가 (최저매각가격과 금차법사가격)

우리나라의 법률 중에서 경매에 관하여 직접 규정하고 있는 법률은 민사집행법이다. 「민사집행법」 제97조를 보면, "채권자가 경매를 신청하면 법원은 감정인에게 부동산을 평가하게 하고 그 평가액을 참작하여 최저매각가격을 정하여야 한다."고 되어 있다. 여기에서 최저매각가격은 최초 경매를 실시할 때는 통상 '최초법사가격'이라 하고, 유찰이 되어 두 번째 진행될 때부터는 '최저매각가격' 또는 '금차법사가격'이라고 한다.

민사집행법에서는 감정평가액을 참작하여 최저매각가격을 정한다고 하였으나 거의 모든 사건이 감정평가액을 기준으로 최저매각가격이 정하여 진다고 생각하면 된다. 이 법사가격은 법으로 규정한 가격이라고 이해하면 쉽게 이해할 수 있다.

그렇다면 실제 경매에서 이러한 최초법사가격과 최저매각가격이 어떤 역할을 하는 걸까? 경매에 응찰하는 사람은 경매가격을 정할 때 이 최초법사가격과 최저매각가격 이상으로 응찰을 해야 유효하다.

기간입찰과 기일입찰

「민사집행법」 제103조에 의하면, 부동산의 매각은 매각기일에 하는 호가경매(呼價競賣), 매각기일에 입찰 및 개찰하게 하는 기일입찰 또는 입찰기일 이내에 입찰하게 하여 매각기일에 개찰하는 기간입찰의 세 가지 방법을 정하고 있다.

여기에서 호가경매는 현재 부동산 경매에서는 사용하지 않고 단지 동산에 대한 강제집행에서만 사용하고 있다. 즉, 예전에는 매수신청인이 서로 가격을 올려 가며 하는 방식으로 사용했지만 현재는 부동산 경매에서 사용하지 않는다.

현재 부동산 경매 입찰 방법은 기일입찰제이다. 기일입찰은 법원에서 정한 날 법원에 모여 입찰하는 방식으로, 매각기일에 입찰 및 개찰을 하는 입찰방식이다.

기일입찰을 하는 경매장에 가면 한꺼번에 많은 사람이 몰려 매우 혼잡함을 느낄 수 있다. 그래서 이런 혼잡함을 개선하고자 내놓은 방식이 기간입찰 제도이며, 2004년 11월 9일 창원지방법원에서 첫 실시되었다.

기간입찰은 일주일에서 한 달간 기간을 두고 자유롭게 우편이나 법원에 찾아가서 입찰하는 방식이다. 경매물건에 입찰을 원하는 사람은 법원에서 정한 기일 내에 입찰서를 제출하고, 입찰마감이 종료된 후 개찰(매각)을 하여 최고가 매수인을 정하는 방식이다.

입찰의 방법은 입찰표에 기재사항을 기재한 후, 매수신청보증금을 관할법원의 예금계좌에 입금한 후 받은 법원보관금 영수필통지서를 입금증명서의 양식에 첨부하거나 경매보증보험증권 입찰봉투에 넣어 봉함한 후, 매각(입찰)기일을 기재하여 집행관에게 직접 제출하거나 등기우편으로 집행관에게 부치는 방법이다.

이처럼 기일입찰을 보완하기 위하여 기간입찰을 도입하였으나 입찰봉투를 가지러 해당법원에 가서 제출해야 하거나 입찰 후 개찰(매각)까지 입찰 보증금을 찾지 못하는 부담감과 번거로움 및 실효성 미흡 등의 이유로, 기간입찰제가 도입된 지 9년 만에 사라지고 말았다.

경매개시결정(경매개시일)

법원은 채권자가 경매신청을 하면, 신청서와 첨부서류를 검토하여 강제집행의 요건, 집행개시의 요건 등에 관하여 심사를 한다. 그리하여 신청이 적법하다고 인정되면, 강제경매개시결정을 한다.

또한 임의경매 신청이 접수된 경우에도 임의경매에 필요한 요건에 관하여 심사를 하며, 신청이 적법하다고 인정되면 임의경매개시결정을 한다.

집행법원이 경매개시결정을 하면 즉시 그 사유를 등기사항전부증명서에 기입할 것을 등기관에게 촉탁한다. 등기관은 집행법원의 촉탁에 따라 경매개시결정의 기입등기를 한다.

여기에서 경매개시결정(경매개시일)이 중요한 이유는 다음 장에서 설명하겠지만, 주택·상가임차인의 대항력과 유치권 등을 판단할 때 임차인을 인수하느냐 소멸하느냐의 중요성을 가리며 유치권 존재 유무를 판단하는 기준일 역할을 하기 때문이다.

배당요구종기일

배당요구종기일은 경매에서 권리분석을 할 때 아주 중요한 요소이다. 민사집행법 제84조에 의하면, 경매개시결정에 따른 압류의 효력이 생긴 때에는 집행법원은 절차에 필요한 기간을 감안하여 배당요구를 할 수 있는 종기(終期)를 첫 매각기일 이전으로 정한다고 되어 있다.

주택임차인들이 배당을 받기 위해서는 이 배당요구종기일까지 배당요구를 하여야 하며, 또한 경락받은 물건에 거주하고 있는 임차인들에 대한 인도명령과 명도소송의 차이점의 기준점이 되기도 한다.

또한 배당요구의 종기일은 채권자와 경락자 등의 이해관계에 커다란 영향을 미치므로 특별한 사정이 없는 한 함부로 연기하지는 않는다.

그러나 특별한 사정(경매 중인 사실을 모르고 있었거나 경매에 대하여 잘 모르는 임차인 등)이 있는 경우, 배당요구종기일의 연기·변경의 신청을 하면 법원은 기간을 놓친 채권자를 구제해 주기도 한다.

경매에서 배당요구종기일은 여러 가지로 중요한 권리분석의 기초가 되므로 자주 등장하는 용어이다.

일괄매각과 개별매각

채무자가 자기 소유의 부동산(땅) 여러 필지를 담보로 제공하고 대출을 받았다. 그러나 대출금을 상환하지 못하게 되자, 채권자는 채무자 소유의 부동산 여러 필지를 경매 신청하게 된다.

이때 공동담보로 제공된 부동산에 대하여 각각의 물건번호를 부여하여 경매를 진행하는 것을 '개별매각'이라고 한다.

즉, 경매사건번호는 동일하지만 각각의 부동산에 물건번호를 부여하는 것을 말한다. 예를 들어 『2015타경 1234호』라는 사건번호를 부여받았다면 이 사건번호 뒤에 『2015타경 1234(1)호, 2015타경 1234(2)호, 2015타경 1234(3)호』라는 식으로 물건번호를 부여하는 방식이다.

이렇게 물건번호가 부여되면, 입찰자는 위의 사건 (1)~(3)호 중에서 자신이 원하는 물건번호를 정확히 기재하여야 유효하며, 물건번호를 기재하지 않으면 무효처리가 되기 때문에 꼭 물건번호가 부여된 물건은 매각물건 번호를 잘 확인하여야 한다.

그리고 「민사집행법」 제98조에 보면, 법원은 여러 개의 부동산의 위치·형태·이용관계 등을 고려하여 이를 일괄매수하게 하는 것이 알맞다고 인정하는 경우에는 직권으로 또는 이해관계인의 신청에 따라 일괄매각하도록 결정할 수 있다고 하고 있다. 즉, 원칙은 개별매각이지만 필요한 경우 일괄매각하도록 결정할 수 있다는 것이다.

이렇게 일괄매각방식으로 매각이 이루어진다면 위에서와 같이 (1)~(3)호와 같은 물건번호가 부여되지 않고 『2015타경 1234호』와 같이 단일물건으로 매각이 진행된다.

여러 개의 부동산이 경매에 나왔을 때 개별매각방식으로 한다면, 여러 필지의 땅

중에서 도로에 접한 물건만 높은 가격에 한 사람이 1차에 경락받을 경우에 나머지 땅은 도로에 접하지 못하는 맹지가 되어 아주 낮은 가격에 경락이 될 수밖에 없다. 이러한 경우, 채권자 및 채무자의 손실이 너무 크기 때문에 경매법원에서 일괄매각방식으로 진행한다.

7 중복경매

중복경매란, 이미 경매가 진행된 부동산에 대하여 다시 새로운 경매가 진행되는 것을 말한다.

2010. 5. 2 근저당 300,000,000원 (국민은행)
2011. 2. 4 가압류 50,000,000원 (저축은행)
2011. 3. 6 강제경매개시결정 (저축은행)
2011. 6. 3 임의경매개시결정 (국민은행)

이런 경우에 선행 경매사건인 저축은행의 강제경매 절차에 따라 경매가 진행되고, 후행 경매사건인 국민은행의 임의경매는 배당요구의 의미만 있을 뿐이다.

하지만 어떤 사유로 저축은행의 선행 경매사건이 취소되거나 취하되면, 후행 경매 사건으로 계속 경매를 진행하게 된다.

만약 이때 국민은행이 중복경매를 신청하지 않았을 때 선행 경매사건이 취소나 취하가 되면, 경매는 그대로 종결된다.

새매각과 재매각(신경매와 재경매)

새매각과 재매각은 일반적으로 신경매와 재경매라고 이해하면 된다. 민사집행법에서는 '새매각'이라고 하고 있으나 일반적으로 경매시장에서는 '신경매'라는 용어로 더 보편화되어 있다.

신경매란 경매기일에 유찰되어 다시 실시하는 경매와 최고가매수인이 결정되었다가 어떤 이유로 낙찰이 불허되거나 낙찰허가가 취소된 경우에 실시하는 경매이다. 이와 반대로 재경매는 낙찰자가 대금지급의무를 이행하지 않아 법원의 직권에 의하여 다시 경매절차를 진행하는 경매를 말한다.

신경매와 재경매 사이에는 법사가격과 경매보증금에서 다음과 같은 차이점이 있다.

구 분	사 유	법사가격	경매보증금
신경매	유찰로 다시 실시하는 경매	20 ~ 30% 저감	10%
	낙찰불허로 다시 실시하는 경매	종전 법사가격과 동일	
	낙찰허가 취소로 다시 실시하는 경매		
재경매	낙찰자의 대금지급의무 불이행으로 다시 실시하는 경매		통상 20% ~ 30%

제2장

경매 사이트
이용하기

대법원 경매 사이트를 열람하면, 경매물건의 진행내역, 채무자 · 채권자 · 당사자 내역, 물건처리, 송달내역 등 정확한 정보를 제공하고 있지만, 일반사설 경매 사이트에서 제공하는 정보처럼 자세한 내용은 제공하지 않는다.

그러나 물건송달내역에서 많은 내용을 확인하고 유추해 볼 수 있으며, 배당신청 유무의 중요한 부분을 확인할 수 있다.

일반 사설경매 사이트에는 지지옥션, 굿옥션, 스피드옥션 등 유료사이트가 있다. 그리고 권리분석, 유사낙찰사례, 수익률분석, 낙찰통계 등 많은 정보를 제공하고 있다.

이번 장에서는 대법원 사이트와 사설경매 사이트 중 지지옥션을 사례로 설명하겠다.

대법원 경매 사이트 열람하기

☆ HOME ▸ 경매물건 ▸ 물건상세검색

물건상세검색

▷ 검색조건 용도 : 건물 > 주거용건물 > 아파트 [총 물건수 : 1169건]

	사건번호▲	물건번호 용도	소재지 및 내역	비고	감정평가액▲ 최저매각가격▲ (단위:원)	담당계 매각기일▲ (입찰기간)	진행 상태▲
☐	서울중앙지방법원 **2013타경30302** 2015타경2936 (중복)	1 아파트	서울특별시 동작구 상도로68길 29, 지 층 비03호 (상도동,푸른솔아파트) [집합건물 철근콘크리트조 84.18㎡]		325,000,000 260,000,000 (80%)	경매5계 ☎ 2015.05.26	유찰 1회
☐	서울중앙지방법원 **2013타경42213** ❼ 클릭	1 아파트	서울특별시 강남구 청담동 28-13 골 든아트빌 5층 502호 🐕 [집합건물 철근콘크리트조 153.610 ㎡]	임차인에 대해서는 매각물건명 세서의 비 고란을 참 조할 것.	780,000,000 780,000,000 (100%)	경매9계 ☎ 2015.05.20	신건
☐	서울중앙지방법원 **2013타경42855** 2013타경34434 (병합)	2 아파트	서울특별시 강남구 논현동 108 논현 휠스톤 3층 306호 🐕 [집합건물 철근콘크리트조 93.790㎡]	-대금지급 기일(기한) 이후 지연 이자: 연2 할 -임대 차 : 물건명 세서와 같 음	655,000,000 655,000,000 (100%)	경매8계 ☎ 2015.05.21	신건

🏠 HOME ▸ 경매물건 ▸ 물건상세검색

물건상세검색

▶ **검색조건** 법원 : 서울중앙지방법원 ┃ 사건번호 : 2013타경30302

| **사건내역** 클릭 ❽ | 기일내역 | 문건/송달내역 | | 🖨 인쇄 | ‹ 이전 |

🔘 사건기본내역

사건번호	2013타경30302	사건명	부동산강제경매
중복/병합/이송	2015타경2936(중복)		
접수일자	2013.08.29	개시결정일자	2013.08.30
담당계	경매5계 전화 : 530-1817(구내:1817)		
청구금액	45,000,000원	사건항고/정지여부	
종국결과	미종국	종국일자	

| 🗎 현황조사서 | 📝 감정평가서 | 관심사건등록 |

🔘 배당요구종기내역

목록번호	소재지	배당요구종기일
1	서울특별시 동작구 상도로68길 29, 지층 비03호 (상도동,푸른솔아파트)	2013.11.13
1	서울특별시 동작구 상도로68길 29, 지층 비03호 (상도동,푸른솔아파트)	

🔘 항고내역

물건번호	항고제기자	항고접수일자	항고		재항고		확정여부
		접수결과	사건번호	항고결과	사건번호	재항고결과	
		검색결과가 없습니다.					

🔘 물건내역

물건번호	1	▶ 물건상세조회 ▶ 매각물건명세서	물건용도	아파트	감정평가액 (최저매각가격)	325,000,000원 (260,000,000원)
물건비고						
목록1	서울특별시 동작구 상도로68길 29, 지층 비03호 (상도동,푸른솔아파트) 🔳		목록구분	집합건물	비고	미종국
물건상태	매각준비 -> **매각공고**					
기일정보	2015.05.26		최근입찰결과	2015.04.21 유찰		

🔳 : 등기기록 열람

🔘 목록내역

목록번호	소재지	목록구분	비고
1	서울특별시 동작구 상도로68길 29, 지층 비03호 (상도동,푸른솔아파트) 🔳	집합건물	미종국

당사자구분	당사자명	당사자구분	당사자명
채권자	윤성훈	채무자겸소유자	이선구
임차인	이동명	근저당권자	통조림가공수산업협동조합
근저당권자	신용보증기금	가압류권자	주식회사 신한은행
가압류권자	윤성훈	가압류권자	이성희
가압류권자	신용보증기금	교부권자	국민건강보험공단경기광주지사
교부권자	서울특별시동작구	가처분권자	주식회사 신한은행
배당요구권자	이성희		

🗎 현황조사서 　 🗎 감정평가서 　 관심사건등록 　 🖨 인쇄 　 < 이전

⌂ HOME › 경매물건 › 물건상세검색

물건상세검색 ⑩

▷ **검색조건** 법원 : 서울중앙지방법원 | 사건번호 : 2013타경30302

사건내역 　 기일내역 　 **문건/송달내역** 　　 🖨 인쇄 　 < 이전

중복/병합사건 　 선택하세요 ▼

📋 문건처리내역

접수일	접수내역	결과
2013.09.03	등기소 서울중앙지방법원 등기국 등기필증 제출	
2013.09.10	채권자 윤성훈 보정서 제출	
2013.09.13	채권자 윤성훈 사용증명 제출	
2013.09.13	근저당권자 통조림가공수산업협동조합 채권계산서 제출	
2013.09.16	감정인 나눔감정평가사사무소 감정평가의뢰에 대한 회신 제출	
2013.09.16	교부권자 국민건강보험공단 경기광주지사 교부청구 제출	
2013.09.23	기타 서울중앙지방법원 집행관실 부동산현황조사보고서 제출	
2013.10.10	임차인 이동명 권리신고및배당요구신청 제출	
2013.10.31	교부권자 서울특별시동작구 교부청구 제출	
2013.11.05	채권자 윤성훈 채권계산서 제출	
2013.11.11	가압류권자 이성희 채권계산서 제출	
2013.11.12	가압류권자 신용보증기금 권리신고및배당요구신청 제출	
2013.11.25	채권자 윤성훈 채권자매수통지서에대한의견서 제출	
2013.11.25	채권자 윤성훈 열람및복사신청 제출	
2014.03.05	채권자 윤성훈 열람및복사신청 제출	
2014.09.04	근저당권자 신용보증기금 채권계산서 제출	
2014.10.30	채권자 윤성훈 열람및복사신청 제출	

◎ 송달내역

송달일	송달내역	송달결과
2013.09.02	채권자 윤성훈 개시결정정본 발송	2013.09.05 도달
2013.09.02	채권자 윤성훈 보정명령등본 발송	2013.09.05 도달
2013.09.04	최고관서 이천세무서 최고서 발송	2013.09.05 도달
2013.09.04	최고관서 서울시 동작구청장 최고서 발송	2013.09.05 도달
2013.09.04	최고관서 국민건강보험공단 경기광주지사 최고서 발송	2013.09.05 도달
2013.09.04	채무자겸소유자 이선구 개시결정정본 발송	2013.09.06 도달
2013.09.04	근저당권자 통조림가공수산업협동조합 최고서 발송	2013.09.05 도달
2013.09.04	감정인 강우람 평가명령 발송	2013.09.09 도달
2013.09.04	근저당권자 신용보증기금 최고서 발송	2013.09.05 도달
2013.09.04	가압류권자 주식회사 신한은행 최고서 발송	2013.09.05 도달
2013.09.04	가압류권자 윤성훈 최고서 발송	2013.09.05 도달
2013.09.04	가압류권자 이성희 최고서 발송	2013.09.05 도달
2013.09.24	임차인 이동명 임차인통지서 발송	2013.09.30 도달
2013.11.05	채권자 윤성훈 매수통지서 발송	2013.11.11 폐문부재
2013.11.15	채권자1 윤성훈 통지서 발송	2013.11.20 도달
2013.11.27	가처분권자 주식회사 신한은행 보정명령등본 발송	2013.12.02 도달
2013.11.27	근저당권자 신용보증기금 보정명령등본 발송	2013.11.29 도달
2014.10.31	가처분권자 주식회사 신한은행 보정명령등본 발송	2014.11.05 도달
2015.02.11	채무자겸소유자 이선구 중복경매통지서 발송	2015.02.23 폐문부재
2015.02.11	채권자 윤성훈 중복경매통지서 발송	2015.02.17 폐문부재
2015.03.10	채무자겸소유자 이선구 중복경매통지서 발송	2015.03.11 도달
2015.03.10	채권자 윤성훈 중복경매통지서 발송	2015.03.11 도달
2015.04.03	교부권자 서울특별시동작구 매각및 매각결정기일통지서 발송	2015.04.06 도달
2015.04.03	교부권자 국민건강보험공단경기광주지사 매각및 매각결정기일통지서 발송	2015.04.06 도달

① 법원경매정보 사이트의 전체 메뉴

– 경매공고

공지사항, 배당요구종기공고, 부동산매각공고, 동산매각공고, 최고공고로 구성되어 있으며, 서비스안내 및 법률개정과 각종 공고내역을 검색할 수 있다.

– 경매물건

물건상세검색, 지도검색, 기일별검색, 자동차/중기검색, 다수조회물건, 다수관심물건, 매각예정물건, 매각결과검색, 경매사건검색으로 구성되어 있으며, 경매물건을 다양한 조건으로 검색할 수 있다.

② 빠른물건검색

– 일반검색 : 법원 및 소재지로 경매물건을 검색할 수 있다.

– 물건상세검색 : 다양한 검색조건으로 경매물건을 검색할 수 있다.

– 지도검색 : 지도맵을 이용하여 경매물건을 검색할 수 있다.
– 자동차/중기검색 : 자동차/중기에 특화된 검색조건으로 경매물건을 검색할 수 있다.

③ 용도별 물건정보
인기있는 용도별로 경매물건을 검색할 수 있다.

④ 금주의 경매일정 (부동산)
– 공고 : 전국법원에 매각공고된 경매물건(부동산)의 일정을 검색할 수 있다.
– 정정 : 전국법원에 정정공고된 경매물건(부동산)의 일정을 검색할 수 있다.
– 취하/취소 : 전국법원에 취하/취소공고된 경매물건(부동산)의 일정을 검색할 수 있다.

⑤ 경매도우미
경매와 관련한 용어들을 검색할 수 있습니다.

⑥ 퀵링크(바로가기)
법원경매정보서비스의 주요 메뉴로 쉽고 빠르게 이동할 수 있다.

⑦ 사건번호
법원경매정보 사건번호를 클릭하면 경매물건(부동산) 정보를 검색할 수 있다.

⑧ 사건내역
법원경매정보 클릭한 경매물건(부동산) 사건내역 정보를 검색할 수 있다.

⑨ 당사자내역
법원경매정보 클릭한 경매물건(부동산) 당사자 정보내역을 검색할 수 있다.

⑩ 문건처리내역
경매물건(부동산) 교부권자 문건처리내역과 송달내역을 검색할 수 있다.

※ 송달불능 사유
1. 수취인 부재 : 수취인이 주소지에 근거를 가지고 있으나, 장기여행, 수감, 가출, 또는 군복무 등의
   사유로 송달서류를 전달받을 수 없는 경우
2. 폐문부재 : 문을 잠그고 안에 사람이 없는 경우
3. 수취인 불명 : 당해 표기된 주소지에서 수취인이 누군지 알 수 없는 경우
4. 주소 불명 : 기재된 주소가 불명확하여 당해 주소지 또는 수취인을 찾을 수 없는 경우
5. 이사 불명 : 수취인이 당해 주소지에서 살다가 이사를 하였는데 그 이사간 곳을 모르는 경우

– 수취인불명, 이사불명, 주소불명 등의 사유로는 발송송달을 못함. 폐문부재는 가능

2 사설경매 사이트(지지옥션) 열람하기

■ **예상배당표** [최저가 1,433,600,000 원으로 분석]

❻

종류	권리자	등기일자	채권액	예상배당액	인수	비고
근저당권	국민은행	2003-04-09	325,000,000	325,000,000	말소	말소기준권리
근저당권	국민은행	2003-06-12	390,000,000	390,000,000	말소	
근저당권	OSB저축은행	2008-01-07	240,000,000	240,000,000	말소	
근저당권	대신저축은행	2010-09-30	390,000,000	390,000,000	말소	
근저당권	오릭스저축은행	2012-09-04	390,000,000	80,919,056	말소	
근저당권	신용보증기금	2012-12-06	189,000,000		말소	
압 류	반포세무서	2013-10-04			말소	
압 류	서울시서초구	2013-12-09			말소	
가압류	국민은행	2014-01-28	269,104,989		말소	
임 의	국민은행	2014-09-02			말소	경매기입등기
임 의	대신저축은행	2014-09-16			말소	
가압류	하나은행	2014-10-17	153,486,791		말소	
가압류	한국씨티은행	2014-10-31	14,652,543		말소	
임 의	하나은행	2014-11-19			말소	

등기권리 (좌측 종류 열)

임차권리	전입자	점유	전입/확정/배당	보증금/차임	예상배당액	대항력	인수	형태
			법원기록상 임대차 관계 없음					

	종류	배당자	예상배당액	배당후잔액	배당사유
	경매비용		7,680,944	1,425,919,056	
	근저당권	국민은행	325,000,000	1,100,919,056	근저
배당순서	근저당권	국민은행	390,000,000	710,919,056	근저
	근저당권	OSB저축은행	240,000,000	470,919,056	근저
	근저당권	대신저축은행	390,000,000	80,919,056	근저
	근저당권	오릭스저축은행	80,919,056	0	근저

❀ 본 표는 예상내역으로 실제와 차이가 있을 수 있습니다.
❀ 우측 분석자료의 [권리분석] 메뉴에서 낙찰가를 수정하여 분석하는 등, 보다 자세한 분석이 가능합니다.

■ **예상명도비용** Ⓝ

❼ **5,380,000 원** (노무자수:22명, E/V있음, 컨테이너 3대, 평일주간 기준 - 특수장비,특수인력 비용 별도) [산출근거]

■ **가격정보**

❽

국토부 실거래가 (231.03㎡) ▶MORE	매매(만원)		전월세(만원)		
	280,000 (231.03㎡ - 8층 / 2008.3) 192,000 (231.03㎡ - 5층 / 2006.3)		78,000 (231.03㎡ - 5층 / 2011.5)		

공시가격	2015	2014	2013	2012	2011
지가		4,269,000 ▲2.1%	4,180,000 ▲2.4%	4,080,000 ▲3.3%	3,950,000 - 0.0%

■ **관할정보**

법원	·서울중앙지방법원 1계 전화 : (02)530-1813 · 입찰시간 10:10~11:10 〈법원안내〉 ⒢
	·신한은행(동관 2층), 우체국(서관 1층), 신한은행(신관 2층), 신한은행(남관 1층), 신한은행(북관 1층)
주민센터	· 잠원동주민센터 (대표:02-2155-7532, 서울특별시 서초구 잠원동 58-27 ⒢)

❾ ■ **낙찰사례** ▶MORE   (서울 서초구/아파트 직전6개월 매각가율 91.7% , 매각율 52.9%, ·경쟁률6.3명 ⒢)

사건번호	낙찰일자	감정가	낙찰가	응찰자수	낙찰가율
중앙9계 2014-26003	2015.05.20	646,000,000	661,000,000	3명	102.3%
중앙11계 2013-39767	2015.05.14	1,850,000,000	1,548,800,000	3명	83.7%
중앙2계 2014-16860	2015.05.07	1,140,000,000	899,999,999	6명	78.9%
중앙2계 2014-23219[1]	2015.05.07	2,250,000,000	1,721,500,000	7명	76.5%
중앙4계 2014-23684	2015.04.23	1,030,000,000	1,087,000,000	7명	105.5%

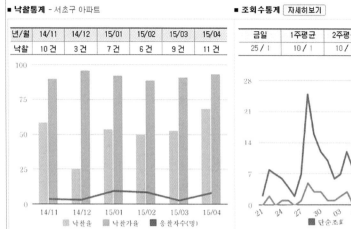

■ 낙찰통계 - 서초구 아파트

년/월	14/11	14/12	15/01	15/02	15/03	15/04
낙찰	10건	3건	7건	6건	9건	11건

낙찰율   낙찰가율   응찰자수(명)

■ 조회수통계 [자세히보기]

금일	1주평균	2주평균	공고후	총조회수
25 / 1	10 / 1	10 / 2	37 / 2	708 / 103

단순조회   5분이상 열람

① 경매정보사건번호 검색

경매사건 번호만 입력하면 경매물건을 쉽고 빠르게 검색할 수 있다.

② 물건상세정보

물건소재지, 경매구분, 채권자, 매각기일, 용도, 채무/소유자, 다음예정, 감정가, 청구액, 경매개시일, 최저가, 입찰보증금, 물건사진 등을 한눈에 쉽게 검색할 수 있다.

③ 물건정보

경매진행물건 주소/감정평가서요약, 물건번호/면적, 감정가/최저가/과정, 임차조사, 등기권리를 파악할 수 있다.

④ 입찰표작성과 공시자료

– 등기부등본: 등기사항전부증명서를 무료로 열람할 수 있다.
– 공시자료: 감정평가서, 물건명세서, 현황조사서, 법원문건접수, 부동산표시, 토지이용계획, 세대조사원본, 당사자내역 정보를 검색할 수 있다.
– 지도: 전자지번도, 디지털지도, 위성지도 서비스를 통해 쉽고 빠르게 이동할 수 있다.

⑤ 분석자료

경매와 관련한 권리분석, 수익률분석, 개발계획, 동종물건, 낙찰통계, 주변 중개사, 실거래조회, 전월세가 조회 등 다양한 부가서비스 정보를 검색할 수 있다.

⑥ 공시가추이

경매진행물건 공시지가를 한눈에 검색이 가능하며, 인근 교통, 관공서, 편의시설, 업무시설 정보, 아파트면적, 구조도, 시세, 단지정보 등 정보를 검색 할 수 있다.

⑦ 예상배당표

예상배당표를 통해 인수, 말소 권리를 명시하고 예상배당액을 한눈에 예측할 수 있도록 경매물건(부동산) 배당정보를 검색할 수 있다.

⑧ 현황분석

경매물건(부동산) 관할법원 안내 정보와 법원 내 은행, 관리비 체납액, 통계, 동주민센터, 개발계획 정보를 검색할 수 있다.

⑨ 낙찰통계

경매물건(부동산) 낙찰 통계를 년도 별 낙착률, 낙찰가율, 응찰자수 정보를 그래프로 표기하여 쉽고 빠른 정보내역을 검색할 수 있다.

⋯➤ 초보자도 쉽게 기본적인 분석을 한눈에 파악할 수 있게 검색할 수 있지만, 사이트상 제공된 정보는 참조자료로만 활용해야 한다. 사설경매 사이트상 오류나 분석의 하자는 모두 본인의 책임이기 때문에 맹신은 금물이다.

따라서 사설경매 사이트는 대법원 경매정보 물건을 토대로 참조자료를 활용하면 보다 쉽게 권리분석이 가능하다.

제3장

경매절차와
경매의 의의

부동산에 대한 경매 절차에는 강제경매와 임의경매 두 절차가 있다.

강제경매는 채무자 소유의 부동산을 압류한 다음 매각하여 그 매각대금을 가지고 채권자가 금전채권의 만족을 얻을 수 있도록 하는 절차이다.

임의경매는 일반적으로 담보권의 실행을 위한 경매를 말한다. 채무자가 채무를 이행하지 않는 경우에 저당권 등의 담보권을 가진 채권자가 담보권을 행사하여 담보의 목적을 매각한 다음 그 매각대금에서 채권을 회수하는 절차가 임의경매이다.

경매절차는 ①목적물을 압류하여, ②현금화한 다음, ③채권자의 채권을 변제하는 3단계의 절차로 진행된다.

경매절차

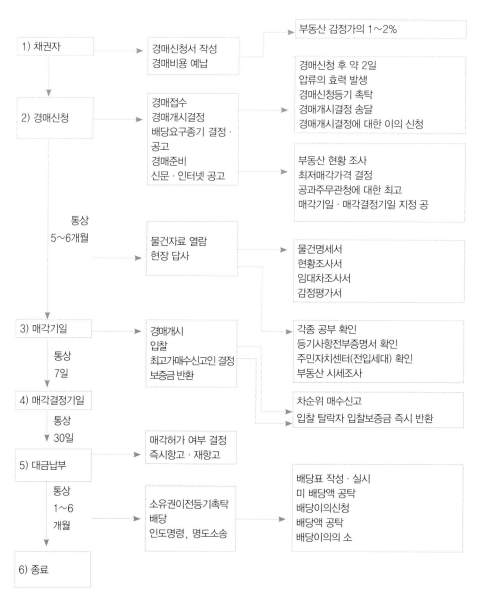

1) 채권자	경매신청서 작성 경매비용 예납 → 부동산 감정가의 1~2%
2) 경매신청	경매접수 경매개시결정 배당요구종기 결정·공고 경매준비 신문·인터넷 공고

부동산 감정가의 1~2%

경매신청 후 약 2일
압류의 효력 발생
경매신청등기 촉탁
경매개시결정 송달
경매개시결정에 대한 이의 신청

부동산 현황 조사
최저매각가격 결정
공과주무관청에 대한 최고
매각기일·매각결정기일 지정 공

통상 5~6개월

물건자료 열람
현장 답사

물건명세서
현황조사서
임대차조사서
감정평가서

3) 매각기일

경매개시
입찰
최고가매수신고인 결정
보증금 반환

각종 공부 확인
등기사항전부증명서 확인
주민자치센터(전입세대) 확인
부동산 시세조사

통상 7일

차순위 매수신고
입찰 탈락자 입찰보증금 즉시 반환

4) 매각결정기일

매각허가 여부 결정
즉시항고·재항고

통상 30일

5) 대금납부

소유권이전등기촉탁
배당
인도명령, 명도소송

배당표 작성·실시
미 배당액 공탁
배당이의신청
배당액 공탁
배당이의의 소

통상 1~6 개월

6) 종료

⋯→ 경매신청에서 종료까지의 소요기간은 통상적인 기간이며, 이의신청이나 송달여부, 기타 절차 등에서 사건별로 다르다.

1) 채권자

(1) 경매신청서 작성

경매신청 시 첨부서류는 다음과 같다.

① 강제경매 : 집행권원, 미등기 부동산일 경우 채무자의 소유임을 증명할 수 있는 서류(도급계약서, 재산세 과세증명, 건축물사용승인서, 건축허가서 등)를 첨부

② 임의경매 : 담보권이 존재함을 증명하는 서류를 첨부

③ 공통첨부서류 : 토지대장, 건축물관리 대장, 등기사항전부증명서

(2) 경매비용 예납

① 경매절차를 진행하는 데 필요한 비용을 경매 신청과 동시에 예납

② 경매비용은 송달료, 집행관수수료, 감정평가수수료, 매각수수료, 신문 공고비 등

③ 예납비용은 통상 청구액의 1~2%로, 매각대금의 배당순서에서 가장 우선 변제 받음

2) 경매신청

(1) 경매접수

① 경매 신청서가 접수되면 법원은 기재사항, 첨부서류, 인지첨부 여부 등을 검토해 요건의 적부를 심사

② 흠결이 있으면 이를 지적·고시하며 이에 신청자가 응하지 않더라도 접수 자체를 거부할 수 없음

(2) 경매개시결정

① 요건이 적법하게 구비되었으면 법원은 경매 신청 후 약 2일 후에 경매개시결정을 하게 됨

② 경매개시결정 후 법원은 등기소에 해당 부동산의 등기사항전부증명서에 '경매개시결정' 기입 등기를 촉탁

③ 경매개시결정은 압류의 효력을 가지고 있으며, 압류 후에는 소유자가 그 부동산을 제3자에게 양도하거나 또는 담보물권이나 용익물권을 설정하는 등 처분하여도 그로써 압류채권자(경매신청자)에게 대항하지 못함

④ 법원의 경매개시결정에 대해 이해관계인은 법원에 기왕의 개시결정의 취소를 구하는 이의신청을 할 수 있으며, 이는 매수인이 매각대금을 완납할 때까지 해야 함

⑤ 임의경매는 절차상의 하자와 실체상의 하자 모두에 대해 이의신청이 가능하지만, 강제경매는 절차상의 하자에 대해서만 이의신청 가능

⑶ 경매 배당요구종기 결정 · 공고

법원은 경매개시결정 후 7일 이내에 채권자가 배당요구를 할 수 있는 종기일(통상 매각기일의 3~4개월 전)을 결정해 이를 공지해야 한다.

⑷ 경매준비

① 채권자 등에 대한 채권신고 최고

– 세무서, 시 · 군 · 구청, 국민연금관리공단, 건강보험관리공단 등 공과주무관청에 대해 교부 청구 최고

– 채권자, 이해관계인에 대해 채권신고의 최고

– 공유자, 임차인에 대한 경매개시결정 통지

② 부동산에 대한 현황 조사

– 경매개시결정일로부터 3일 이내에 집행관에게 해당 부동산의 현황조사 및 보고서 작성, 제출을 명함

– 집행관은 부동산의 현황 및 점유관계, 현재 점유하고 있는 자의 권원, 임대차관계 등을 조사한 후 현황 조사보고서를 2주일 이내에 작성 · 제출해야 함

3) 매각기일

(1) 입찰

① 기일입찰의 경우 도장, 신분증과 입찰보증금이 필요하며, 대리인은 인감증명서와 위임장이 추가로 필요

② 기간입찰일 경우 정해진 기간 내에 기간입찰표와 보증금 납부 증명서류를 첨부 해당 경매계로 접수

③ 입찰은 오전 10시부터 실시되며 오전 11시~11시 40분(입찰법원마다 다름)에 입찰 마감한 후, 개찰 준비(10분 정도) 후 시작하므로 늦지 않도록 주의해야 함

④ 공동입찰은 경매 법정에 비치된 공동입찰신고서와 공동입찰자목록을 작성해 제출

(2) 최고가매수인 결정

집행관은 해당 경매사건에 관한 최고가매수신고인의 응찰금액과 성명을 호창한 후, 공유자 매수신고나 차 순위 매수신고자가 있는지를 확인한 후, 해당 경매사건의 매각을 종결한다.

(3) 보증금 반환

① 최고가매수신고인으로 선정되지 못한 응찰자들의 보증금은 즉시 반환됨

② 최고가매수신고인이 납부한 입찰보증금은 반환되지 않고 매각가에 포함됨

4) 매각결정기일

(1) 매각허가 유무 결정

① 법원은 최고가매수신고인으로 선정된 응찰자에 대해 매각을 허가할지의 여부를 매각기일부터 일주일 뒤인 매각결정기일까지 결정·선고해야 함

② 미성년자, 한정치산자, 금치산자 등은 매각불허가 사유에 해당

③ 매각허가가 있을 때까지 강제집행을 허가할 수 없거나 집행을 계속할 수 없을

때, 최저매각가격의 결정, 일괄매각의 결정 & 매각물건명세서상 중대한 흠이 있는 때 등에 한해 매각허가에 대한 이의를 신청할 수 있음

④ 법원은 이해관계인의 매각허가에 대한 이의신청이 정당하거나 과잉 매각되는 경우, 매각불허가 결정을 내려야 함

⑤ 최고가매수신고인은 법원의 매각허가결정이 내려지면 매수인의 자격을 취득함

(2) 즉시항고 · 재항고

① 이해관계인은 법원의 매각허부결정에 대해 결정이 선고된 날로부터 7일 이내에 즉시항고를 할 수 있음

② 위 즉시항고 기간은 불변 기간으로 7일이 지나면 즉시항고는 받아들여지지 않음

③ 즉시항고는 이해관계인이 손해를 볼 경우에만 제기할 수 있음

④ 즉시항고를 제기하는 자는 항고장에 항고 이유를 구체적으로 적시해야 하며, 매각대금의 10%에 해당하는 항고보증금을 공탁해야 함

⑤ 채무자와 소유자는 항고가 기각 · 각하될 경우 공탁한 항고보증금을 돌려받지 못하며, 그 외 이해관계인은 항고를 제기한 날로부터 각하 결정이 날 때까지 연 20%의 지연이자를 제외한 금액만을 돌려받을 수 있음

⑥ 즉시 항고자는 법원의 항고 기각 · 각하 결정에 대해 재항고 할 수 있음

5) 대금납부

(1) 소유권이전등기촉탁

① 매수인은 매각허부결정에 대한 즉시항고가 없을 경우, 법원이 정하는 기간(보통 매각허가결정확정일로부터 1달 후)까지 보증금을 제외한 매각대금을 법원에 납부해야 함

② 매각대금을 납부한 후 매수인이 소유권이전 및 말소등기촉탁신청서와 등록세 영수증 등을 첨부해 제출하면, 법원은 소유권이전등기와 매수인이 인수하지 않는 부동산 부담에 관한 기입을 말소하는 등기 · 경매개시결정 말소등기를 등기관에게 촉탁해야 함

(2) 배당

① 매수인이 매각대금을 납부하면 법원은 배당기일을 지정하고 이해관계인과 채권자에 이를 통지해야 함

② 통지를 받은 이해관계인과 채권자는 1주일 이내에 채권계산서를 법원에 제출해야 함

③ 법원은 배당기일 3일 전까지 배당표를 작성해 법원에 비치하고, 채권자와 채무자가 열람을 요구할 경우 이에 응해야 함

④ 채권자는 배당기일에 출석해 배당에 대한 이의를 진술할 수 있으며, 배당이의의 소를 제기할 수 있음

(3) 인도명령 · 명도소송

① 채무자, 소유자, 대항력 없는 임차인 등은 인도명령 대상임

② 매수인은 잔금납부 시 인도명령 신청서를 작성해 제출하는 것이 좋으며, 필요 시 점유이전금지 가처분도 동시에 신청하는 것이 바람직함

③ 대금 납부 후 6개월 내의 기간에만 인도명령을 신청할 수 있으며, 6개월이 지나면 명도소송을 제기해야 함

④ 신청 후 1주일 뒤에 인도명령결정정본이 채무자와 매수인에게 발송되며, 매수인은 인도명령결정 정본이 있어야만 강제집행이 가능

[참고] 절차별 소요시간

종 류	기산일	기 간
경매신청서 접수		접수당일
개시결정 및 등기 촉탁	접수일로부터	2일 이내
채무자에 대한 개시결정의 송달	개시결정일로부터	3일 이내

공과주관공무소에 대한 최고	개시결정일로부터	3일 이내(최고기간 2주 이내)
채권신고의 최고	개시결정일로부터	3일 이내(최초기간 경락기일까지)
현황조사명령	개시결정일로부터	3일 이내(조사기간은 2주 이내)
평가명령	등기필증 접수일로부터	3일 이내(평가기간은 2주 이내)
경매물건 명세서의 작성 그 사본 및 현황조사보고서 평가서 사본의 비치		경매기일 1주일 이전까지
최초경매기일의 지정 게시 및 신문 공고의뢰 이해관계인에의 통지	현황조사보고서 및 평가서의 접수일로부터	3일 이내
최초경매기일		신문 공고일로부터 14일 이후 신문 공고의뢰일로부터 20일 이후
신경매 또는 재경매기일	공고일로부터	7일 이후 20일 이내
배당요구의 통지	배당요구일로부터	3일 이내
경매실시		경매기일
경매조서 및 보증금 등의 인도	경매기일로부터	1일 이내
경매기일	경매기일로부터	7일 이내
경락허부 결정의 선고		경락기일
차 순위매수신고인에 대한 경락기일의 지정 이해관계인에의 통지	최초의 대금지급기일 후	3일 이내

차 순위매수신고인에 대한 경락기일	최초의 대금지급기일 후	14일 이내
경락부동산관리명령		신청당일
대금지급기일의 지정 및 통지	경락허가결정확정일 또는 상소법원으로부터 기록송부를 받은 날로부터	3일 이내
대금지급기일	경락허가결정확정일 또는 상소법원으로부터 기록송부를 받은 날로부터	1개월 이내
경매부동산 인도명령		신청당일
배당기일의 지정소환계산서 제출의 최고	대금납부 후	3일 이내
배당기일	대금납부 후	2주일 이내
배당표의 작성 및 비치		배당기일 3일 전까지
배당표의 확정		배당기일
배당실시 배당조사서의 작성		배당기일
배당액의 공탁 또는 계좌입금	배당기일로부터	10일 이내
경락인에의 소유권이전 등기	배당기일 또는 등록세 납부일로부터	2일 이내
기록인계	경락인에의 소유권이전 등기 등의 완료 후	5일 이내

경매의 의의

강제집행절차에 의한 경매에는 강제경매와 담보권의 실행을 위한 경매(임의경매)가 있다. 이들 경매의 절차는 거의 같으며, 다만 강제경매에는 집행권원이 필요하지만, 담보권의 실행을 위한 경매(임의경매)에는 집행권원이 필요치 않다.

경매신청이 본래 등기부상의 담보 물권에 기하여 이루어진 경우에는 담보권 실행을 위한 경매이고, 법원의 확정판결 및 이에 준하는 집행권원(집행력 있는 정본)에 기하여 이루어진 경우에는 강제경매이다. 즉, 예견된 경매가 임의경매이고, 예견되지 않은 경매가 강제경매라고 이해하면 쉽다.

1) 강제경매의 대상

강제경매의 대상은 토지 및 건물과 부동산과 동일시되는 권리를 포함한 부동산을 의미한다.

(1) 토지의 정착물

① 토지에 정착된 공작물 중 독립된 부동산으로 취급할 수 없는(담장, 구거, 수목 등) 것(소유권 보존등기가 된 입목은 독립하여 강제경매의 대상이 됨)은 토지와 일체로 되어 하나의 부동산으로 취급하여, 독립적으로 강제경매의 대상이 되지 않고 토지와 일체로 경매의 대상이 된다.

② 미분리 천연과실은 토지의 구성 부분이나 성숙기 전 1개월부터는 유체동산으로 보아 유체동산의 강제집행방법으로 행한다.

③ 토지의 공유지분은 독립하여 경매의 대상이 되나 대지권 취지의 등기가 된 공유지분은 건물과 독립하며 강제경매의 대상이 되지 않는다.

(2) 건물

건물은 항상 토지로부터 독립하여 강제경매의 대상이 되며 건물의 공유 지분, 구분소유권도 독립하여 강제경매의 대상이 되고, 건축 중의 건물의 경우 개개의 건축자재나 공작물은 유체동산의 압류방법에 의한 집행을 하고 미등기부동산도 채무자의 소유이면 강제경매를 할 수 있다.

(3) 기타

이밖에 공장저당법에 의한 공장재단, 광업재단저당법에 의한 광업재단은 강제경매의 대상이 되고, 광업권과 어업권 및 지상권도 강제경매의 대상이 되며, 자동차ㆍ건설기계는 동산이나 그 특수성에 비추어 민사집행규칙에 특히 규정한 경우를 제외하고는 부동산의 강제경매의 예에 의하고, 항공기 및 선박은 선박에 대한 강제집행의 예에 의한다.

2) 집행법원

부동산에 대한 강제집행(강제경매ㆍ강제관리ㆍ임의경매)은 목적부동산 소재지의 지방법원이 집행법원으로서 관할한다.

3) 강제집행의 요건

강제집행의 일반적 요건은 ① 집행당사자, ② 집행권원, ③ 집행문이다.

4) 집행권원

국가의 강제력에 의해 실현될 청구권의 존재 및 범위를 표시하고 그 청구권에 집행력을 정한 공정의 문서를 말한다.

(1) 의의

일정한 사법상의 급여청구권의 존재 및 범위를 표시함과 동시에 법률이 강제집행에 의하여 그 청구권을 실현할 수 있는 집행력을 인정한 공정의 증서이다. 집행권원은 강제집행의 불가결한 기초이며, 집행권원으로 되는 증서는 민사집행법 기타 법률에 규정되어 있다.

② 집행권원의 내용
집행권원에 의하여(집행문의 부여가 있는 경우에는 이와 결합하여) 집행당사자 및 집행의 내용과 범위가 정해진다. 따라서 이에 의하여 한정된 이외의 집행행위는 위법으로 간주되고, 채무자 및 이해관계 있는 제3자는 이에 대하여 이의신청 또는 소를 통해 그 집행의 배제를 구할 수 있으며, 집행권원은 급여의무를 내용으로 함을 요하고, 그 급여의 내용은 가능ㆍ특정ㆍ적법하며 강제이행을 할 수 있어야 한다.

③ 집행권원의 종류
현행법상 집행권원으로 인정되고 있는 것은 다음과 같다.

◉ 민사집행법에 규정된 집행권원

- 판결
1. 확정된 종국판결「민사집행법」제24조
2. 가집행의 선고가 내려진 재판「민사집행법」제24조
3. 외국 법원의 판결에 대한 집행판결「민사집행법」제26조 1항

- 판결 이외의 집행권원
1. 소송상의 화해조서 및 제소 전 화해조서「민사집행법」제57조, 제56조 5호
2. 청구의 인낙조서「민사집행법」제57조, 제56조 5호
3. 항고로만 불복을 신청할 수 있는 재판「민사집행법」제57조, 제56조 1호
4. 확정된 지급명령「민사집행법」제57조, 제56조 3호
5. 가압류명령, 가처분명령「민사집행법」제291조, 제301조
6. 공정증서「민사집행법」제59조
7. 과태료의 재판에 대한 검사의 집행명령「민사집행법」제60조

◉ 민사집행법 이외의 법률에 규정된 집행권원

1. 중재판정에 대한 집행판결
2. 파산채권표
3. 회사정리채권자표ㆍ회사정리담보권자표
4. 회사정리절차에 있어서 주금납입청구권 또는 그 책임에 기한손해배상청구권 사정의 재판

5. 조정조서
6. 조정에 갈음하는 결정
7. 가사소송법에 의한 심판 및 조정 또는 조정에 갈음하는 결정
8. 언론중재위원회의 중재 화해조서 및 중재조서
9. 당사자가 미리 내지 아니한 비용의 수봉결정, 소송상의 구조 및 구조의 취소에 의한 비용 추심의 결정
10. 비송사건절차법상의 과태료 재판에 대한 검사의 명령
11. 비송사건절차의 비용 재판
12. 벌금, 과료, 몰수, 추징, 과태료, 소송비용, 비용배상 또는 가납의 재판에 대한 검사의 명령
13. 중앙토지수용위원회의 보상금에 관한 재결
14. 특허권, 실용신안권, 의장권, 상표권의 심판, 항고심판, 재심에 관한 비용 또는 이들 법률에 의한 보상 금액과 대가에 대하여 확정된 심결 또는 결정
15. 유죄판결의 선고와 동시에 하는 배상명령
16. 변호사징계위원회의 과태료의 결정, 소관 지방법원장의 소속 법무사에 대한 과태료의 처분에 대한 검사 의 명령

(4) 집행문

집행문이라 함은 집행권원에 집행력 있음과 집행당사자, 집행의 범위 등을 공증하기 위하여 법원사무관 등이 공증기관으로서 집행권원의 말미에 부기하는 공증문언을 말하는 것으로, 집행문이 붙은 집행권원의 정본을 '집행력 있는 정본' 또는 '집행정본'이라 한다.

5) 경매의 신청

(1) 신청의 방식

강제경매의 신청은 서면으로 하여야 한다.

(2) 신청서에 기재할 사항

① 채권자와 채무자의 표시: 채권자와 채무자를 특정할 수 있도록 그 성명 및 주소를 표시한다.

② 법원의 표시: 집행법원을 표시한다.

③ 부동산의 표시: 강제경매의 대상이 될 부동산을 특정하여 표시한다.

④ 경매의 이유가 된 일정한 채권: 강제경매에 의하여 변제받고자 하는 일정한 채

권과 그 청구액

⑤ 집행할 수 있는 일정한 집행권원: 경매의 이유가 된 채권에 관한 집행권원을 표시한다.

⑥ 대리인의 표시: 대리인에 의하여 강제경매의 신청을 하는 경우, 대리인의 성명·주소를 표시한다.

⑶ 첨부서류

집행력 있는 정본과 강제집행 개시의 요건이 구비되었음을 증명하는 서류를 붙여야 한다. 이에는 집행권원 송달증명서, 집행문 및 증명서의 송달증명서, 담보 제공의 증명서 및 그 등본의 송달증명서, 반대의무의 이행 또는 제공을 증명하는 서면, 집행 불능증명서와 등기부에 채무자의 소유로 등기된 부동산은 등기사항전부증명서, 등기부에 채무자의 소유로 등기되지 아니한 부동산에 대하여는 즉시 채무자 명의로 등기할 수 있음을 증명할 서류, 그 부동산이 등기되지 아니한 건물인 경우에는 그 건물에 관한 건축허가 또는 건축신고를 증명할 서류를 붙여야 한다. 또한, 대표자, 대리인의 자격을 증명하는 자격증명서 및 위임장을 제출할 필요가 있으며, 이 밖에도 경매신청기입등기 등록세영수필통지서 및 영수필확인서, 부동산목록(약 30통)을 제출하여야 한다.

6) 집행비용의 예납 등

민사집행의 신청을 하는 때에는 채권자는 민사집행에 필요한 비용으로서 법원이 정하는 금액을 미리 내야 한다. 민사집행에 필요한 비용은 부동산의 감정료, 경매수수료, 현황조사비용 등의 각종 수수료와 송달료를 말한다.

송달료는 송달료 수납은행에 현금을 납부하고, 그 은행으로부터 받은 서류 중 송달료납부서, 사건번호등록표 각 1통을 신청서에 첨부하여 관할법원에 제출하여야 한다.

⑴ 집행비용의 종류

집행비용	집행준비비용	재판상의 비용	집행문부여신청, 집행권원 송달신청 등의 수수료(인지)
		당사자 비용	집행문부여신청서기료 및 제출비용
	집행실시비용	재판상의 비용	강제집행신청 또는 속행신청수수료(인지), 유체동산강제집행에 관한 집행관 수수료
		당사자 비용	강제집행신청서기료, 배당기일 출석 일당

⑵ 예납할 비용과 표준액

① 신청인이 예납하여야 할 비용

법원이 집행절차를 수행하는 데 필요로 하는 재판상의 비용 중 법원이 지급할 비용이다. 예컨대, 서류의 송달 또는 송부비용, 신문 공고비용, 현황조사수수료, 감정료, 경매수수료 등 집행개시 후의 체당금을 지급하는 데 필요한 비용이 예납의 대상이 된다.

② 예납 대상이 아닌 비용

집행개시 후의 당사자비용과 집행개시 전의 비용은 예납의 대상이 아니고, 각종 신청시의 수수료도 인지 첨부의 방법으로 납입되기 때문에 예납의 대상이 아니다. 부동산경매개시결정 기입등기의 등록세는 현금을 국고수납대행기관에 납부하고 그 영수증을 법원에 제출해야 하므로 역시 예납의 대상이 아니다. 등기신청수수료는 등기수입증지를 제출하여야 한다.

⑶ 집행비용 예납절차

① 송달료 이외의 비용의 예납절차

신청인은 법원보관금취급규칙이 정하는 바에 따라 납부하되 원칙적으로 납부명령서는 발부하지 아니하고, 납부당사자가 법원의 사건번호와 금액만 알면 취급점에 가서 비치되어 있는 납부서를 이용하여 납부한다. 법원보관금을 납부시킬 사유가 발생한 경우 사건담임자는 납부할 금액을 담임법관으로부터 확인받은 후 이를 납부당사자에게 적당한 방법으로 고지하고, 법원보관금을 납부할 당사자가 법원보관금을 납부하지 아니하거나 매각대금을 납부하게 할 때에는 법원보관금 납부명령서를 발부받아 당사자에게 교부한다.

사건을 법원에 제출하기 전이라도 법원보관금은 납부할 수 있도록 하되, 사건 번호가 부여되기 전이므로 당사자가 취급점으로부터 교부받은 영수필통지서를 소송서류에 첨부하여 법원에 제출하면 법원에서 사건번호를 전산등록 한다.

집행관이 매수신청 보증금을 납부하고자 할 때에는 별지 제1호 서식의 법원보관금 납부서를 이용하되 집행관이 대리인의 자격으로 지체 없이 직접 납부하도록 하고, 매수신청보증금 납부 시에는 납부서 이면에 부동산 소유자의 인적사항을 기재토록 함으로써 이후 원천징수 때 편리하도록 하였다.

② 송달료의 예납절차

- 송달료의 납부: 부동산 등 경매사건의 송달료는 '송달료규칙 및 동 규칙의 시행에 따른 업무처리지침(송일 87-4)'이 정하는 바에 따라 송달료 납부서(동 규칙 별지 제1호 서식)에 의하여 송달료 수납은행에 현금(신청서상의 이해관계인 수+3×10회분)으로 납부한다.

- 송달료납부서의 납부인은 수납은행으로부터 송달료 납부서를 교부받아 부동산 경매신청서에 첨부하여 관할법원에 제출한다.

- 송달료의 추가납부: 사건진행 중 송달료가 부족하여 추가로 납부하고자 할 때에는 적당한 방법으로 고지받은 납부당사자는 지체 없이 수납은행에 비치되어 있는 송달료 납부서에 사건번호와 금액을 기재하여 수납은행에 현금으로 납부한다.

③ 예납의무자

경매를 신청한 자가 예납의무자이다. 다만, 소송구조를 받은 자는 예납의무를 지지 않는다. 국가나 지방자치단체 등 공공단체가 신청하는 경우에도 예납의무를 진다.

⑷ 경매수수료 예납

경매신청인은 경매절차를 진행하면서 필요한 신문 공고료, 현황조사수수료, 매각수수료, 감정수수료, 송달료 등의 비용에 대한 대략의 계산액을 예납하여야 한다.

구분	수수료
신문공고료	• 220,000원 ※ 경매목적물이 다수인 경우 신문공고료가 추가 발생될 수 있다.
현황조사 수수료	• 70,000원 ※ 도서지역 등 특수한 경우에는 현황조사수수료가 추가 발생될 수 있다.
매각수수료	• 기준금액 10만 원 이하 : 5,000원 • 기준금액 10만 원 초과 1,000만 원 이하 : (기준금액−10만 원) × 0.02 + 5,000원 • 기준금액 1,000만 원 초과 5,000만 원 이하 : (기준금액−1천만 원) × 0.015 + 203,000원 • 기준금액 5,000만 원 초과 1억 원 이하 : (기준금액−5천만 원) × 0.01 + 803,000원 • 기준금액 1억 원 초과 3억 원 이하 : (기준금액−1억 원) × 0.005 + 1,303,000원 • 기준금액 3억 원 초과 5억 원 이하 : (기준금액−3억 원) × 0.003 + 2,303,000원 • 기준금액 5억 원 초과 10억 원 이하 : (기준금액−5억 원) × 0.002 + 2,903,000원 • 기준금액 10억 원 초과 : 3,903,000원

구분					
감정수수료	• 아파트 감정의 기준				

• 아파트 감정의 기준

기준금액(시가표준액)	감정평가수수료(A)	실비(B)	부가가치세 10%(C)	감정료 (A+B+C)
179,870,129원까지	240,000원	48,000원	(A+B)×0.1	
179,870,129원 초과 2억 원까지	(기준금액×0.0011+145,000원) ×0.7	48,000원	(A+B)×0.1	
2억 원 초과 5억 원까지	(기준금액×0.0011+145,000원) ×0.7	88,000원	(A+B)×0.1	
5억 원 초과 10억 원까지	(기준금액×0.0009+245,000원) ×0.7	88,000원	(A+B)×0.1	
10억 원 초과 50억 원까지	(기준금액×0.0008+345,000원) ×0.7	88,000원	(A+B)×0.1	
50억 원 초과 11,037,755,102원까지	(기준금액×0.0007+845,000원) ×0.7	88,000원	(A+B)×0.1	
11,037,755,10원 초과	6,000,000원	88,000원	(A+B)×0.1	

※ 경매목적물이 다수인 경우 기준금액은 각 목적물에 해당하는 개별공시지가, 개별주택공시가격 등을 합산한다.

구분	수수료
송달료	• (신청서상 이해관계인 수+3) × 10회분(1회분 4,800원)

⋯⋯ 물건에 따라 비용이 달라지기에 정확한 경매비용은 해당 경매계에 문의하여 확인하여야 한다.

7) 경매신청의 각하

강제경매신청요건의 흠이 있고, 그 흠이 보정될 수 없는 것인 때에는 결정으로 신청을 각하한다. 강제경매신청을 각하하는 재판에 대하여는 즉시항고를 할 수 있다.

8) 경매개시결정에 대한 이의

(1) 경매개시결정에 대한 불복방법

강제경매개시결정에 대하여는 제1차적으로 '경매개시결정에 대한 이의'로 불복할 수 있고, 이의의 재판에 대하여는 다시 '즉시항고'를 할 수 있다.

이와는 달리 경매신청을 기각하거나 각하하는 재판에 대하여는 즉시항고를 할 수 있다.

(2) 이의신청

① 관할법원

경매개시결정에 대한 이의의 신청은 개시결정을 한 집행법원에 한다.

② 이의신청권자

경매개시결정에 대한 이의신청권자는 경매절차의 이해관계인이고, '부동산 위의 권리자'는 그 권리를 증명함과 동시에 개시결정에 대한 이의를 제기할 수 있고, 신청권의 대위행사는 허용되지 아니한다.

[참고] 경매절차의 이해관계인 「민사집행법」 제90조

1. 압류채권자와 집행력 있는 정본에 의하여 배당을 요구한 채권자
2. 채무자 및 소유자
3. 등기부에 기입된 부동산 위의 권리자(전세권자, 지상권자, 임대차등기를 한 임차권자, 저당채권에 대한 질권자, 저당권자, 가등기담보권자, 부동산의 공유지분에 대한 강제경매에서 다른 공유자 등)
4. 부동산 위의 권리자로서 그 권리를 증명한 사람(유치권자, 점유권자, 특수지역권자, 건물등기 있는 토지 임차인, 인도 및 주민등록을 마친 주택임차인, 사업자등록신청을 마친 상가건물임차인, 법정지상권자 등)

③ 신청의 방법 및 시한

이의신청은 매각대금이 모두 지급될 때까지 서면 또는 말로 할 수 있고, 1,000원의 인지를 첨부하여야 한다.

④ 이의신청의 효력

이의신청에는 집행정지의 효력이 없고, 다만 집행법원은 이의에 대한 재판전의 가처분으로서 직권으로 채무자에게 담보(통상 청구금액 또는 최저매각가격의 3분의 1정도의 금원을 공탁하게 함)를 제공하게 하거나 제공하게 하지 아니하고, 재판 선고기까지 집행의 일시 정지를 명할 수 있고, 채권자에게 담보를 제공하게 하고 그 집행을 계속하도록 명하는 등 잠정처분을 할 수 있다.

(3) 이의재판에 대한 즉시항고

이의신청에 대한 재판(신청기각, 신청각하, 신청인용의 재판)에 대하여 이해관계인은 즉시항고를 할 수 있다. 이 항고는 이의신청에 대한 재판의 고지(선고 또는 송달)일로부터 1주일 이내에 제기하여야 하며(다만, 경매절차 종료 후에는 할 수 없다), 즉시항고는 원심법원(집행법원)에 항고장(2,000원의 인지를 첨부)을 제출하여야 한다.

9) 신청의 취하

(1) 신청취하의 의의

경매신청의 취하는 경매신청인이 스스로 경매법원에 대하여 경매신청을 철회하는 소송행위를 말하는바, 부동산에 대한 강제경매절차는 채권자의 경매신청에 의하여 개시된다. 따라서 경매신청인이 이를 취하할 수 있고, 경매신청의 취하에 의하여 압류의 효력은 소멸하되 경매절차는 종료하고(별도로 경매절차 내지 경매개시결정을 취소할 필요는 없음), 취하의 의사표시는 집행법원에 대하여 하여야 하며 경매기일이 개시된 후라도 집행관에 대하여 취하할 수는 없다.

매각허가결정에 대한 즉시항고가 있어 기록이 상소법원에 송부된 후 취하의 의사표시는 반드시 서면으로 하여야 한다는 규정은 없으나 가능한 한 취하의 의사표시 존재를 명확히 하기 위하여 신청인에게 취하서를 제출하도록 하고, 취하서에는 인지의 첨부가 필요 없으며, 문서건 명부에 등재하여 이를 접수한다.

⑵ 취하의 시기와 그 요건

경매신청 후 매각기일에 적법한 매수의 신고가 있기 전까지는 경매신청인은 임의로 경매신청을 취하할 수 있다. 그러나 매수신고가 있는 뒤에 경매신청을 취하하는 경우에는 최고가매수신고인 또는 매수인과 차 순위 매수신고인의 동의를 받아야 그 효력이 생기며, 매수인이 대금을 납부하면 그때에 매수인은 확정적으로 소유권을 취득하므로 대금납부 후에는 취하할 수 없고, 취하서가 제출되더라도 취하의 효과가 발생하지 않는다.

⑶ 취하 후의 처리

경매신청이 유효하게 취하되면 압류는 소멸하고 경매절차는 당연히 종료된다. 따라서 집행법원은 별도로 경매개시결정을 취소할 필요가 없다. 경매신청이 취하될 때까지 소요된 경매절차의 비용은 경매신청인이 부담한다.

⑷ 경매신청의 취하가 준용되는 경우

강제경매신청의 취하서 외에 집행을 면하기 위하여 담보를 제공한 증명서류와 강제집행을 하지 아니한다거나 강제집행의 신청이나 위임을 취하한다는 취지를 적은 화해조서의 정본 또는 공정증서의 정본을 제출하는 경우에도 경매신청의 취하에 관한 규정이 준용된다.

제4장

경매와 공매

채무자가 채무의 이행을 하지 않은 경우, 우리나라에서는 원칙적으로 개인의 자력구제
를 금지하고 있기 때문에 채무자가 돈을 갚지 않는다고 하여 채무자 소유의 재산을 채
권자 임의로 처분하는 것은 허락되지 않는다. 따라서 돈을 받아야 하는 채권자는 국가
기관인 법원의 힘을 빌려 '강제집행'이라는 일정한 법적 절차를 거쳐 채권의 만족을 얻
어야 한다. 이처럼 채권자의 채권회수를 위한 채무자의 재산에 대한 강제집행 방법 중
가장 대표적인 것이 법원경매이기 때문에 우리가 일반적으로 말하는 경매란 법원경매
를 일컫는다.
또 다른 강제 환가제도의 하나는 국세징수법에 의하여 행해지는 '압류재산 공매'이다.

경매와 공매의 차이점

구 분	경 매(법원) 근저당, 임차권, 가압류, 판결문	공 매(압류재산기준) 조세채권 체납자
법률적 성격	**학설상 사법상 매매설** 민사집햅법 채권, 채무, 당사자가 간의 합의를 전제로 한 공권력의 개입	**학설상 사법상 매매설** 국세징수법 공법상의 행정처분
배당요구의 종기	첫 매각기일 이전 법원이 정하는 날(집행법 제84조 1항)	배분계산서 작성 전까지 (징수법 제83조 제1항 후단)
농지취득자격증명 의 제출기한(실무)	낙찰허가 결정 전(매각일부터 1주일 이내) (미제출 시에는 매각불허가 결정)	소유권이전등기촉탁신청 전까지 제출 (미제출 시 매각결정취소사유에 해당하지 않으나 소유권 이전 등기 불가)
임대차와 현황조사	집행법에 의한 집행법원의 명령에 의하여 집행관이 임대차 등 현황조사보고 판단	징수법상 관련 규정 없음 실무상 감정인의 임대차조사 내용을 참고하여야 함
매각예정 가격의 체감	집행법 제119조는 최저매각가격을 상당히 낮춘다고만 하여, 집행법원의 재판(경매명령)에 의하여 가격체감을 한다. 실무상 전차가격의 20~30%씩 차감한다.	- 2회차부터 1회차 매각예정가격의 10%씩 체감하여 50%까지 진행(법률이 체감률을 규정한다. 징수법 제74조제4항) - 6회차 공매(1회차 매각예정가격의 50%)에도 매각되지 아니한 경우에는 압류 관서와 협의(매각예정가격의 50%를 기준으로 10%씩 차감)
대금 지급방법	대금지급기한은 집행법 제142조, 동 규칙 제78조에 의거 실무상 매각결정을 한 후 30~40일 후로 지정	2012년 1월 1일 이후 1,000만 원 미만 7일 이내, 1,000만 원 이상 30일 이내, 2013년 1월 1일 이후 3,000만 원 미만 7일 이내, 3,000만 원 이상 30일 이내, 지연 시에는 10일의 최고기한이 있음

대금지급의 효력	등기 없이 소유권을 취득 (집행법 제135조)	등기 없이 소유권 취득 (징수법 제77조)
잔 대금 불납 시 입찰보증금의 처리	배당할 금액에 포함됨(다만, 재매각기일 3일 전까지 납부하면 유효하다)	국고, 지방자치단체 금고에 귀속
대금불납 시 매수자격의 제한	해당 매각 매수할 수 없음(입찰불가, 민사집행규칙 제59조 제1호)	제한규정이 없음(입찰 가능)
저당권부 채권의 상계 가능성	법률이 상계를 인정 (집행법 제143조 제2항)	판례는 상계를 불허
공유자의 우선매수권	우선매수권 있음 (집행법 제140조)	우선매수권 있음 시행일: 2006.10.27 (국세징수법 제73조의2)
차순위 매수 신고제도	있음(집행법 제114조)	없음
부동산 인도 명령제도	있음(집행법 제136조)	없음(매수인 책임 하에 명도소송)
부동산 인도 명령대상	권원이 없는 모든 점유자 (인도명령 신청으로 강제명도)	없음(매수인 책임 하에 명도소송)
배당금의 공탁	있음(집행법 제160조)	없음[공탁과 유사한 제도인 배분금의 예탁 제도(징수법 제84조)는 있음]
개시결정의 등기	있음(집행법 제94조)	별도의 개시절차가 없음

경매와 공매의 장점(유리한 점)과 단점(유의할 점)

1) 장점(유리한 점)

(1) 경매

① 경매는 부동산 매매가격에 비해 저렴하게 매입할 수 있다.

② 물건정보가 빠르고 정확하며, 정보에 대한 접근이 용이하다.

③ 경매 물건이 다양하게 나오기 때문에 선택이 폭이 넓다.

④ 매수(입찰)절차가 간편하고 안전하다.

⑤ 토지거래규제를 위한 각종 제도가 법원의 경매부동산에 대하여는 적용되지 않는 경우가 많다(『국토의 계획 및 이용에 관한 법률』에 규정되어 있는 토지거래허가를 받지 않아도 됨).

⑥ 경매는 정확하게 권리분석만 하면, 오히려 일반매매보다 더 안전하게 부동산을 취득할 수 있다.

⑦ 경매부동산에 대한 권리관계를 법원이 깨끗하게 정리하여 준다(부동산 위에 존재하던 각종(근) 저당권이나 (가) 압류를 그 순위나 담보액수에 관계없이 원칙적으로 모두 말소하여 준다).

(2) 공매

① 공매입찰 참가자들이 모두 매각예정가격 이상으로 응찰하지 않으면 유찰되는데, 이 경우에는 다시 10%씩 매각예정가격을 낮추어 최초 매각예정 가격의 50%로 인하될 때까지 계속 공매를 실시한다. 이렇게 될 경우, 매수인 에게는 시가보다 매우 저렴하게 부동산을 구입할 수 있는 기회가 생긴다.

② 전·답·과수원 등의 농지를 매수하고자 할 때에는 매수 후 농지취득자격증명을 발급받아 이를 첨부하여야 소유권 이전등기가 가능해진다. 그러나 그 외의

토지거래 규제를 위한 각종 제도는 한국자산관리공사 압류재산에 대해서는 적용되지 않는다. 즉,「국토의 계획 및 이용에 관한 법률」에 의한 토지거래 허가를 받지 않고 바로 소유권이전등기를 할 수 있다.

③ 공매에 의하여 매각된 재산에 대한 소유권이전등기 및 매각에 수반하여 소멸되는 권리(매각 재산상에 설정된 저당권 등의 담보물권, 앞의 소멸하는 담보물권 등에 대항할 수 없는 용익물권, 등기된 임차권, 기타 압류에 대항할 수 없는 권리)의 말소등기에 대해서는 소유권 이전 및 말소등기 청구서를 한국자산관리공사에 제출하면, 한국자산관리 공사는 직인을 날인하여 등기소에 우편촉탁 의뢰 후 등기필증을 우편으로 송부받아 매수인에게 인계하며, 이때 비로소 권리관계가 깨끗한 부동산을 취득할 수 있다.

2) 단점(유의할 점)

(1) 경매

① 일반매매에서는 매매목적물에 하자가 있을 경우, 매도인에게 하자담보 책임이 부여되어 있다. 하지만 경매에 있어서는 물건에 하자가 있는 경우, 매도인에게 하자담보 책임을 물을 수 없게 되어 있다. 따라서 경매부동산에 대한 하자는 매수인이 직접 조사 확인하여야 한다. 그 결과 경매 부동산상에 큰 하자가 있을 경우에는 매수를 포기하거나 수리비용을 감안하여 싼 가격으로 입찰하여야 한다.

② 입찰금액을 잘못 산정하여 시세보다 비싸게 매수하는 경우가 있을 수 있다. 법원에 비치된 감정서만 믿고 시세파악을 잘못하거나 주거용 건물과 상가건물의 경우 대항력 있는 임차인이 있는데도 이를 고려하지 않았을 때 이런 잘못을 범하게 된다.

③ 전ㆍ답ㆍ과수원 등 농지를 매수하였을 경우, 매각결정기일까지 농지취득자격증명을 제출하지 못하면 매각허가가 나지 않는다. 이때 입찰보증금을 반환해 주지 않는 법원이 있으므로 유의하여야 한다.

④ 매수하였다 하더라도 이해관계인 등의 항고에 의하여 경매절차가 상당기간(통

상 5~6개월) 진행이 되지 않는 경우가 발생할 수 있다. 이 경우 입찰보증금만 납부한 상태에서 매각잔대금 납부기한이 언제로 지정될지 정확히 알 수 없으며, 자연히 매수한 부동산의 점유사용계획을 세울 수 없다. 민사집행법에서는 채무자·소유자는 말할 것도 없고 채권자나 임차인도 항고 때는 매각대금의 10%에 해당하는 보증금을 공탁하도록 했다. 따라서 항고의 90% 이상을 차지해 왔던 세입자 등의 무분별한 항고가 대폭 줄어들고 있다. 그러나 항고사유가 정당한 이유 없이 기각될 시 채무자·소유자의 공탁된 항고보증금은 돌려받을 수 없지만, 채권자·임차인 등의 항고보증금은 몰수되지 않고 되돌려 받기 때문에 악의적 항고가 근본적으로 줄어들지는 미지수다. 특히 다가구 주택의 경우, 세입자들이 돈을 모아 항고할 가능성은 여전히 높다.

⑤ 부동산을 매수하였다고 하여 언제나 완전히 소유권을 취득하는 것은 아니다. 예고등기, 경매로 인하여 소멸되는 최선순위 (근)저당권 또는 (가)압류보다 앞선 가등기 또는 가처분등기 그리고 지상권 등기가 있을 경우, 권리제한이 남아 있는 불완전한 소유권을 취득할 수 있고 최악의 경우에는 소유권을 잃는 경우도 발생할 수 있음을 유의하여야 한다.

⑥ 경매로 인하여 소멸되는 최선순위 (근)저당권 또는 (가)압류보다 먼저 등기된 전세권이 있는 경우에는 주의하여야 한다.

⑦ 경매부동산이 주거용 건물(주택·APT·다세대 등 주거목적용 건물뿐만 아니라 상가 점포, 공장 등의 경우에도 일부분이 주거용으로 사용될 때까지 포함)인 경우, 경매부동산에 최초 (근)저당권 또는 (가)압류보다 앞서 임차인이 임차주택에 입주와 주민등록 전입신고를 마친 때(경매부동산이 상가건물인 경우에는 건물의 인도와 사업자 등록신청을 마친 때)에는 그 다음 날부터 제3자에게 대항할 수 있다. 이와 같은 대항요건을 갖춘 임차인이 있을 때에는 매수인이 임차보증금 상환의무 등 임대인의 의무를 인수하게 되므로 전세권과 마찬가지로 임차보증금을 추가 부담하는 경우가 생길 수 있음을 유의하여야 한다.

⑧ 법정지상권이 성립된 토지를 매수하였을 시 매수인은 법정 지상권자에게 그 토

지를 이용하게 하여야 하는 부담이 따른다. 따라서 매수희망자는 입찰에 참가하기에 앞서, 경매되는 토지에 대해 법정지상권 성립 여부를 면밀히 검토하여야 한다.

⑨ 경매부동산에 유치권이 신고되어 있는 경우 매수한 후 명도받고자 할 때 큰 부담으로 작용할 수 있으므로 유의하여야 한다.

⑩ 매각대금을 완납하기 전에 채무자가 채무를 전부 변제하면 경매절차가 취소될 수 있다. 따라서 매수하였다고 하여도 부동산 소유권을 취득할 수 없는 경우가 생길 수 있다. 물론 이때 입찰보증금은 반환받는다.

⑪ 경매절차를 정상적으로 종결한 때에는 명도문제가 남는다. 경매부동산에 살고 있는 소유자, 전세입주자 등 점유자가 경매결과에 불만을 품고 집을 비워 주지 않는 경우가 종종 발생하는데, 이때 집을 비우는 데 따른 부담이 전적으로 매수인에게 있다. 특히 주택을 입찰하고자 하는 때에는 명도용이 여부, 명도 해결에 따른 소요될 시간 및 비용을 사전에 정확히 파악해 두어 입찰가격 책정에 산정 고려하여야 한다.

⑫ 경매에서 부동산을 취득하였을 경우 매각금액이 과세표준이 되므로 일반매매로 취득한 경우보다 취득세 · 등록세가 많아질 수도 있음을 유의해야 한다. 그러나 경매부동산을 저렴하게 낙찰받은 경우에는 이런 문제가 생기지 않는다.

(2) 공매

① 공매에 의하여 재산을 매각한 경우, 그 매각 재산상의 담보물권(저당권 등) 및 담보적 기능을 가진 특정의 권리(담보가등기)에 대하여는 소멸주의를 채택하고 있어 매수인이 매각대금을 완납한 경우에는 재산상의 이들 권리는 소멸한다. 그러나 지상권, 지역권, 전세권 및 등기된 임차권은 저당권, 압류채권, 가압류 채권에 대항할 수 없는 경우에는 매각으로 소멸되나, 그 외의 경우에는 매수인이 인수하므로 가급적 이런 부담 있는 부동산은 매수하지 않는 것이 좋다. 다만 전세권의 경우 배당요구를 한 경우에는 매각으로 소제 된다.

② 주거용 건물(또는 상가건물)의 경우, 등기부상 최선순위 권리자 [(근)저당권, (가)

압류 등]보다 먼저 주민등록 전입신고 및 거주의 요건을 갖추고 있는 임차인(상가건물의 경우는 건물의 인도와 사업자등록을 신청한 임차인)이 있을 때에는 매수인은 매각대금 외에 임차보증금을 별도로 인수하여야 할 경우가 생길 수 있으므로 임대차관계 등에 대하여는 입찰자 책임하에 사전 조사하고 입찰에 응하여야 한다.

③ 한국자산관리공사 압류재산에 대한 명도책임은 언제나 매수인에게 있다. 따라서 공매 부동산에 살고 있는 소유자·전세입주자 등 점유자가 공매 결과에 불만을 품고 집을 비워 주지 않는 경우가 종종 발생하는데, 이때 집을 비우는 데 따른 부담이 전적으로 매수인 책임이다. 그러므로 특히 주택이나 공동주택을 매수하고자 하는 때에는 명도용이 여부, 명도 해결에 따른 소요될 시간 및 비용을 사전에 정확히 파악해 두고 입찰가격 책정에 산정 고려하여야 한다.

④ 한국자산관리공사가 공매 공고한 압류재산에 대하여 공매입찰개시 전까지 체납자 또는 제3자가 압류에 관계되는 조세채권을 완납하였을 때는 공매가 취소되거나 중지된다. 한국자산관리공사가 공매하는 압류재산 중에는 압류의 원인인 체납조세 채권액의 규모가 의외로 작은 경우가 많다. 이 때문에 막상 압류재산에 대한 매각절차에 착수하면, 당해 조세채권을 완납하는 경우가 많이 생긴다. 따라서 당해 압류재산의 압류 원인인 체납조세 채권액이 적을 경우에는 당해 압류재산의 공매절차가 취소될 수 있음을 염두에 두어야 한다. 그렇지 않으면 현장답사나 공부 열람 등에 괜한 수고를 할 수도 있기 때문이다.

⑤ 한국자산관리공사 매각 부동산이라면 공매에서 매각되지 않은 부동산에 대하여는 수의계약(유찰계약)으로 살 수 있는 것으로 인식하고 있는데, 공매시 수의계약은 징수법상으로는 가능하지만, 수의계약요건에 충족되는 물건은 많지 않으며 수의계약 가능 물건은 명시되어 있다. 따라서 공매에서 유찰된 부동산은 다음 회차에 실시되는 공매(입찰)에서만 살 수 있다. 매수인 입장에서는 그만큼 매수의 편의성이 저감되었다고 볼 수 있다.

 경매는 배당요구종기, 공매는 배분요구종기

3) 기타 차이점

경매와 공매의 또 다른 차이점을 살펴보면, 경매는 매각주체가 각 물건지의 지방법원인 데 비해 공매는 한국자산관리공사다.

또한, 매각대금 납부도 경매는 낙찰 후 30~45일 이내에 완납해야 하지만, 공매는 계약에 따라 분할납부도 가능하다.

입찰방법에서도 경매는 기일입찰인 반면, 공매는 온라인 입찰로 행해진다. 어떤 물건에 대해서 경매와 공매가 동시에 진행되는 경우가 있다. 이때에는 먼저 대금을 완납한 최고가 매수인이 우선 소유권을 취득한다.

제5장

등기사항전부증명서
보는 방법

등기사항전부증명서는 해당 부동산의 변동사항이 생기면 그에 대하여 기입하고 제3자들이 볼 수 있도록 비치해 두는 공적장부이다. 부동산과 관련된 대부분 권리관계는 등기사항전부증명서에 기재되는 것으로서 권리분석에서 70~80%는 등기사항전부증명서의 관계를 분석하는 것이라고 볼 수 있다.

등기사항전부증명서는 종래 '부동산등기부등본'이라고 불리던 것으로, 2011년 10월 13일부터 「부동산등기법 및 관련 규칙」에 의거하여 기존 '등기부등본'에서 '등기사항전부증명서'로 명칭이 변경되었으나 아직도 등기사항전부증명서보다는 '등기부등본'이라고 부르는 사람들이 많다.

등기사항전부증명서 보는 방법

등기부용지는 표제부·갑구·을구 등으로 구성되어 있다. 다만 을구에 기재된 사항이 전혀 없거나 기재된 사항이 말소되는 등으로 현재 효력이 있는 부분이 전혀 없을 경우에는 등본을 발급할 때, 을구를 제외한 표제부와 갑구만으로 구성된 채 발급된다.

1) 표제부

해당 부동산의 위치와 사용목적, 면적, 구조, 부동산의 변동사항이 기재돼 있다. 토지의 경우, 지번·지목·건물인 경우 지번·구조·용도·면적 등이 각각 기재된다. 다만, 아파트 등 집합건물의 경우, 전체 건물에 대한 표제부와 구분된 개개의 건물에 대한 표제부가 따로 있다. 면적은 ㎡로 표시되어 있는데, 이를 3.3으로 나누면 평(坪)이 된다.

등기부의 첫 장인 표제부는 표시번호란과 표시란으로 나뉜다. 표시번호란은 등기한 순서를, 표시란에는 각 토지나 건물 대지의 지번, 부동산의 상황과 변경에 관한 사항을 기재한다. 일반적으로 표시란은 접수일자, 해당 건물의 소재 지번 및 건물번호, 건물의 구조적 특징, 등기원인 및 기타사항으로 구성된다. 그리고 부동산에 변동이 생기면, 표시번호 2번에 변경된 사항이 기재되고 마지막 줄에 변경사유가 첨가된다.

표시번호	접 수	소재지번.건물명칭 및 번호	건 물 내 역	등기원인 및 기타사항
			22층 327.82㎡ 23층 327.82㎡ 지층 601.97㎡	

(대지권의 목적인 토지의 표시)

표시번호	소 재 지 번	지 목	면 적	등기원인 및 기타사항
1 (전 1)	1. 경기도 안양시 만안구 안양동 767 2. 경기도 안양시 만안구 안양동 710-41	대 대	25564㎡ 2821.9㎡	1995년12월26일 부동산등기법 제177조의 6 제1항의 규정에 의하여 2001년 02월 06일 전산이기

【 표　　　제　　　부 】		(전유부분의 건물의 표시)		
표시번호	접 수	건물번호	건 물 내 역	등기원인 및 기타사항
1 (전 1)	1995년12월26일	제20층 제2002호	철근콘크리트조 59.73㎡	도면편철장 제1책440면 부동산등기법 제177조의 6 제1항의 규정에 의하여 2001년 02월 06일 전산이기

2) 갑구

갑구에서는 소유권에 관한 사항을 확인할 수 있다. 소유권 보존, 소유권 이전, 가등기, 가처분, 압류, 경매신청, 가압류, 파산, 예고등기와 이들 각 권리의 변경등기, 말소 및 회복등기가 기재된다. 세입자는 자신과 임대차계약을 맺으려는 사람과 등기부상의 소유권자가 같은 사람인지 아닌지 확인해야 한다.

갑구는 사항란과 순위번호란으로 나누어지며, 갑구 사항란에는 소유권에 관한 사항만을 기재하고, 순위번호란에는 사항란에 등기사항을 기재한 순서를 적는다. 이때 갑구의 순위번호 1번은 소유권 보존에 관한 사항이다. 등기부상의 소유권 보존은 특정 건물이나 토지에 대하여 최초로 등기가 이루어졌거나 새로이 등기용지를 개설했다는 의미이며, 이후의 권리변동은 모두 이 소유권 보존을 기초로 이루어진다.

소유권의 변동을 일으키는 원인들은 주로 매매·경매·압류 등이다. 매매를 통해 소유권이 이전되면 사항란에 등기 접수일자, 원인, 매매가 이루어진 날짜, 새로운 소유자의 이름과 주소순으로 변경 내용이 기재된다.

[집합건물] 경기도 안양시 만안구 안양동 767외 1필지 성원아파트 제103동 제20층 제2002호   고유번호 1341-1996-219030

<table>
<tr><th colspan="4">(대지권의 표시)</th></tr>
<tr><th>표시번호</th><th>대지권종류</th><th>대지권비율</th><th>등기원인 및 기타사항</th></tr>
<tr><td>1
(전 1)</td><td>1. 2 소유권대지권</td><td>28385.90분의 21.342</td><td>1995년11월13일 대지권
1995년12월26일

부동산등기법 제177조의 6 제1항의
규정에 의하여 2001년 02월 06일
전산이기</td></tr>
</table>

<table>
<tr><th colspan="5">【 갑 　 구 】 　 (소유권에 관한 사항)</th></tr>
<tr><th>순위번호</th><th>등 기 목 적</th><th>접 　 수</th><th>등 기 원 인</th><th>권 리 자 및 기 타 사 항</th></tr>
<tr><td>1
(전 2)</td><td>소유권이전</td><td>1996년9월5일
제58678호</td><td>1993년8월23일
매매</td><td>소유자 임채봉 560523-1******
　안양시 만안구 안양동 767 성원아파트 103동 2002호</td></tr>
<tr><td>2
(전 5)</td><td>압류</td><td>1997년12월19일
제95554호</td><td>1997년12월19일
압류</td><td>권리자 안양시만안구

부동산등기법 제177조의 6 제1항의 규정에 의하여 1번
내지 2번 등기를 2001년 02월 06일 전산이기</td></tr>
<tr><td>3</td><td>압류</td><td>2002년6월7일
제99013호</td><td>2002년8월2일
압류(경수6500-63160)</td><td>권리자　근로복지공단안양지사</td></tr>
<tr><td>4</td><td>3번압류등기말소</td><td>2002년8월28일
제108728호</td><td>2002년8월26일
해제</td><td></td></tr>
</table>

3) 을구

을구에서는 저당권 설정 유무 및 채권자, 채무자, 채권액, 변제기, 이자, 기타 조건 등이 명시되어 있다. 을구는 사항란과 순위번호란으로 나누어지며, 소유권 이외의 권리에 관한 등기사항을 기재한다.

저당권 · 근저당권 · 전세권 · 임차권 · 지상권 등 순위에 따라 효력에 결정적 영향을 받는 권리들이 기재되기 때문에 순위번호란과 사항란에서 지적하는 순위번호를 유심히 보아야 한다. 설정된 권리들이 순서대로 말소되는 것이 아니며, 한 건물이나 토지에 대해서 여러 저당권이 설정될 수 있기 때문이다.

· · · · · · · · · · · · · ◀ **저당권이란?** ▶ · · · · · · · · · ·

채무자 또는 제3자(물상보증인)가 점유를 이전하지 않고 채무의 담보로 제공한 목적물을 말한다. 즉, 갑이 을에게 돈을 빌리고 그 담보로 부동산에 채무의 설정을 하고 담보로 을에게 돈을 빌리고 담보변제기일 약정 날짜까지 갚지 않았을 경우, B가 그 부동산을 처분해 돈을 변제받을 수 있는 담보권을 말한다.

[집합건물] 경기도 안양시 만안구 안양동 767외 1필지 성원아파트 제103동 제20층 제2002호   고유번호 1341-1996-219030

【 을 구 】		(소유권 이외의 권리에 관한 사항)		
순위번호	등 기 목 적	접 수	등 기 원 인	권 리 자 및 기 타 사 항
1 (전 1)	근저당권설정	1996년9월5일 제58679호	1995년12월12일 설정계약	채권최고액 금15,600,000원 채무자 임채봉 　　안양시 만안구 안양동 767 성원아파트 103-2002호. 근저당권자 한국주택은행 111235-0001908 　　서울 영등포구 여의도동 36-3 　　(역삼동지점)
2 (전 2)	근저당권설정	1996년10월18일 제68296호	1996년10월18일 설정계약	채권최고액 금이천육백만원 채무자 임채봉 　　안양시 만안구 안양동 767 성원아파트 103동 2002호. ~~근저당권자 주식회사경기은행 120111-0016205~~ ~~인천시 남동구 구월동 1127.1127-1~~ ~~(관악지점)~~
2-1 (전 2-1)	2번근저당권이전	1999년2월6일 제12063호	1998년6월29일 계약이전결정	근저당권자 주식회사한미은행 110111-0303539 　　서울 중구 다동 39 　　(관악지점)
3 (전 3)	근저당권설정	1997년4월8일 제27122호	1997년4월7일 설정계약	채권최고액 금삼천이백만원 채무자 임채봉 　　안양시 만안구 안양동 767 성원아파트 103동 2002호. 근저당권자 한국주택은행 111235-0001908 　　서울 영등포구 여의도동 36-3 　　(안양북지점)
~~4 (전 4)~~	~~근저당권설정~~	~~1998년2월9일 제13458호~~	~~1998년2월7일 설정계약~~	~~채권최고액 금50,000,000원~~ ~~채무자 임채봉~~

4) 등기의 순위

각 등기는 등기한 순서대로 순위번호를 기재하고, 같은 구에서는 그 순위번호에 의하여 등기의 우열이 가려지며, 부기등기의 순위는 주등기의 순위에 의한다.

그러나 가등기가 있는 경우에는 본등기를 하면, 그 본등기의 순위는 가등기의 순위에 의한다. 갑구와 을구 사이의 등기순위는 접수일자와 접수번호에 의하여 그 우열을 가리게 된다.

등기사항전부증명서 유의사항

1) 갑구

첫째, 소유권에 대한 압류, 가압류, 경매개시결정, 가처분 등 처분제한등기가 있지는 않은지 살펴봐야 한다.

채권자가 채권확보를 위해 채무자의 재산을 압류·가압류한 경우, 그 채무자(소유자)가 채무를 변제하지 못할 때에는 결국 그 부동산은 경매처분 되는 것이기 때문이다. 또 경매개시결정 등기란, 이미 그 부동산에 경매절차가 진행되고 있음을 의미한다.

이와 함께 해당 부동산에 대한 소유권이전등기 청구권을 확보하기 위하여 혹은 말소하기 위하여 처분금지 가처분을 한 경우, 그 소송의 원고가 승소 판결을 얻는다면 가처분 이후의 모든 등기는 말소될 가능성이 아주 많다는 점을 유의해야 한다.

둘째, 예고등기에 관한 것.

'예고등기'란 등기원인이 전혀 없는데도 인감증명 등을 위조하여 소유권을 이전했거나 저당권을 설정 또는 말소한 경우, 그 등기를 말소 또는 회복해 줄 것을 소송으로 청구하는 때에 그러한 소송이 제기되었음을 제3자에게 알려서 불의의 피해를 입지 않도록 법원이 촉탁하여 등기가 된 경고적 의미의 등기이다.

원고가 승소판결을 얻으면, 그 판결을 실행하는 데 저촉되는 등기는 설사 선의의 제3자이더라도 결국은 모두 말소될 운명에 처한다. 물론 그 제3자의 등기를 말소하려면, 다시 그 제3자를 상대로 한 말소등기 청구 소송에서 승소 판결을 받아야 하는 전제가 따른다.

구체적으로 경매절차의 진행 상황이나 누가 어떤 원인으로 예고등기를 하였는지 알고 싶으면, 등기부에 기재된 사건번호를 당해 법원에 가서 제시하고 이해관계를 소명하여 기록을 열람하면 자세히 알 수 있다.

기재된 사건번호는 그 등기가 어떤 사건과 관련되어 있음을 알려 주는 것이며, 취급하는 부서는 다음과 같다.

○○ 법원 2014타경 ○○○호   경매사건(집행과 또는 신청과)

○○ 법원 ○○ 법원 2010카합 ○○○호

○○ 법원 2013카단 ○○○호   가압류 또는 가처분 사건(신청과)

○○ 법원 2012카합 ○○○호

○○ 법원 2011카단 ○○○호   예고등기(민사과)

셋째, 가등기에 관한 것.

가등기 다음에 남아 있는 공란은 후일 공란에 본등기를 하기 위한 것이다. 따라서 본등기를 하면 그 순위는 가등기의 순위에 따르는 것이므로, 이 본등기에 저촉되는 가등기 이후 제3자의 등기는 가등기에 터 잡은 본등기가 이루어질 때 등기관이 직권으로 말소한다.

2) 을구

근저당권·전세권·지상권 등이 설정되어 있는지 확인해야 한다. 근저당권의 채권최고액이란, 채무자가 실제로 대출을 부담한 채무금액이 아니고 앞으로 부담할 최대한도의 채무액이란 뜻이며, 실제 채무액은 그 채권최고액(1금융권 120%, 2금융권 130%)에서 나눈 금액이 원금이다.

채무자가 근저당권 채권을 모두 변제하지 않으면 결국 그 부동산은 경매로 진행될 것이며, 선순위 전세권이 설정되어 있는 경우에는 특별한 사정이 없는 한 전세기간 내에는 전세권자를 임의로 나가게 할 수 없다.

그 외 지상권·지역권 등은 그 토지에 대한 이용관계를 목적으로 설정되어 있는 권리이다. 전세권·지상권·지역권 등은 저당권과는 달리, 부동산 일부분에도 성립할 수 있으나 동일 부동산의 같은 부분에 중복하여 성립할 수 없음을 유의해야 한다.

제6장

말소기준등기
(소멸기준등기)의 기준과
종류

'말소기준권리'란, 임차권을 포함하여 등기부상 나타나는 모든 권리들의 말소여부, 인수
여부를 판별하는 데 기준이 되는 권리를 말한다. 즉, 말소기준권리란 (근)저당권, (가)압
류, 담보가등기, 경매개시결정등기 중 가장 앞선 권리를 의미한다.

말소기준권리보다 앞서는 선순위 권리들은 낙찰로 말소(소멸)되지 않고 낙찰자가 인수
한다. 말소기준권리보다 뒤지는 후순위 권리의 등기는 낙찰로 당연히 소멸한다. 물론 말
소기준권리 자체도 소멸한다.

말소기준권리가 될 수 있는 권리들 중 제일 먼저 등기된 권리 즉, 선순위권리가 말소기
준권리가 된다.

말소기준등기의 의미

소멸기준등기를 보통 경매시장에서는 말소기준등기라고도 한다. 말소기준등기는 매각 시 등기부에 있는 등기들의 말소와 인수의 기준이 되는 등기를 말한다.

첫째, 임차인의 보증금 인수 기준

임차인의 전입일자가 말소기준등기일보다 늦으면 매수인은 추가부담 없이 임차인을 내보낼 수 있지만, 임차인의 전입일자가 말소기준등기일보다 빠르면 매수인은 임차인의 보증금을 인수해야 한다.

둘째, 등기의 소멸기준

원칙적으로 말소기준등기보다 후순위의 등기는 경매로 인하여 소멸된다. 물론 소유권말소예고등기처럼 후순위의 등기를 인수해야 하는 경우도 있지만, 이러한 경우는 별도의 장에서 논하기로 하겠다.

셋째, 인도명령과 명도소송의 기준

임차인의 전입일자가 말소기준등기보다 늦으면 인도명령 대상이지만, 말소기준등기보다 빠르면 명도소송 대상이다.

명도소송을 제기할 때에 가장 유의하여야 할 점은 부동산 점유이전금지 가처분을 먼저 하여야 한다는 것이다. 민사소송법은 당사자 승계주의를 취하고 있어 변론종결 전의 승계인에게는 판결의 효력이 미치지 않는다. 따라서 명도소송 중 목적물의 점유가 이전되면 패소할 수밖에 없고, 그 제3자를 대상으로 새롭게 명도소송을 제기하든지 아니면 그 제3자에게 명도소송을 인수시켜 명도소송을 유지할 수밖에 없다. 그러나 부동산 점유이전금지가처분을 받아두면 그 이후에 부동산 점유를 이전받는 자는 가처분채권자에게 대항할 수 없다. 즉, 당사자가 한정되는 효과를 주는 것이 부동산 점유이전금지가처분이며 명도소송을 제기할 때에는 소송에 앞서 반드시 부동산 점유이전금지가처분을 신청해 놓아야 명도에 수월하다.

부동산 점유이전금지가처분 신청을 할 때에는 목적물의 가액, 피보전권리의 요지, 가처분할 목적물의 표시, 신청 취지, 신청 이유 등의 사항을 기재하여 관할 법원에 신청하여야 한다. 부동산 점유이전금지가처분 신청 시 유의할 사항은 부동산 일부가 목적물인 경우에는 도면, 사진 등의 그 계쟁물[1] 부분을 특정하여야 한다. 부동산 목록의 표시에는 부동산의 실제 현황과 등기 기록상의 표기가 다른 경우 실제 부동산의 현황을 표시하여야 하며, 부동산의 표시가 일치하지 않을 경우에는 집행이 불능하게 된다.

명도소송은 다음과 같은 절차를 거치게 된다.

소장제출 → 준비서면 입증자료제출 → 법정공방 → 확정판결 → 강제집행

인도명령은 단기간에 명도가 가능하지만, 명도소송은 최소한 6개월 정도의 기일이 소요된다. 명칭에서 알 수 있듯이 명도소송은 소송을 통하여 하는 것인 만큼, 많은 비용과 시간이 소요된다.

1) 소송에서, 다투는 목적이 되는 대상물

말소기준등기의 종류

말소기준등기는 (근)저당권, (가)압류, 담보가등기, 경매개시결정등기 중에서 부동산 등기부상에 가장 먼저 기입된 등기를 말하며 전세권도 말소기준권리가 될 수 있다. 위에서 설명한 것 외의 용익물권인 지상권, 지역권, 등기된 임차권 등은 선순위라도 말소기준권리가 될 수 없다.

용익물권이란?

다른 사람의 부동산을 사용하여 이익을 얻을 수 있는 제한 물권

1) 압류 · 가압류

압류 · 가압류 등기는 경매신청채권상의 채무자 또는 소유자의 명의로 경매목적 부동산의 소유권이 이전된 이후(소유권이전 등기일 이후)에 등기된 것일 경우(쉽게 말해서 경매당시 소유자가 진 빚으로 인해 압류 · 가압류가 등기된 경우)에 말소기준 권리가 될 수 있다.

⋯▶ 단, 가압류등기의 경우 채무명의(본안소송의 확정판결, 집행력 있는 공정증서 등)가 없는 가압류등기는 확정된 채권이 아니므로 그 배당금 또한 본안소송에서 채권이 확정되기 전까지는 법원에 공탁된다. 따라서 이렇게 정지조건부 채권인 가압류는 본안소송에서 그 가압류 등기가 허위임이 밝혀질 경우에는 경매 당시로 소급하여 새로운 말소기준권리를 기준으로 후순위 권리의 말소 여부를 판단해야 될 경우도 있다. 그러므로 그 가압류등기로 인해 불측의 손해를 본 용익권자, 임차인 등의 항변으로 인해 경락자가 경매절차 진행시 예상하지 못한 불측의 손해를 볼 수도 있음을 유의해야 한다.

2) 가등기의 종류

가등기의 종류에는 소유권이전청구권 가등기와 담보가등기 2종류가 있다.

최선순위 가등기일 경우 소유권이전청구가등기는 본등기 시 소유권을 넘겨줘야 하는 위험성이 있기에 인수, 담보가등기는 소멸돼서 낙찰자가 인수하지 않는다.

① 소유권이전청구권 가등기(청구권보전의 가등기)

⋯➤ 부동산매매계약은 완료했지만 바로 소유권이전(본등기)를 할 수 있는 요건이 안될 시

⋯➤ 소유권이전 청구권보전의 효력과 본등기 시 가등기 순위에 의하도록 한다.

⋯➤ 가등기만으로는 실체법상 효력이 없지만, 순위보전의 효력이 있다.

부동산에 가등기를 해 놓으면 가등기 이후 권리자는 가등기가 본등기로 전환되면, 아무런 주장을 할 수 없다(매매예약완결일로부터 10년 시효).

② 담보가등기(가등기 담보)

가등기의 형식으로 채권담보를 목적으로 하며, 채무자 또는 제3자의 부동산에 설정할 수 있다. 채무자가 채권자에게 금전 등을 차용할 때, 채무자나 제3자의 부동산을 담보물건으로 제공하고 금전 등을 차용하며 채무를 불이행할 경우 소유권 이전을 목적으로 설정하는 담보 가등기를 말하며 경매에서 담보가등기는 저당권과 동일한 것으로 간주된다.

⋯➤ 법원은 가등기가 담보가등기인지 소유권 이전청구 가등기인지 밝혀줄 것을 최고서를 발송하고, 권리신고를 하도록 촉구한다. 대법원의 문건/송달내역에서 채권신고를 하였다면 담보가등기로, 채권신고를 하지 않았다면 소유권 이천청구가등기로 분리할 수 있다.

3) 전세권 등기

① 전세권자가 경매를 신청

② 아파트 등 집합건물에 설정

③ 말소기준권리보다 선순위

위 세 가지가 충족되는 경우에 말소기준권리가 될 수 있다. 그러나 건물의 일부만을 대상으로 하는 전세권의 경우는 말소기준권리가 될 수 없다.

3 인수주의

말소기준권리보다 앞서는 선순위 권리는 낙찰자가 인수·부담한다.

1) 인수되는 권리가 여러 개 존재하는 경우

가압류·압류·가처분·전세권·임차권 등의 권리가 소멸하지 아니하는 정당한 사유가 있어 말소기준권리보다 선순위로 등기된 경우에는 선순위 권리 모두를 낙찰자가 인수·부담해야 한다.

2) 인수되는 권리들 중에 확정일자부 주택임차권이 포함된 경우

이 경우 임차권은 대항력과 우선변제권을 선택적으로 행사할 수 있는데, 임차인이 우선변제권을 행사하여 배당을 받은 경우에도 후순위 권리들이 말소기준권리보다 앞서는 권리라면 여전히 낙찰자에게 인수된다. 왜냐하면 확정일자부 주택임차권은 그 등기 유무, 배당요구 유무, 순위 등과 무관하게 말소기준권리가 될 수 없기 때문이다.

따라서 확정일자부 주택임차인이 임차(전세)보증금 반환청구에 대한 확정판결 등의 채무명의에 기해 강제경매를 신청하더라도 그 임차권은 말소기준권리가 될 수 없다.

3) 인수주의 원칙의 예외

① 전 소유자의 가압류·압류채권자가 경매 신청 시 전 소유자를 채무자로 하는 가압류·압류등기라도 이 권리자가 채무명의에 기해 전 소유자를 채무자로 하여 강제경매를 신청한 경우에는 낙찰로 소멸한다.

② 전 소유자의 소유권이전 이전에 경료 된 저당권 등이 있는 경우, 현 소유자를

채무자로 하는 경매라도 전 소유자가 소유권을 이전하기 전에 설정 등기된 저당권 등의 담보권이 유효하게 존재한다. 따라서 저당권이 낙찰로 소멸하므로 전 소유자 당시 경료 된 가압류 · 압류 등기는 함께 소멸한다. 이 경우에는 이 저당권보다 가압류 · 압류의 등기가 선순위라도 이 가압류 · 압류가 이 저당권설정자와 동일한 전 소유자를 채무자로 하는 이상 함께 소멸한다.

③ 위 ①, ②의 경우 가압류 · 압류가 최선순위로 등기된 때에는 말소기준권리가 될 수 있다.

4 말소주의

1) 말소주의의 대원칙
말소기준권리보다 후순위인 권리는 그 존속기간이 남아 있다 하더라도 말소된다.

2) 말소주의 원칙의 예외
① 건물철거 및 토지인도 청구권 보전을 위해 토지지상건물에 등기된 가처분은 등기부 상 소유자가 달라서 토지 지상의 건물만이 경매목적물인 경우에 건물철거 합의 등 법정지상권 발생의 장애사유가 있을 때, 토지소유자의 건물철거 및 토지인도 청구권 보전을 위하여 건물에 경료 된 가처분등기는 순위에 관계없이 낙찰로 소멸하지 아니한다. 설사 경매기입등기 이후에 등기되었더라도 낙찰로 인하여 소멸하지 아니한다.

② 전 소유자를 채무자로 하는 가압류·압류 등기의 경우, 가압류·압류 등기가 경료 된 후 저당권 등의 담보물권의 설정등기 없이 소유권이 이전된 후 현 소유자를 채무자 또는 물상보증인으로 하여 진행되는 경매절차에서는 이 가압류·압류 등기는 낙찰로 소멸하지 아니한다.

5 원칙적으로 말소되지 않는 권리

1) 예고등기

예고등기는 등기부상 순위에 관계없이 낙찰로 인해 말소되지 않는다. 단, 그 원인이 등기부 을구 사항 즉 "근저당 말소회복의 소", "근저당 말소의 소" 등의 예고등기인 경우에는 그 원인 등기가 낙찰로 소멸하는 경우에 한하여 함께 소멸한다.

그러나 "근저당말소등기의 소"를 원인으로 경료 된 예고등기가 있음에도 이 근저당에 기한 저당권실행(임의경매)에 의해 진행된 경매절차에서는 위 소송의 결과로 근저당권자가 패소(근저당권의 원인무효 판결)하게 되면, 이 무효인 근저당에 기한 경매절차로 인하여 취득한 낙찰자의 소유권 취득도 원인무효가 되어 소유권을 상실할 수 있으므로 응찰자의 각별한 주의를 요한다.

···▶ 예고등기는 2011년 10월 13일부터 폐지되었다.

[참고] 예고등기 사례

인천27계 2011-68410 화도면 임야 지지옥션

소 재 지	인천 강화군 화도면 장화리 산192 [일괄]-2, -3, -4. 도로명주소				
경 매 구 분	임의경매	채 권 자	강화군산림조합		
용 도	임야	채무/소유자	장지영/장지영외3	낙 찰 일 시	13.06.17 (295,000,000원)
감 정 가	985,079,100 (11.11.25)	청 구 액	303,775,326	종 국 결 과	13.11.12 배당종결
최 저 가	236,517,000 (24%)	토지총면적	15940.7 ㎡ (4822.06평)	경매개시일	11.11.18
입찰보증금	10% (23,651,700)	건물총면적	0 ㎡ (0평)	배당종기일	12.02.06
조 회 수	·금일 1	공고후 69	누적 235		·5분이상 열람 금일 0	누적 4		
주 의 사 항	·지분매각·예고등기 특수件분석신청				

매각토지.건물현황(감정원 : 가람감정평가 / 가격시점 :   )

목록	지번	용도/구조/면적/토지이용계획		m²당 단가	감정가	비고
토지	1 장화리 산192	참고사항참조	임야 9544.7m² (2887.272평)	원	원	☞전체면적 10022 m²중 장지영 지분 20/21 매각 ▶표준지공시지가: (m²당)(보전관리)2 0,000원,(농림지역)3,100원
	2 장화리 산192-2	참고사항참조	임야 4626.6m² (1399.547평)	원	원	표준지공시지가: (m²당)3,100원 전체면적 4858 m²중 장지영 지분 20/21 매각
	3 장화리 산192-3	참고사항참조	임야 751.4m² (227.299평)	원	원	☞전체면적 789m² 중 장지영 지분 2 0/21 매각 ▶표준지공시지가: (m²당)(보전관리)2 0,000원,(농림지역)3,100원
	4 장화리 산192-4	참고사항참조	임야 1018m² (307.945평)	원	원	☞전체면적 1069 m²중 장지영 지분 20/21 매각 ▶표준지공시지가: (m²당)(보전관리)2 0,000원,(농림지역)3,100원
		면적소계	m² 평	소계	원	
감정가		토지:15940.7m²(4822.062평)		합계	원	토지지분매각

임차인현황 (배당요구종기일 :   )

===== 조사된 임차내역 없음 =====

토지등기부 (채권액합계 :   원)

No	접수	권리종류	권리자	채권금액	비고	소멸여부
1	1987.11.14	장회중지분전부이전	장지영		매매,지분4/21	
2	1994.12.13	장회국,장회양,장회원, 장회목,장회자지분전 부이전	장지영		매매,지분16/21	
3	2004.10.14	장지영소유권말소예고 등기	서울남부지법 2004가단65002			
4	2006.11.30	장지영지분전부근저당	강화군산림조합		원말소기준등기	소멸
5	2011.07.12	장지영지분전부근저당	이상호	원		소멸
6	2011.11.18	장지영지분임의경매	강화군산림조합	청구금액 원	2011타경68410	소멸
기타사항	☞장화리 산192토지등기부상					
주의사항	☞[예고등기]사건번호:2004가단65002/사건명:소유권말소등기/종국결과:2005.11.03 원고승					

위 사건은 현재의 채무자를 상대로 소유권 말소 예고등기 신청된 사건이므로 주의를 요하지만, 접수된 날짜가 2004년 10월 14일자로 이미 종결된 사건이며, 2005년 11월 3일 종국결과 원고 승으로 종결된 사건이다. 이처럼 원고와 피고의 승소 결과가 중요하며, 승소 내용이 무엇인지 알고자 할 때는 해당 사건에 대한 판결문 신청을 하면 내용을 확인할 수 있다.

대한민국법원 나의 사건검색 접속(http://www.scourt.go.kr)

사건번호에 관할법원 선택 → 사건번호 선택 → 사건 당사자 입력 후 검색

나의사건검색

본 판결문을 통해 원고 장지란 씨가 피고 장지영 씨를 상대로 소유권말소등기 소송에서 2005년 11월 3일 원고승을 하였고, 2006년 6월 8일 항소기각이 되어 종료된 사건임을 알 수 있다.

기본내용 » 청사배치

사건번호	2004가단65002	사건명	소유권말소등기
원고	장지란	피고	장지영
재판부	민사4단독		
접수일	2004.10.05	종국결과	2005.11.03 원고승
원고소가	354,610	피고소가	
수리구분	제소	병합구분	없음
상소인	피고	상소일	2005.12.01
상소각하일		폐기여부	기록폐기됨
송달료,보관금 종결에 따른 잔액조회		» 잔액조회	

심급내용

법 원	사건번호	결 과
대법원	2006다43897	2006.09.08 심리불속행기각
서울남부지방법원	2005나11102	2006.06.08 항소기각

최근기일내용   >> 상세보기

일 자	시 각	기일구분	기일장소	결 과
2005.08.11	10:00	변론기일	법정 311호	조정회부(자체)
2005.08.22	10:00	조정기일	조정실 809호	강제조정
2005.10.13	11:00	변론기일	법정 311호	변론종결
2005.11.03	10:00	판결선고기일	법정 311호	판결선고

최근 기일 순으로 일부만 보입니다. 반드시 상세보기로 확인하시기 바랍니다.

최근 제출서류 접수내용   >> 상세보기

일 자	내용
2005.12.01	피고 장지영 항소장 제출
2005.12.20	피고 장지영 인지.송달료보정 제출
2006.10.10	원고 장지란 송달및확정증명
2008.01.09	피고 장지영 송달및확정증명

기본내용

사건번호	2004가단65002	사건명	소유권말소등기
원고	장지란	피 고	장지영
재판부	민사4단독( )		
접수일	2004.10.05	종국결과	2005.11.03 원고승

일 자	내 용	결 과	공시문
2004.10.05	소장접수		
2004.10.11	피고 장지영에게 소장부본/소송안내서 송달	위의 '확인' 항목 체크	
2004.10.12	등기소 강화등기소에게 예고등기촉탁 송달		
2004.10.19	등기소 강화등기소 등기필등 제출		
2004.10.29	피고 장지영 답변서 제출		
2004.10.29	준비명령(도과기간확인)		
2004.10.30	원고 장지란에게 답변서부본/소송안내서/준비명령등본 (04.10.29일자) 송달		
2004.11.17	원고 장지란 준비서면 제출		
2004.11.20	준비명령(도과기간확인)		
2004.11.20	피고 장지영에게 준비명령등본/준비서면부본(04.11.17일자) 송달		
2004.11.23	피고 장지영 주소보정 제출		

2004.11.30	준비명령(도과기간확인)		
2004.12.01	피고 장지영에게 준비명령등본/준비서면부본(04.11.17일자) 송달		
2004.12.20	피고대리인 장희목 준비서면 제출		
2004.12.20	피고 장지영 소송위임장 제출		
2004.12.21	원고 장지란에게 준비서면부본(04.12.20일자) 송달		
2005.01.12	원고 장지란 준비서면 제출		
2005.01.12	준비명령(도과기간확인)		
2005.01.12	피고 소송대리인 변호사 장희목에게 준비명령등본/준비서면부본(05.01.12일자) 송달		
2005.06.24	원고 장지란 기일지정신청서 제출		
2005.06.28	원고 장지란에게 변론기일통지서 송달		
2005.06.28	피고 소송대리인 변호사 장희목에게 변론기일통지서 송달		
2005.07.18	기일변경명령		
2005.07.18	원고 장지란에게 변경기일통지서 송달		
2005.07.18	피고 소송대리인 변호사 장희목에게 변경기일통지서 송달		
2005.07.21	변론기일(법정 311호 10:00)	기일변경	
2005.08.11	변론기일(법정 311호 10:00)	조정회부(자체)	
2005.08.19	원고 장지란 청구취지 및 청구원인변경신청 제출		
2005.08.22	조정기일(조정실 809호 10:00)	강제조정	
2005.08.25	원고 장지란 청구취지 및 청구원인변경신청 제출		
2005.08.26	원고 장지란에게 조정에갈음하는결정조서정본(강제조정) 송달	위의 '확인' 항목 체크	
2005.08.26	피고 소송대리인 변호사 장희목에게 조정에갈음하는결정조서정본(강제조정) 송달	위의 '확인' 항목 체크	
2005.09.09	피고 장지영 이의신청서 제출		
2005.09.12	원고 장지란 이의신청서 제출		
2005.09.12	피고 소송대리인 변호사 장희목에게 변론기일통지서 송달		
2005.09.14	피고 소송대리인 변호사 장희목에게 이의신청서 송달		
2005.10.13	변론기일(법정 311호 11:00)	변론종결	
2005.10.14	원고 장지란 준비서면 제출		
2005.10.21	피고 소송대리인 변호사 장희목에게 준비서면부본 송달		
2005.10.25	원고 장지란 재개신청 제출		
2005.11.03	판결선고기일(법정 311호 10:00)	판결선고	
2005.11.03	종국 : 원고승		
2005.11.17	원고 장지란에게 판결정본 송달	위의 '확인' 항목 체크	
2005.11.17	피고 소송대리인 변호사 장희목에게 판결정본 송달	위의 '확인' 항목 체크	

2005.12.01	피고 장지영 항소		
2005.12.01	피고 장지영 항소장 제출		
2005.12.13	보정명령		
2005.12.14	피고 장지영에게 보정명령등본 송달		
2005.12.20	피고 장지영 인지.송달료보정 제출		
2006.10.10	원고 장지란 송달및확정증명	2006.10.10 발급	
2008.01.09	피고 장지영 송달및확정증명	2008.01.09 발급	

2) 유치권

유치권은 낙찰로 소멸되지 않으므로 낙찰자가 승계부담 해야 한다.

⋯▸ 유치권은 등기되는 권리가 아니므로 응찰자는 유치권의 존재 여부에도 신경을 써야 한다.

3) 기타

이 이외에도 담보지상권(소위 채권적 지상권)등의 민법상 권리해석이 쉽지 않은 특수한 몇 가지 변종권리와 법정지상권 등으로 인해 위 원칙의 적용에 조심스러운 점이 있으면 상세한 권리 분석이 필요하다. 그리고 통상의 경우, 아래 원칙을 바르게 적용하면 권리 분석도 그리 어려운 것만은 아닐 것이다.

소멸되는 권리	인수되는 권리
저당권(근저당)	유치권, 예고등기
일정한 범위의 전세권 – 기한의 약정이 없거나 – 경매개시일로부터 잔여기간이 6개월 미만인 경우 – 전세권자가 경매신청한 경우	
말소기준권리보다 뒤에 설정된 등기 – 전세권, 지역권, 지상권임차권, 주택임차권 – 가등기, 가처분, 환매등기	말소기준권리보다 앞서 설정된 등기 – 전세권, 지역권, 지상권임차권, 주택임차권 – 가등기, 가처분, 환매등기

말소기준권리가 없는 경우 경매개시결정 등기보다 늦게 경료된 제3항의 권리들	말소기준권리가 없는 경우 경매개시결정 등기보다 앞선 제3항의 권리들
가압류, 압류, 소유권 이전 담보가등기	법정지상권

···▶ 환매의 의의

부동산 매매계약을 체결하면서 동시에 어느 기간 안에 매도인이 자기가 매도한 부동산을 다시 찾아올 수 있도록 약속을 하는 계약이다. 환매는 돈을 빌릴 때 담보로 제공할 부동산을 채권자에게 일단 소유권을 넘겨주고 후일 일정한 기간 안에 빌린 돈을 갚으면서 채무자가 넘겨준 부동산의 소유권을 다시 찾아오는 담보제공의 일종으로 환매권은 등기할 수 있으며 기간의 약정을 명시하여 제3자에 대하여 그 효력이 있다.

···▶ 환매의 기간은 강행규정으로 5년이며 그 이상 약정을 하여도 5년을 넘길 수 없다.

수원2계 2010-7187 보라동 대지　　🐘 지지옥션

과거사건	수원3계 2009-22753				
소 재 지	경기 용인시 기흥구 보라동 578-5　도로명주소				
경 매 구 분	임의경매	채 권 자	경기남부수산업협동조합		
용　　도	대지	채무/소유자	노희관	낙 찰 일 시	11.04.19 (2,136,600,000원)
감 정 가	3,933,470,000 (10.02.23)	청 구 액	2,350,000,000	종 국 결 과	11.06.08 배당종결
최 저 가	1,611,150,000 (41%)	토지총면적	1063.1 ㎡ (321.59평)	경매개시일	10.02.19
입찰보증금	10% (161,115,000)	건물총면적	0 ㎡ (0평)	배당종기일	10.05.04
조 회 수	•금일 1 | 공고후 313 | 누적 1,074　　•5분이상 열람 금일 0 | 누적 11				
주 의 사 항	•입찰외　특수件분석신청 •소멸되지 않는 권리 : 갑구 순위 2-1번 환매특약등기(2008.7.25.): 환매권이 행사되는 경우 매수인은 소유권을 상실할 수 있음.				

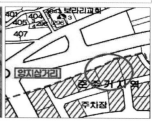

소재지/감정서	물건번호/면 적(㎡)	감정가/최저가/과정	임차조사	등기권리
446-904 경기 용인시 기흥구 보 라동 578-5 **감정평가정리** - 삼정선비마을아파트 서측인근 - 주위상업용부동산, 나지,주차장부지,보 라구아파트단지, 근린시설,상가주택, 학교,민속촌입구도 로및주차장등형성 - 차량접근가능 - 인근간선도로,버스 (정)소재 - 대중교통사정보통 - 사다리형토지로북측 인접지보다고지,남 측등고평탄 - 현재상업나지로서측 의뢰외인접지와함께 바닥자갈다짐공사중 에있으며공사주체및 목적미확인상태임 - 남측왕복2차선도로, 북측왕복4차선도로 접하나접면가로의너 비협소하고본건이도 로및북측인접지보다 고지상태임 - 1종지구단위계획구 역 - 소로1류,중로1류(용	물건번호: 단독물건 대지 1063.1 (321.59평) ₩1,611,150,00 0 현:주차장 입찰외권원및용 도미상컨테이너1 동,일부경계부분 에담장용휀스소 재	감정가 3,933,470,000 · 토지 3,933,470,000 (100%) (평당 12,231,319) 최저가 1,611,150,000 (41.0%) **경매진행과정** ① 3,933,470,0 00 2010-07-14 유찰 ② 20% 3,146,776,0 ↓ 00 2010-08-24 유찰 ③ 20% 2,517,421,0 ↓ 00 2010-10-05 유찰 ④ 20% 2,013,937,0 ↓ 00 2010-10-29 변경 ④ 2,013,937,0 00 2010-11-25 변경 ④ 2,013,937,0 00 2010-12-23 변경 2,013,937,0	**법원임차조사** *부동산의 현황은 빈 공 터로 주차장으로 사용되 고 있음.	소유 노희관 권 2008.07.25 전소유자:대한주 택공사 환매 대한주택공사 특약 2008.07.25 2,147,606,040 환매기간:2012.1 .25 저당 경기남부수협 권 2008.07.25 3,055,000,000 지상 경기남부수협 권 2008.07.25 30년 압 류 용인세무서 2009.10.15 임 의 경기남부수협 2010.02.19 *청구액:2,350,000,00 0원 압 류 기흥구 2010.03.03 채권총액 5,202,606,04 0원 열람일자 : 2010.03.12 **환매특약등기(200 8.7.25)있음:환매권이행 사되는경우매수인은소

등기부 등본 (말소사항 포함) - 토지

[토지] 경기도 용인시 기흥구 보라동 578-5

고유번호 1345-2008-006864

【 표 제 부 】		(토지의 표시)			
표시번호	접 수	소 재 지 번	지 목	면 적	등기원인 및 기타사항
1	2008년5월19일	경기도 용인시 기흥구 보라동 578-5	대	1063.1㎡	토지개발사업시행으로 인하여 등기

【 갑 구 】				(소유권에 관한 사항)
순위번호	등 기 목 적	접 수	등 기 원 인	권 리 자 및 기 타 사 항
1	소유권보존	2008년5월19일 제69567호		소유자 대한주택공사 114671-0001381 경기도 성남시 분당구 구미동 175 토지개발사업시행으로 인하여 등기
2	소유권이전	2008년7월25일 제108723호	2007년11월26일 매매	소유자 노희관 550222-1****** 용인시 기흥구 보라동 1291 죽전자이2차 813
2-1	환매특약	2008년7월25일 제108723호	2007년11월26일 특약	환매대금 금2,147,606,040원 계약비용 환매금액은 매매대금 원금에당 금액에 계약금,중도금,잔금에 대하여 각각의 실제 납부일로부터 환매권 행사일까지 민법상의 법정이율로 산정한 금액을 가산한 금액으로 한다. 환매기간 2007년 11월 26일부터 2012년 11월 25일까지 환매권자 대한주택공사 114671-0001381 경기도 성남시 분당구 구미동 175
3	강제경매개시결정	2009년4월23일	2009년4월23일	채권자 윤성란

환매등기의 권리분석

1. 환매는 환매권자로부터 환매 의무자에 대하여 의사표시로서 하게 된다.
  (환매를 등기원인으로 하는 소유권이전등기)
2. 목적물이 이전될 경우에는 양수인에게 환매권을 행사할 수 있다.(경매 동일함)
3. 환매가 실행되면 종전의 매수인(환매 의무자)은 목적물을 반환하고 매도인(환매권자)은 환매대금을 반환하여야 한다.
4. 목적물에 비용이 지출된 경우에는 매도인(환매권자)은 점유자의 비용상환청구권에 관한 규정에 의거 그 비용을 상환해야 한다. (제203조)
5. 환매등기가 최선순위 저당권 등보다 앞선 경우에는 경락으로 소멸하지 않는다. (경락자인수)
6. 저당권 등이 환매등기 보다 앞선 경우에는 낙찰로 인하여 소멸된다.

- 본건은 환매등기가 앞서다 보니 매수인은 환매 의무자가 된다.
- 경매부동산의 환매권자는 그 기간(환매) 안에 환매대금을 매수인에게 지급하여야 소유권을 가져갈 수 있다.
  따라서 입찰참가자는 환매대금을 분석하여 입찰에 참가할 필요가 있다.
  즉, 환매대금이 매각대금보다 많다면 투자할 가치가 있다.
  환매대금 〉 매각가격
  환매대금 = 매수인이 수령한 매매대금 + 매수인이 부담한 매매비용

제7장

주택임대차보호법과
상가임대차보호법

주택임대차보호법은 국민 주거생활의 안정을 보장할 목적으로 1981년 처음 제정되었으며, 세입자들의 집을 빌리는 데 지불한 임차보증금을 민법상의 특별법으로 보호하는 제도이다.

상가임대차보호법은 영세 상인들의 상가 임대 보호를 목적으로 2001년 12월 29일 제정되었고, 영세 상인들의 안정적인 생업 종사를 돕고 과도한 임대료 인상을 방지하여 세입자의 권리를 보장하기 위한 것이다.

경제적 약자인 주택임차인과 영세상인들을 민법으로 보호받기 어려운 권리를 보호하여 국민 주거와 안정적인 생업 종사를 보장하기 위해 도입됐다.

임차권과 전세권

경매 부동산의 입찰에 있어 권리분석 상 특히 주의를 요하는 이해관계인 중의 하나가 임차인이다. 임차인은 다른 권리자와 달리 법으로 특별히 보호하고 있는데, 여기에는 임차인을 사회적 약자로 인정하여 특별히 보호할 필요가 있다는 당국의 의도가 숨어 있다.

임차인이 자기의 권리를 보호할 수 있는 방법은 다양하다. 전세권을 설정하는 방법과 임차권을 설정하는 방법, 주택임대차보호법에서 규정하고 있는 대항력을 확보하는 방법 등이 그것이다. 그럼 법은 왜 임차인에게 이토록 다양한 공시방법을 부여해 준 것일까?

우리 민법은 임차인이 자기의 권리를 보호할 수 있는 방법으로 전세권 등기와 임차권등기를 규정하고 있다. 전세권은 민법의 규정에 의한 물권으로 배타적인 권리이고, 임차권등기는 채권으로서의 임차권을 공시하는 방법이다. 둘 중 어떤 방법으로든 등기를 한다면, 임차인은 비교적 안정적으로 자기의 권리를 보호할 수 있게 된다. 문제는 전세권은 임대인의 동의를 요한다는 것이다.

임대인의 입장이 절대적으로 우월했던 예전, 임차인이 자기의 권리를 보호하기 위하여 임대인에게 전세권 또는 임차권등기에 협조해 줄 것을 요구하면 '다른 집 알아보라'는 대답이 돌아오기 일쑤였다. 전셋집을 구하기 어려웠던 예전의 임차인은 울며 겨자 먹기로 더 이상의 요구도 할 수 없었다. 권리를 확보하지 못한 채 만기까지 불안한 생활을 할 수 밖에 없었을 뿐 아니라 결국 임대인의 채무로 임차주택이 경매되면 보증금을 잃고 길거리로 나앉는 불행한 결과로 이어지는 경우도 많았다. 이러한 임차인의 억울한 사정을 보호하기 위해 제정된 법이 임대차보호법이다.

임대차보호법은 임차인이 임대인의 동의 없이도 자기의 권리를 공시하고 보호할 수 있는 길을 열어 줬다. 임차인이 전입신고를 하고 점유를 개시하면, 전세권이나 임차권을 등기하지 않고도 제3자에게 자기의 임차권을 주장하며 대항할 수 있게 된다. 게다가 등기된 전세권에만 인정되던 우선변제권도 확정일자를 부여받음으로 인해 간단하게 확보할 수 있는 규정을 곁들여 임차인이 절대적인 안정성을 확보할 수 있고, 임대차가 만기가 되었음에도 임대인이 보증금을 돌려주지 않을 경우 임차인은 임대인의 동의 없이 법원에 신청하여 임차권을 등기할 수 있다. 그리고 영세한 소액임차인에 대해서는 요건을 대폭 완화하여 일정금액까지는 경매과정에서 다른 권리자보다 먼저 배당을 받을 수 있는 방법도 제시했다.

1) 전세권

등기로 효력을 발생하고 등기를 하면 주민등록도 점유도 필요 없다. 등기만으로 경매과정에서 우선변제권을 인정받고, 선순위 전세권의 경우는 배당요구를 하지 않기 때문에 낙찰자에게 계속하여 자기의 전세권을 주장할 수도 있다. 따라서 전세권 등기가 있는 경매사건은 전세권이 선순위인지 살피고, 선순위라면 배당요구를 했는지를 살피는 것이 권리분석의 기본이라 할 수 있다.

임대차보호법의 규정에 의한 임차인의 대항력은 전입신고와 점유로 발효된다. 선순위의 대항력 있는 임차인은 낙찰자에게 자기의 임차권을 주장할 수 있고, 확정일자를 받은 임차인은 경매과정에서 확정일자를 기준으로 배당에 참여할 수도 있다. 다만, 확정일자에 의한 우선변제권은 대항력을 전제로 인정받을 수 있고, 배당으로 자기의 임차보증금을 전액 배당받은 임차인은 대항력도 소멸한다. 소액임차인의 경우라면 전세권에는 인정되지 않는 최우선변제권도 인정받을 수 있다.

2) 임차권

역시 등기로 효력을 얻는다. 임차권을 등기하면 등기 접수일을 기점으로 임대차보호법의 규정에 의한 대항력과 우선변제권을 취득한다. 다만, 등기 전에 이미 대항력과 우선변제권을 확보하고 있다면 대항력과 우선변제권을 존속시켜 주는 역할을 한다. ⋯⋯➔ 주의해야 할 점은 임차권등기가 경매개시결정 전에 이뤄져야 한다는 점이다.

⑴ 임차권 등기

전세기간이 만기가 되어 이사를 해야 하는데 집주인의 사정으로 인해 전세보증금을 돌려받지 못한다면 어떻게 해야 할까? 세입자가 전세보증금을 집주인으로부터 돌려받지 못한 채 이사를 해야 하는 상황이라면 어떨까? 이사 후에 깡통전세이거나 다른 사정으로 보증금을 집주인이 반환해 주지 않는다면 세입자는 정말 난감해진다.

우선변제권과 대항력을 갖춘 세입자가 이사를 하여 해당 전세주택에 점유를 상실하면, 대항력과 우선변제권이 상실되어 전세보증금을 돌려받기가 더욱 어려워진다.

주택임대차보호법에는 경제적 약자인 세입자의 전세보증금의 보호와 이사를 하더라도 좀 더 쉽게 전세보증금을 돌려받을 수 있도록 '임차권등기명령'이란 제도가 있다. 만약 이와 같은 상황이 온다면 세입자는 임차권등기명령으로 대항력과 우선변제권을 유지한 상태로 이사를 할 수 있기 때문에 이사를 하더라도 좀 더 수월하게 집주인으로부터 전세보증금을 돌려받을 수 있다.

⑵ 임차권등기 효력과 임차권등기를 하지 않는 경우

세입자가 임차권등기명령을 신청하면 해당 주택의 부동산등기사항전부증명서에 현 세입자의 임차권에 대한 내용(주거 부분과 전세보증금액)이 등기된다. 또한 등기와 동시에 대항력과 우선변제권 효력도 세입자의 이사 여부와 상관없이 유지된다.

하지만 임차권등기를 하지 않고 집주인이 방이 빠지면 보증금을 돌려준다는 말만 믿고 이사를 하는 경우에는 어떻게 될까? 집주인이 새로 세입자를 구해 보증금을 받아 전 임차인에게 보증금을 반환해 준다면 문제가 없지만, 그렇지 않은 경우가 생길 수도 있다. 이 경우 세입자는 집주인을 상대로 임차보증금반환 청구소송을 통해 확정판결을 받아 강제집행을 통해 받아야만 하기에, 시간과 비용 및 보증금을 받을 때까지 정신적인 고통과 소송이라는 법률 행위를 동반해야 한다.

만일 해당 전세주택이 임대인의 사정 등으로 경매라도 넘어가면, 이사를 한 세입자는 새로 소유권을 취득한 경매 낙찰자에게 대항력이 없어 새 집주인에게 보증금 반환을 주장할 수 없으며 또한 우선변제권까지 잃게 된다. 전세보증금은 이전 집주인에게 민사소송을 통해 돌려받아야 하지만, 경매까지 당한 경우라면 전 임차인의 보증금을 반환해 줄 여력은 없을 것이다.

「주택임대차보호법」 제3조 "임차권등기명령의 집행에 의한 임차권등기가 경료 되면 임차인은 제3조 제1항의 규정에 의한 대항력 및 제3조의2 제2항의 규정에 의한 우선변제권을 취득한다. 다만, 임차인이 임차권등기 이전에 이미 대항력 또는 우선변제권을 취득한 후에는 그 대항력 또는 우선변제권은 그대로 유지되며, 임차권등기 이후에는 제3조 제1항의 대항요건을 상실하더라도 이미 취득한 대항력 및 우선변제권을 상실하지 아니한다."

(3) 임차권 등기제도

민법 제621조 "부동산임대차를 등기한 때에는 그때부터 제3자에 대하여 효력이 생긴다."라고 명시되어 있다. 그리고 주택임대차보호법 제3조 "임차권등기명령의 집행에 의한 임차권등기가 경료 된 주택(임대차의 목적이 주택의 일부분인 경우에는 해당 부분에 한한다)을 그 이후에 임차한 임차인은 제8조(보증금 중 일정액의 보호)의 규정에 의한 우선변제를 받을 권리가 없다."라고 규정하고 있다.

즉, 주택임차권등기가 경료 된 주택에 새로 입주해 온 임차인에 대하여는 주택임대차 보호법상 소액임차인의 최우선변제권 등을 인정하지 않는다. 임차권등기 후 세입자가 이사를 하게 되면, 집주인은 보증금에 해당하는 법정이자를 세입자에게 지불해야 하며, 등기신청비용도 부담해야 한다.

(4) 임차권등기명령 신청에 필요한 요건

주택임대차보호법상의 임차권등기명령에 의한 주택임차권등기는 그 대상이 주택임대차에 한정되어 있고, 임대인의 동의 없이 법원의 결정을 받아 단독으로 등기를 할 수 있다. 해당 전세주택에 대한 임대차기간(전세계약기간)이 만료 후 신청이 가능하다. 전세기간이 만료되고 묵시적 갱신이 된 경우에는 임차인이 계약해지를 요구하고 3개월이 경과된 후부터 신청가능(전세보증금의 전부 또는 일부를 돌려받지 못할 경우)하다.

임차권등기는 등기가 된 건물에 대해서만 임차권등기를 할 수 있다. 미등기 건물 등에 임차를 한 경우, 대위등기를 통해 세입자가 집주인 명의로 건물을 등기한 후에 임차권등기 신청을 할 수 있다.

임차권등기 시 주의할 점은 임차권등기명령 신청을 한 후 해당 주택의 등기부 등본을 열람하여 임차권이 등기된 것을 확인한 후에 이사와 주민등록을 이전해야 한다는 점이다. 만일 세입자가 다른 곳으로 이사를 하여 전입을 마친 후에 임차권등기 신청 시에는 임차권등기가 된 날로부터 대항력과 우선변제권 효력이 생기며, 이전의 대항력과 우선변제권은 상실하게 된다.

• 임차권등기명령 신청에 필요한 서류(「임차권등기명령 절차에 관한 규칙」 제3조)

① 주택임차권등기명령신청서 1부

② 계약서 사본 1부(확정일자를 받은 경우, 확정일자가 보이도록 복사)

③ 주민등록증(초)본 1통(주민등록상의 전입일자가 있는 등(초)본)

④ 건물등기사항증명서 1통(등기소에서 발급)

⑤ 부동산 목록 5부(별지로 첨부)

⑥ 송달료 3회분(임대인이 1명 추가될 때마다 3회분의 송달료 추가 납부)

⑦ 등록세 7,200원 영수증 첨부

⑧ 수입인지 2,000원

⑨ 대법원 수입증지 3,000원

(5) 임차권등기명령 신청 방법

부동산 소재지의 시·군·구청에 등록세납부용지를 받아 은행에 납부한 영수필증 수입인지(2천 원), 수입증지(3천 원)와 송달료 3회분을 법원 내 우체국에 납부한 후 송달료영수증을 신청서와 함께 민사신청과에 제출하면 된다.

신청을 받은 법원은 해당 등기소에 촉탁하여 등기소에서 부동산 등기본에 등기하며, 처리기간은 약 2주 정도가 소요된다.

주택임차권등기명령신청서

수입인지
2,000원

신청인(임차인)　(이름)　　　　　　　　(주민등록번호 :　　　　–　　　　　)

　　　　　　　　(주소)

　　　　　　　　(연락처)

피신청인(임대인)　(이름)

　　　　　　　　(주소)

신 청 취 지

별지목록 기재 건물에 관하여 아래와 같은 주택임차권등기를 명한다라는 결정을 구합니다.

아 래

1. 임대차계약일자 :　　20　 .　 .　 .
2. 임차보증금액 :　　금　　　　　　　원,　　차임 : 금　　　　　　　원
3. 주민등록일자 :　　20　 .　 .　 .
4. 임 차 범 위 :　　20　 .　 .　 .
5. 점유개시일자 :　　20　 .　 .　 .
6. 확 정 일 자 :　　20　 .　 .　 .

신 청 이 유

첨 부 서 류

1. 건물등기사항전부증명서　　　　　1통
2. 주민등록등본　　　　　　　　　　1통
3. 임대차계약증서 사본　　　　　　　1통
4. 부동산목록　　　　　　　　　　　5통

20　　 .　 .　 .

신청인 (인)

○ ○ 지방법원 ○ ○ 지원 귀중

◇ 유의사항 ◇

1. 등기신청수수료는 부동산 1건당 3,000원을 납부하여야 합니다.
2. 등록세는 부동산 1건당 7,200원을 납부하여야 합니다.
3. '신청이유' 기재는 신청인의 구체적인 신청 사유에 맞게 수정하시기 바랍니다.

• 임차권등기명령 해제 구비서류

① 임차권해제신청서 2부(1부 및 그 사본 1부)

② 등록세 · 교육세 영수필확인서 및 통지서(1필지당 7,200원)

③ 등기신청수수료 1필지당 3,000원

④ 송달료 5,000원

⑤ 임차권등기결정문 사본 또는 임차권등기 된 부동산등기부등본

⑥ 부동산목록 3부(임차권등기결정문에 첨부되어 있음)

※ 「주택임대차보호법」제3조의3(임차권등기명령) 임차인은 임차권등기명령의 신청
과 그에 따른 임차권등기와 관련하여 든 비용을 임대인에게 청구할 수 있다.

해제신청서는 각 법원에 비치된 양식을 활용하고, 건물등기사항전부증명서를 다시 발급받아 제출해야 한다. 그리고 등록세와 교육세는 부동산(임차주택)소재지를 관할하는 시 · 군 · 구청 세무과에서 발급받아 납부해야 하며, 동 해제신청서는 등기명령을 신청했던 관할 법원에 제출하면 된다.

2 수도권 권역 현황

수도권을 과밀억제권역과 성장관리권역, 자연보전권역 등 3개 권역으로 구분하고 권역 특성별로 인구집중유발시설*과 대규모 개발사업*의 입지에 대한 차등규제를 실시하고 있다.

⟶ 인구집중유발시설: 대학, 공장, 공공청사, 업무·판매·복합 건축물, 연수시설 등

⟶ 대규모 개발사업: 택지개발사업, 공업용지조성사업, 관광지 조성사업, 도시개발사업, 지역종합개발사업 등

권역구분 현황도

■ 수도권 권역 현황

- 연천군
- 성장관리권역
- 포천군
- 동두천시
- 파주시
- 양주군
- 가평군
- 김포시
- 의정부시
- 고양시
- 남양주시
- 서울특별시 / 구리시
- 과밀억제권역
- 하남시
- 양평군
- 인천광역시
- 부천시
- 광명시
- 과천시
- 성남시
- 광주시
- 자연보전권역
- 시흥시
- 안양시
- 의왕시
- 안산시
- 군포시
- 수원시
- 이천시
- 여주군
- 오산시
- 용인시
- 화성시
- 성장관리권역
- 평택시
- 안성시

- 과밀억제권역: 인구와 산업이 지나치게 집중되었거나 집중될 우려가 있어 이전하거나 정비할 필요가 있는 지역
- 성장권리권역: 과밀억제권역으로부터 이전하는 인구와 산업을 계획적으로 유치하고 산업의 입지와 도시의 개발을 적정하게 관리할 필요가 있는 지역
- 자연보전권역: 한강 수계의 수질과 녹지 등 자연환경을 보전할 필요가 있는 지역

[참고] 수도권정비계획법 시행령 [별표 1] 〈개정 2017. 6. 20.〉

과밀억제권역, 성장관리권역 및 자연보전권역의 범위(제9조 관련)		
과밀억제권역	성장관리권역	자연보전권역
1. 서울특별시 2. 인천광역시[강화군, 옹진군, 서구 대곡동·불로동·마전동·금곡동·오류동·왕길동·당하동·원당동, 인천경제자유구역(경제자유구역에서 해제된 지역을 포함한다) 및 남동 국가산업단지는 제외한다] 3. 의정부시 4. 구리시 5. 남양주시(호평동, 평내동, 금곡동, 일패동, 이패동, 삼패동, 가운동, 수석동, 지금동 및 도농동만 해당한다) 6. 하남시 7. 고양시 8. 수원시 9. 성남시 10. 안양시 11. 부천시 12. 광명시 13. 과천시 14. 의왕시 15. 군포시 16. 시흥시[반월특수지역(반월특수지역에서 해제된 지역을 포함한다)은 제외한다]	1. 인천광역시[강화군, 옹진군, 서구 대곡동·불로동·마전동·금곡동·오류동·왕길동·당하동·원당동, 인천경제자유구역(경제자유구역에서 해제된 지역을 포함한다) 및 남동 국가산업단지만 해당한다] 2. 동두천시 3. 안산시 4. 오산시 5. 평택시 6. 파주시 7. 남양주시(별내동, 와부읍, 진전읍, 별내면, 퇴계원면, 진건읍 및 오남읍만 해당한다) 8. 용인시(신갈동, 하갈동, 영덕동, 구갈동, 상갈동, 보라동, 지곡동, 공세동, 고매동, 농서동, 서천동, 언남동, 청덕동, 마북동, 동백동, 중동, 상하동, 보정동, 풍덕천동, 신봉동, 죽전동, 동천동, 고기동, 상현동, 성복동, 남사면, 이동면 및 원삼면 목신리·죽릉리·학일리·독성리·고당리·문촌리만 해당한다) 9. 연천군	1. 이천시 2. 남양주시(화도읍, 수동면 및 조안면만 해당한다) 3. 용인시(김량장동, 남동, 역북동, 삼가동, 유방동, 고림동, 마평동, 운학동, 호동, 해곡동, 포곡읍, 모현면, 백암면, 양지면 및 원삼면 가재월리·사암리·미평리·좌항리·맹리·두창리만 해당한다) 4. 가평군 5. 양평군 6. 여주시 7. 광주시 8. 안성시(일죽면, 죽산면 죽산리·용설리·장계리·매산리·장릉리·장원리·두현리 및 삼죽면 용월리·덕산리·율곡리·내장리·배태리만 해당한다)

10. 포천시	
11. 양주시	
12. 김포시	
13. 화성시	
14. 안성시(가사동, 가현동, 명륜동, 숭인동, 봉남동, 구포동, 동본동, 영동, 봉산동, 성남동, 창전동, 낙원동, 옥천동, 현수동, 발화동, 옥산동, 석정동, 서인동, 인지동, 아양동, 신흥동, 도기동, 계동, 중리동, 사곡동, 금석동, 당왕동, 신모산동, 신소현동, 신건지동, 금산동, 연지동, 대천동, 대덕면, 미양면, 공도읍, 원곡면, 보개면, 금광면, 서운면, 양성면, 고삼면, 죽산면 두교리 · 당목리 · 칠장리 및 삼죽면 마전리 · 미장리 · 진촌리 · 기솔리 · 내강리만 해당한다)	
15. 시흥시 중 반월특수지역(반월특수지역에서 해제된 지역을 포함한다)	

주택 · 상가임대차 보호법

주택소액 임차인 최우선 변제금 「주택임대차보호법 시행령」 제4조			
기준일	지역	보증금 범위 (만 원)	최우선변제액 (만 원)
1984. 6. 14 ~ 1987. 11. 30	특별시, 직할시	300만 원 이하	300만 원까지
	기타지역	200만 원 이하	200만 원까지
1987. 12. 1~ 1990. 2. 18	특별시, 직할시	500만 원 이하	500만 원까지
	기타지역	400만 원 이하	400만 원까지
1990. 2. 19 ~ 1995. 10. 18	특별시, 직할시	2,000만 원 이하	700만 원까지
	기타지역	1,500만 원 이하	500만 원까지
1995. 10. 19 ~ 2001. 9. 14	특별시, 광역시(군지역 제외)	3,000만 원 이하	1,200만 원까지
	기타지역	2,000만 원 이하	800만 원까지
2001. 9. 15 ~ 2008. 8. 20	수도정비계획법 중 과밀억제권역	4,000만 원 이하	1,600만 원까지
	광역시(군지역과 인천광역시지역 제외)	3,500만 원 이하	1,400만 원까지
	그 밖의 지역	3,000만 원 이하	1,200만 원까지
2008. 8. 21 ~ 2010. 7. 25	수도정비계획법 중 과밀억제권역	6,000만 원 이하	2,000만 원까지
	광역시(군지역과 인천광역시지역 제외)	5,000만 원 이하	1,700만 원까지
	그 밖의 지역	4,000만 원 이하	1,400만 원까지
2010. 7. 26 ~ 2013. 12. 31	서울특별시	7,500만 원 이하	2,500만 원까지
	수도권정비계획법에 따른 과밀억제권역(서울특별시 제외)	6,500만 원 이하	2,200만 원까지
	광역시(수도권정비계획법에 따른 과밀억제권역에 포함된 지역과 군지역 제외), 안산시, 용인시, 김포시, 광주시	5,500만 원 이하	1,900만 원까지
	그 밖의 지역	4,000만 원 이하	1,400만 원까지
2014. 1. 1 ~ 2016. 3. 30	서울특별시	9,500만 원 이하	3,200만 원까지
	수도권정비계획법에 따른 과밀억제권역(서울특별시 제외)	8,000만 원 이하	2,700만 원까지
	광역시(수도권정비계획법에 따른 과밀억제권역에 포함된 지역과 군지역 제외), 안산시, 용인시, 김포시, 광주시	6,000만 원 이하	2,000만 원까지
	그 밖의 지역(세종시 포함)	4,500만 원 이하	1,500만 원까지
2016. 3. 31 ~ 2018. 09. 17	서울특별시	1억 원 이하	3,400만 원까지
	수도권정비계획법에 따른 과밀억제권역(서울특별시 제외)	8,000만 원 이하	2,700만 원까지
	광역시(수도권정비계획법에 따른 과밀억제권역에 포함된 지역과 군지역 제외), 안산시, 용인시, 김포시, 광주시(세종시 포함)	6,000만 원 이하	2,000만 원까지
	그 밖의 지역(세종시 제외)	5,000만 원 이하	1,700만 원까지
2018. 09. 18 ~	서울특별시	1억1천만 원 이하	3,700만 원까지
	수도권정비계획법에 따른 과밀억제권역, 세종시, 용인시, 화성시	1억 원 이하	3,400만 원까지
	광역시(수도권정비계획법에 따른 과밀억제권역에 포함된 지역과 군지역 제외), 안산시, 김포시, 광주시, 파주시	6,000만 원 이하	2,000만 원까지
	그 밖의 지역	5,000만 원 이하	1,700만 원까지

⋯ 소액임차인 최우선변제금은 주택가액(대지가액 포함)의 2분의 1을 넘지 못한다.

⋯ 기준일의 기준은 임대차 계약일이 아닌 담보물건(근저당권, 담보가등기, 전세권 등) 설정일을 기준으로 한다.

상가건물임대차보호법 적용대상 및 우선변제권의 범위				
기준일	지역	적용대상 [(보증금+(월세×100)]	보증금 (이하)	최우선변제액 (만 원)
2002. 11. 1 ~2008. 8. 20	서울특별시	2억 4천만 원 이하	4,500만 원	1,350
	과밀억제권역(서울특별시 제외)	1억 9천만 원 이하	3,900만 원	1,170
	광역시(군지역 및 인천광역시 제외)	1억 5천만 원 이하	3,000만 원	900
	기타지역	1억 4천만 원 이하	2,500만 원	750
2008. 8. 21 ~2010. 7. 25	서울특별시	2억 6천만 원 이하	4,500만 원	1,350
	과밀억제권역(서울특별시 제외)	2억 1천만 원 이하	3,900만 원	1,170
	광역시(군지역 및 인천광역시 제외)	1억 6천만 원 이하	3,000만 원	900
	기타지역	1억 5천만 원 이하	2,500만 원	750
2010. 7. 26 ~2013.12. 31	서울특별시	3억 원 이하	5,000만 원	1,500
	과밀억제권역(서울특별시 제외)	2억 5천만 원 이하	4,500만 원	1,350
	광역시(수도권정비계획법에 따른 과밀억제권역에 포함된 지역과 군지역 제외), 안산시, 용인시, 김포시, 광주시	1억 8천만 원 이하	3,000만 원	900
	기타지역	1억 5천만 원 이하	2,500만 원	750
2014. 1. 1 ~2018. 1. 25	서울특별시	4억 원 이하	6,500만 원	2,200
	과밀억제권역(서울특별시 제외)	3억 원 이하	5,500만 원	1,900
	광역시(수도권정비계획법에 따른 과밀억제권역에 포함된 지역과 군지역 제외), 안산시, 용인시, 김포시, 광주시	2억 4천만 원 이하	3,800만 원	1,300
	기타지역	1억 8천만 원 이하	3,000만 원	1,000
2018. 1. 26 ~ㅌ2019. 4. 1	서울특별시	6억 1천만 원 이하	6,500만 원	2,200
	과밀억제권역 및 부산광역시 (서울특별시 제외)	5억 원 이하	5,500만 원(부산 :3,800만 원/ 기장 :3,000만 원)	1,900(부산 :1,300/ 기장 :1,000)
	광역시(수도권정비계획법에 따른 과밀억제권역에 포함된 지역과 군지역 제외), 안산시, 용인시, 김포시, 광주시, 세종시, 파주시, 화성시	3억 9천만 원 이하	3,800만 원	1,300
	기타지역	2억 7천만 원 이하	3,000만 원	1000
2019. 4. 2 ~	서울특별시	9억 원 이하	6,500만 원	2,200
	과밀억제권역 및 부산광역시 (서울특별시 제외)	6억 9천만 원 이하	5,500만 원(부산 :3,800만 원/ 기장 :3,000만 원)	1,900(부산 :1,300/ 기장 :1,000)
	광역시(수도권정비계획법에 따른 과밀억제권역에 포함된 지역과 군지역 제외), 안산시, 용인시, 김포시, 광주시, 세종시, 파주시, 화성시	5억 4천만 원 이하	3,800만 원	1,300
	기타지역	3억 7천만 원 이하	3,000만 원	1,000

⋯▶ 환산보증금을 초과하면 보호받지 못한다. [보증금+(월세x100)=환산보증금]

강릉2계 2013-6376[1] 사직동 아파트

 지지옥션

과거사건	강릉1계 2004-6527

소 재 지	강원 삼척시 사직동 319-1 원조임대 102동 2층 208호 [사직로4길 40-11]		
경 매 구 분	임의경매	채 권 자	동해삼척태백축산업협동조합
용 도	아파트	채무/소유자	(주)필릭쓰	낙 찰 일 시	14.11.10 (38,520,000원)
감 정 가	52,000,000 (13.10.01)	청 구 액	106,312,022	다 음 예 정	
최 저 가	25,480,000 (49%)	토지총면적	37.25 ㎡ (11.27평)	경매개시일	13.08.14
입찰보증금	10% (2,548,000)	건물총면적	59.89 ㎡ (18.12평)	배당종기일	13.11.19
조 회 수	·금일 1 / 공고후 91 / 누적 239		·5분이상 열람 금일 0 / 누적 40		
주 의 사 항	·토지별도등기 · 선순위임차권 특수件분석신청				

소재지/감정서	물건번호/면 적(㎡)	감정가/최저가/과정	임차조사	등기권리
245-150 강원 삼척시 사직동 31 9-1 원조임대 102동 2 층 208호 [사직로4길 4 0-11] **감정평가정리** - 삼일중.고교남동측인 근 - 주위단독주택, 주거 나지,점포등혼재한 기존주택지대 - 제반차량접근가능, 대중교통사정보통 - 시내버스(정)인근소 재 - 부정형북향완경사지 - 동측및서측포장된소 로접하나지반의고저 차로직접출입곤란, 북측접한포장된세로 로출입가능 - 소로3류접함 - 가스보일러개별난방 - 2종일반주거지역 - 현상변경허가대상구 역 (실직군왕비릉) - 상대정화구역 (삼척여자고등학교, 진주초등학교,삼일 중.고등학교) 2013.10.01 태평양감 정	물건번호: 1 번 (총물건수 3건) 1)대지 37.25/898 6 (11.27평) ₩10,400,000 건물 59.886 (18.12평) ₩41,600,000 공용:25.3034 - 총14층 - 보존:1997.12.27 북향,복도식	감정가 52,000,000 · 대지 10,400,000 (20%) (평당 922,804) · 건물 41,600,000 (80%) (평당 2,295,806) 최저가 25,480,000 (49.0%) **경매진행과정** ① 52,000,000 2014-09-01 유찰 ② 30% 36,400,000 2014-10-06 유찰 ③ 30% 25,480,000 ↓ 2014-11-10 낙찰 표: 낙찰자 권향란 / 응찰수 4명 / 낙찰액 38,520,000 (74.08%) 허가 2014-11-1 7 납부기한 2014-12-2 3 (납부완료:12.23)	**법원임차조사** 황원기 전입 1997.11.2 4 확정 2011.04.0 4 배당 2014.10.0 2 (보) 25,000,00 0 주거/208호 점유기간 1997.11.24- 임차권자 등기부상확정: 1997.11.24 *현재 임차인 황원기가 점유 사용하고 있음. *황 원기 : 춘천지방법원 강 릉지원 삼척시법원 2004 카기2 임차권등기명령 총보증금:25,000,000 **지지옥션세대조사** 세 97.11.24 황★★ 주민센터확인:2014.0 8.18	임차권 황원기 2004.02.11 25,000,000 전입: 1997.11.24 확정: 1997.11.24 소유권 (주)필릭쓰 2008.08.01 전소유자:원조건 설 근저당 동해삼척태백축 협 2008.08.01 210,000,000 임 의 동해삼척태백축 협 2013.08.16 *청구액:106,312,022 원 채권총액 235,000,000 원 열람일자 : 2014.08.14 *토지별도등기있음 -열람바랍니다. 토지별도등기有,확 인 GO

10	~~임의경매개시결정~~	~~2004년5월22일 제6571호~~	~~2004년5월20일 춘천지방법원 강릉지원의 경매개시 결정(2004타경 6527)~~	~~채권자 주식회사국민은행 110111-2365321 서울 중구 남대문로2가 9-1 (카엄연파셀관라관타)~~
11	소유권이전	2008년8월1일 제8445호	2008년8월1일 임의경매로 인한 매각	소유자 주식회사필릭쓰 141111-0025178 강원도 강릉시 입암동 641 주공상가 103호
12	2번가압류, 3번가압류, 4번가압류, 5번가압류, 6번가압류, 7번가압류, 8번가압류, 9번가압류, 10번임의경매개시결정 등기말소	2008년8월1일 제8445호	2008년8월1일 임의경매로 인한 매각	

전입세대열람 내역(동거인포함)

기관: 서울특별시 용산구 원효로제1동   작업일시 : 2014년 08월 18일 15:27
     페이지 : 1

: 강원도 삼척시 사직로4길 40-11 102동 208호
강원도 삼척시 (일반+산) 102동 208호   319-1

세대주성명	전입일자 등록구분	최초전입자	전입일자	등록구분	동거인수	동거인사항 순번성명 전입일자 등록구분
	주소					
황 **	1997-11-24 거주자	황 **	1997-11-24	거주자		
강원도 삼척시 사직로4길 40-11, (18/4) 102동 208호 (사직동,원조임대아파트)						

- 이하여백 -

4	주택임차권	2004년2월11일 제1736호	2004년1월16일 춘천지방법원강릉지원삼 척시법원의 임차권등기명령(2004카)	임차보증금 금25,000,000원 범 위 주택용 건물전부 임대차계약일자 1997년 3월 18일 주민등록일자 1997년 11월 24일
5	1번근저당권설정, 2번근저당권설정, 3번근저당권설정 등기말소	2008년8월1일 제8445호	2008년8월1일 임의경매로 인한 매각	
6	근저당권설정	2008년8월1일 제8451호	2008년8월1일 설정계약	채권최고액 금210,000,000원 채무자 주식회사필릭쓰 강원도 강릉시 입암동 641 주공상가 103호 근저당권자 동해삼척태백축산업협동조합 144637-0000066 강원도 삼척시 남양동 329-12 공동담보목록 제2008-82호

2014.05.22	채권자 동해삼척태백축산업협동조합 특별송달신청 제출
2014.06.17	법원 춘천지방법원강릉지원집행관사무소 송달사유통지서 제출
2014.06.25	채권자 동해삼척태백축산업협동조합 공시송달신청 제출
2014.10.02	채권자 동해삼척태백축산업협동조합 경매에 대한 참고자료 제출
2014.10.02	임차인 황원기 권리신고및배당요구신청 제출

본 물건은 2008년 8월 1일 임의경매로 주식회사필릭쓰가 낙찰을 받아 소유권 이전을 하였다.

"2008년 8월 1일자 근저당 동해삼척태백축협이 말소기준권리, 임차인 황원기 씨 전입1997년 11월 24일, 확정일자 2011년 4월 7일"이기에 대항력을 구비한 날짜는 2011년 4월 7일이 되며 배당신청은 2014년 10월 2일자로 하였다.

전입신고일은 말소기준보다 빠르지만, 확정일자가 말소기준권리 2008년 8월 1일

보다 늦기에 배당신청을 하였어도 후순위로 밀려 앞 순위 배당금액을 제하고 남는 금액이 있다면 배당을 받을 수 있고, 남는 금액이 없다면 전액 낙찰자가 인수해야 한다. 하지만 이전사건 2004타경6527[17번] 경매사건 내역을 보면, 임차인 황원기 씨 전입과 확정일이 1997년 11월 24일이며 배당기일 전에 배당신청까지 하였다.

강릉1계 2004-6527[17] 사직동 아파트

 지지옥션

소 재 지	강원 삼척시 사직동 319-1 원조임대 102동 2층 208호 도로명주소				
경 매 구 분	임의경매	채 권 자	국민은행		
용 도	아파트	채무/소유자	원조건설	매 각 기 일	08.08.05 납부
감 정 가	50,000,000 (04.06.14)	청 구 액	5,630,583,860	종 국 결 과	08.12.30 배당종결
최 저 가	35,000,000 (70%)	토지총면적	37.25 ㎡ (11.27평)	경매개시일	04.05.20
입찰보증금	20% (7,000,000)	건물총면적	59.89 ㎡ (18.12평) [25.2평형]	배당종기일	08.03.06
조 회 수	•금일 1	공고후 34	누적 51	•5분이상 열람 금일 0	누적 3
주 의 사 항	•재매각물건 특수件분석신청				

소재지/감정서	물건번호/면 적(㎡)	감정가/최저가/과정	임차조사	등기권리
245-150 강원 삼척시 사직동 319-1 원조임대 102동 2층 208호	물건번호: 17 번 (총물건수 137건) 17)대지 37.25/8986 (11.27평) 건물 59.886 (18.12평) (25.2평형) 방3,화장실1 - 총14층 - 보존:1997.12.27 2개동 256세대	감정가 50,000,000 • 대지 10,000,000 (20%) (평당 887,311) • 건물 40,000,000 (80%) (평당 2,207,506) 최저가 35,000,000 (70.0%)	**법원임차조사** 황원기 전입 1997.11.24 확정 1997.11.24 배당 2004.08.27 (보) 25,000,000 점유 1997.3.18 (조사서상점유: 1997.11.24) 총보증금:25,000,000	가압류 강원은행 삼척 1998.01.09 60,500,000 가압류 신용보증 국민은행 1998.01.15 60,250,000 가압류 동양시멘트(주) 1998.01.17 275,445,390 가압류 주택사업 공제조합 1998.01.26 282,843,150 가압류 삼척수협 1998.03.04 138,605,471 가압류 현대엘리베이터 1998.03.31 108,600,000 가압류 경희조명

감정평가정리
- 102동101호외제시목록상면적및등기부등본상면적(59.885㎡),집합건축물대장등기부등본상면적(59.886㎡)이101호는대지권비율(37.25/8936)이다른호(37.25/8986)외상이하나귀제시목록및등기부등본기준으로표시함
- 삼일중학교남동측인근
- 농경지,학교,단독주택 등형성
- 차량접근가능,제반교통사정보통
- LPG보일러난방
- 2종일반주거지역

경매진행과정
① 50,000,000 2008-03-31 유찰
② 30% ↓ 35,000,000 2008-04-29 낙찰

낙찰자	주)필릭스
응찰수	1명
낙찰액	35,000,000 (70.00%)

	임 의 국민은행 2004.05.22 *청구액:5,630,583,86 0원
	저당 주택은행 권 동해 1997.12.27 5,070,000,000
	저당 주택은행 권 동해 1997.12.27 1,013,800,000
	저당 동양시멘 권 1998.04.07 270,000,000
	채권총액 7,493,180,38 6원
	↑위는 1번등기내용임 ●(상세안내)

■ 참고사항

• 특별매각조건 : 보증금 20%

■ 예상배당표 [낙찰가 35,000,000 원으로 분석]

	종류	권리자	등기일자	채권액	예상배당액	인수	비고
등기권리	저당권	국민은행	1997-12-27	5,070,000,000	9,867,916	말소	말소기준권리
	저당권	국민은행	1997-12-27	1,013,800,000		말소	
	가압류	강원은행	1998-01-09	60,500,000		말소	
	가압류	신용보증	1998-01-15	60,250,000		말소	
	가압류	동양시멘	1998-01-17	275,445,390		말소	
	가압류	주택사업	1998-01-26	282,843,150		말소	
	가압류	삼척수협	1998-03-04	138,605,471		말소	
	가압류	현대옐리	1998-03-31	108,600,000		말소	
	저당권	동양시멘	1998-04-07	270,000,000		말소	
	가압류	경희조명	1998-05-12	75,000,000		말소	
	가압류	박종화,	1998-06-19	105,636,375		말소	
	가압류	김영귀	1998-07-02	32,500,000		말소	
	임 의	국민은행	2004-05-22			말소	경매기입등기

	전입자	점유	전입/확정/배당	보증금/차임	예상배당액	대항력	인수	형태
임차권리	황원기	1997.3.18 (조사서상: 1997.11.24)	전입 : 1997-11-24 확정 : 1997-11-24 배당 : 2004-08-27	보 25,000,000	25,000,000	有	소멸	주거

	종류	배당자	예상배당액	배당후잔액	배당사유
배당순서	경매비용		132,084	34,867,916	
	임차인	황원기	25,000,000	9,867,916	임차인
	저당권	국민은행	9,867,916	0	저당

말소기준권리 저당권 국민은행 1997년 12월 27일보다 임차인 황원기 씨가 대항력이 빠른 선순위 임차인이기에 우선 배당을 전액 받고 종료되는 사건이다.

1997년 12월 소액임차인 기준 기타지역 보증금 2,000만 원 최우선변제 800만 원 소액보증금 금액을 범위를 벗어나기에 낙찰금액 3,500만 원 중 최우선변제는 받지 못하고,

1순위 경매집행비용 약 140,000원 배당 잔액 34,860,000원

2순위 임차인 황원기 25,000,000원 배당 잔액 9,860,000원

3순위 저당권 국민은행 9,860,000원 배당으로 종료된다.

임차인 황원기 씨는 본 사건에서 배당을 전액 받고 임차인의 권리도 소멸되기에 등기사항전부증명서 을구 4번 임차권 등기도 말소가 되어야 하는데, 어떤 사유인지 등기란에 남아 있다 보니 이전 사건 내역을 확인하지 않는다면 상세 내역을 알 수가 없다.

2013타경 6376[1] 물건의 임차인 황원기 씨는 최초에 이 아파트에 전입신고를 한 임차인으로, 2004타경 6527[17] 낙찰 후에 낙찰자 주식회사필릭쓰와 임대차 계약을 맺고 2011년 4월 7일에 확정일자를 받은 상태다. 임대차 계약일을 정확히 알 수 없지만, 퇴거를 하지 않고 존속을 하다 보니, 최초에 전입한 1997년 11월 14일이 전입일로 남게 되어서 낙찰자가 인수를 해야 하는지 소멸되는지 혼동을 주고 있다. 본 경매사건으로 매각이 된다면, 임차인 황원기 씨는 대항력을 구비한 날이 2011년 4월 7일이 되기에 1순위 근저당 배당금액에서 남는 금액이 없으면 배당금을 일절 받지 못하지만, 근저당권 기준 2008년 8월 1일 기준, 보증금 30,000,000원, 최우선변제액 1,200,000원으로 소액임차인 기준 보증금 범위 내에 들어가기 때문에 최우선변제금 12,000,000원을 배당받을 수 있다. 낙찰자에게 명도확인서와 인감 1통을 배당기일에 제출을 해야 하기에 낙찰자 입장에서는 명도에 큰 어려움이 없다.

임차권등기설정은 임대차 계약 만료가 종료되어야 신청할 수 있고, 임차권등기는

배당기일이 지나야 말소시킬 수 있다 보니 간혹 경매물건에서 임차권말소가 되지 않고 등기부상에 남아 있는 이유가 여기에 있다. 임차권등기를 조금만 이해하면, 임차인의 권리분석을 쉽게 할 수 있을 것이다.

주택의 임차인이 외국인일 경우

일반 주택의 임차인이 내국인일 경우 인도명령으로 처리하면 되지만, 낙찰받은 주택의 임차인이 외국인 임차인이라면, 일반적인 명도와는 상황이 조금 다르다.

최근 외국인 노동자 등 국내 거주 외국인이 증가함에 따라 외국인 임차인이 점유하고 있는 주택 또한 증가하고 있고, 외국인 임차 주택이 경매시장에 나오는 경우도 가끔 있다. 외국인 임차인을 내국인 임차인과 동일하게 생각하고 대처할 수 있을까?

현행법률에 의하면, 외국인이라 하더라도 주민등록법상 적법한 임대차 계약을 유지하는 경우 내국인과 동일한 임차보증금을 배당받을 수 있고, 법적 보호도 받을 수 있다. 이 말은 낙찰을 받은 주택에 외국인 임차인이 있어도 인도명령이나 명도소송을 통한 법적 대처가 가능하다는 뜻이다. 하지만 이는 외국인이 자신의 권리신고를 했을 때, 즉 자신의 인적사항을 법원에 신고했을 때에 해당된다. 법원에 권리신고를 하지 않은 외국인 임차인이 있다면, 결과는 달라진다.

인도명령을 하기 위해서는 인도명령 대상자에 대한 명확한 확인이 필요하다. 하지만 권리신고를 하지 않은 외국인 임차인의 경우는 인적사항 파악이 어려워 인도명령 집행에 어려움을 겪을 수밖에 없으며, 이는 명도소송의 경우에도 마찬가지다. 명도소송에는 인적사항 기재가 필수인데, 이를 모른다면 소를 제기할 수 없기 때문이다.

특히 대사관 건물이거나 대사관 사저의 경우에는 외교 문제로 비화될 수 있기 때문에 어쩔 수 없이 계약기간 만료기일을 기다려야 하는 상황도 감수해야 할 수 있다. 서울지법 판례에 따르면 "외국인이 주택을 임차하여 출입국관리법에 의한 체류지 변경신고를 하였다면, 거래의 안전을 위하여 임차권의 존재를 제3자가 명백히 인식할 수 있는 공시의 방법으로 마련된 주택임대차보호법 제3조 제1항 소정의 주민등록을 마쳤다고 보아야 한다."고 명시돼 있다. 결국 외국인 임차인의 대항력은 출입국 관리사무소를 통해 확인할 수 있다.

외국인이 임차 중인 주택을 낙찰받고자 한다면, 외국인의 권리신고 유무와 인적사항 파악 가능 여부 등을 면밀히 파악하고 출입국 관리사무소를 통한 대항력 유무까지 파악해야 한다. 경매는 '앗'하는 순간, 뜻하지 않은 어려움을 만날 수 있기 때문에 만전을 기해야 한다.

[참고] 외국인 임차인의 대항력 판단 유무(「주민등록법시행령」제6조)

"외국인의 주민등록에 관한 신고는 출입국관리법에 의한 외국인등록으로써 갈음"하기 때문에 외국인등록이 곧 주민등록신고와 같은 효력을 갖게 된다.

이와 관련 서울지법 판례에 따르면 "외국인이 주택을 임차하여 출입국관리법에 의한 체류지 변경신고를 하였다면 거래의 안전을 위하여 임차권의 존재를 제3자가 명백히 인식할 수 있는 공시의 방법으로 마련된 「주택임대차보호법」 제3조 제1항 소정의 주민등록을 마쳤다고 보아야 한다."고 명시돼 있다. 결국, 외국인 임차인의 대항력은 출입국 관리사무소를 통해 확인이 가능하다.

외국인 또한 내국인과 마찬가지로 외국인 등록표에 그 주소가 나타나면 대항력을 취득한다. 또한, 점유보조자(처·자녀 등)가 전입 신고한 경우에도 유효한 주민등록이 된다(대판 1988.6.14 선고 87다카3093).

주택임대차 사례

1) 주택임차인이 법인인 경우

▶ [사례]

법인이 사원용 주택의 마련을 위하여 주택을 임차하고 그 소속 직원을 입주시킨 후 직원 명의로 주민등록을 마치고 임대차계약서상의 확정일자를 구비하였다. 이러한 경우, 법인도 주택임대차보호법상의 주택임차인으로서의 보호를 받을 수 있는가?

▶ [답]

법인은 애당초 자신 명의로 주민등록을 할 수 없을 뿐만 아니라 주택임대차보호법상의 보호대상으로 되지 아니하기 때문에 주택임차인으로서의 보호를 받을 수 없다. 따라서 우선변제권을 주장할 수 없다.

▶ [해설]

왜냐하면 법인은 「주택임대차보호법」 제3조 제1항에서 주택의 인도와 더불어 대항력의 요건으로서 규정하고 있는 주민등록을 애당초 자신의 명의로 할 수 없을 뿐만 아니라 자연인인 서민들의 주거생활 안정을 보호하려는 취지에서 제정된 주택임대차보호법이 법인을 그 보호대상으로 삼고 있지 아니하기 때문이다.

대법원 판례에 의하면, "주택 임차인이 「주택임대차보호법」 제3조의 2 제2항 소정의 우선변제권을 주장하기 위해서는 같은 법 제3조 제1항 소정의 대항요건과 임대차계약증서상의 확정일자를 갖추어야 하고, 그 대항요건은 주택의 인도와 주민등록을 마친 때에 구비된다." 할 것인바, 같은 법 제1조는 "이 법은 주거용 건물의 임대차에 관하여 민법에 대한 특례를 규정함으로써 국민의 주거생활 안정을 보장함을 목적으로 한다."라고 규정하고 있어 위의 법이 자연인인 서민들의 주거생활 안정을 보호하려는 취지에서 제정된 것이지 법인을 그 보호 대상으로 삼고 있다고는 할 수 없는 점, 법인은 애당초 같은 법 제3조 제1항 소정의 대항요건의 하나인 주민등록을 구비할 수 없는 점 등에 비추어, 법인이 사원용 주택의 마련을 위하여 주택을 임차하고 그 소속 직원을 입주시킨 후 직원 명의로 주민등록을 마쳤다 하여도 이를 법인의 주민등록으로 볼 수는 없으며, 법인이 주택을 인도받고 임대차계약서상의 확정일자를 구비하였다 하더라도 우선변제권을 주장할 수는 없다고 판시하고 있다(대법 1997.7.11 96다7236).

▶ [참조]

「주택임대차보호법」 제1조, 제3조 제1항, 제3조의 2 제2항

2) 가족주민등록은 그대로 둔 채 임차인만 전입한 경우

▶ [주요쟁점]

(1) 주택임차권의 대항력과 주민등록의 존속

(2) 가족의 주민등록을 그대로 둔 채 임차인만 주민등록을 일시적으로 다른 곳으로 옮긴 경우에 임대차의 대항력 상실 여부(소극)

▶ [판결요지]

(1) 주택임차인이 그 임대차로서 제3자에게 대항하기 위한 요건으로서의 「주택임대차보호법」 제3조 소정의 주민등록은 그 대항력 취득 시뿐만 아니라 그 대항력을 유지하기 위하여서도 계속 존속하고 있어야 한다.

(2) 임차인이 그 가족과 함께 그 주택에 대한 점유를 계속하고 있으면서 그 가족의 주민등록은 그대로 둔 채 임차인만 주민등록을 일시 다른 곳으로 옮긴 경우라면, 전체적으로나 종국적으로 주민등록의 이탈이라고 볼 수 없는 만큼 임대차의 제3자에 대한 대항력을 상실하지 아니한다.

사 건 명: 건물명도(1989.1.17. 제3부 판결 88다카143)

참조조문: 「주택임대차보호법」 제3조

참조판례: 대법원 1987.2.24. 선고 86다카1695판결

평석–주택임차권의 대항력 취득과 존속, 권룡우, 판례월보 224호

당 사 자: "원고(상고인) 김재규 피고(피상고인) 고점순"

원심판결: 광주지방법원 1987.12.10. 선고 87나423판결

주   문: 상고를 기각한다. 상고비용은 원고의 부담으로 한다.

▶ [이유]

주택임차인이 그 임대차로서 제3자에게 대항하기 위한 요건으로서의 「주택임대차
보호법」 제3조 소정의 주민등록은 그 대항력 취득 시뿐만 아니라 그 대항력을 유
지하기 위하여서도 계속 존속하고 있어야 한다(단독세대주인 경우 당원 1987.2.24. 선고
86다카 1695판결 참조). 그러나 임차인이 그 가족과 함께 그 주택에 대한 점유를 계속
하고 있으면서 그 가족의 주민등록은 그대로 둔 채 임차인만 주민등록을 일시 다
른 곳으로 옮긴 일이 있다 하더라도, 전체적으로나 종국적으로 주민등록의 일탈이
라고 볼 수 없는 이상 임대차의 제3자에 대한 대항력을 상실하지 아니한다고 하여
야 할 것이다.

원심이 확정한 바에 의하면, 피고가 1984년 4월 18일, 그 자녀들과 함께 이 사건
임차주택의 주소지에 주민등록을 마치고 점유사용 하여 오다가 근저당권설정 이
후 1985년 2월 27일 자로 피고의 주민등록을 대출 관계상 광주 북구 중흥동 696의
15로 퇴거하였다. 그러다가 그해 3월 18일, 다시 위 임차주택의 주소지로 전입신
고를 한 사실이 있다는 것과 그럼에도 불구하고 그 자녀들 셋은 계속하여 그 주민
등록을 피고와 함께 계속 거주하고 있었던 사실을 인정하고 있다.

이러한 사정이라면 앞에서 말한 이치대로 피고의 주민등록은 계속 존속하고 있는
것과 동일하게 다룰 수 있을 것이다. 따라서 피고의 주민등록 주소지에서의 퇴거
를 이유로 그 퇴거 이전에 설정된 근저당권에 기한 경매절차에서 부동산을 취득한
원고에 대하여 임대차로서 대항할 수 없다는 원고의 주장을 배척한 원심의 이유설
시는 위와 다르나 그 대항력을 인정한 결론은 같으므로 정당하다. 따라서 논지는
채택할 수 없다.

3) 2년 미만의 임대기간과 임대차보증금의 우선변제청구

▶ [사례]

임대기간을 1년으로 하는 임대계약을 체결하고자 하는데, 임대기간을 2년 미만으로 정할 수 있을까? 또 임차인이 기간을 1년으로 하는 임대차계약을 체결하고, 대항력과 확정일자도 갖추었다. 이러한 경우, 경매절차에서 스스로 2년 미만인 약정 임대차기간 만료를 이유로 임차보증금의 우선변제를 청구할 수 있는가?

▶ [답]

임대기간을 2년 미만으로 정하는 것이 가능하다(법 제4조 제1항 단서). 또 그 경매절차에서 2년 미만의 임대차기간이 만료되어 임대차가 종료되었음을 이유로 그 임차보증금에 관하여 우선변제를 청구할 수 있다.

▶ [해설]

(1) 주거안정과 임대차기간에 관한 선택권

① 제도의 취지

임대차기간을 2년 이하로 약정한 경우 임대인은 2년 이하의 약정기간을 주장할 수 없으나, 임차인은 이를 주장할 수 있도록 하여 임차인의 주거안정과 임대차기간에 관한 선택권을 함께 보장한다(법 제4조 제1항 단서).

② 2년 존속기간의 보장

기간의 정함이 없거나 기간을 2년 미만으로 정한 임대차는 그 기간을 2년으로 본다(법 제4조 제1항 전문). 이는 강행규정으로서 당초부터 임대차기간을 정하지 아니한 경우, 임대기간 만료 전 6월에서 1월 사이에 계약해지의 통고나 계약의 갱신이 없는 경우, 기간을 2년 미만으로 정한 경우에는 그 계약기간을 2년으로 간주함으로써 경제적 약자인 임차인의 주거안정을 보장하기 위함이다.

③ 단서의 신설

임차인은 2년 미만으로 정한 기간이 유효함을 주장할 수 있다(법 제4조 제1항 단서).

종전에는 임대계약을 2년 미만으로 계약했더라도 임대기간을 2년으로 계약한 것으로 간주했지만, 개정법에서는 2년 미만의 계약기간을 인정하고 있으므로, 임대차기간을 2년 이하로 정한 경우에 임대인은 그 약정기간을 주장할 수 없는 반면 임차인은 이를 주장할 수도 있도록 하여 임대차기간에 관한 선택권을 임차인에게 인정하였다.

⑵ 판례의 입장

위 사례와 같이 임대차기간을 2년 미만으로 약정한 경우, 임차인은 스스로 약정임대차기간이 만료되었음을 주장할 수 있는가? 이에 대하여 판례는 긍정하고 있다. 즉, 「주택임대차보호법」 제4조 제1항은 "기간의 정함이 없거나 기간을 2년 미만으로 정한 임대차는 그 기간을 2년으로 본다."라고 규정하고 있고, 또 같은 법 제10조는 강행규정으로서 "이 법의 규정에 위반된 약정으로서 임차인에게 불리한 계약은 효력이 없다."고 규정하고 있다.

위법의 규정의 취지에 비추어 보면 임차인의 보호를 위한 규정이라고 할 것이므로, 그 규정에 위반되는 당사자의 약정을 모두 무효라고 할 것은 아니고 그 규정에 위반하는 약정이라도 임차인에게 불리하지 않은 것은 유효하다고 풀이할 수 있다. 따라서 임대기간을 2년 미만으로 정하는 것이 가능하며, 또 임대차기간을 2년 미만으로 정한 임대차의 임차인이 스스로 그 약정임대차 기간이 만료되었음을 이유로 임차보증금의 반환을 구하는 경우, 같은 법 제3조 제1항 소정의 대항요건인 주택의 인도와 주민등록전입신고를 마치고 임대차계약증서상의 확정일자를 갖춘 임차인으로서는 그 주택에 관한 경매절차에서 2년 미만의 임대차기간이 만료되어 임대차가 종료되었음을 이유로 그 임차보증금에 관하여 우선변제를 청구할 수 있다고 하였다(대법 1996.6.25. 96다12474).

▶ [참조]
「주택임대차보호법」 제3조 제1항, 제4조 제1항, 제10조

4) 임대차종료와 임대차관계의 존속

▶ [사례]

임대차계약기간이 만료되어 임대차가 종료하였는데, 임대인이 보증금을 반환하지 아니하고 주택의 인도를 요구하는 경우, 보증금을 반환받을 때까지 주택의 인도를 거절할 수 있는가?

▶ [답]

임대차가 종료한 경우에도 임차인이 보증금을 반환받을 때까지는 임대차관계는 존속하는 것으로 본다(법 제4조 제2항). 임차인은 보증금을 반환받을 때까지 주택의 인도를 거절할 수 있다.

▶ [해설]

임대차계약의 기간이 만료된 경우에 임차인의 목적물 반환의무와 임대인의 보증금 반환의무는 동시이행의 관계에 있다(민법 제536조, 제618, 대법 1977.9.28. 77다 1241, 77다1242 전원합의체판결). 따라서 임차인은 보증금을 반환받을 때까지 주택의 인도를 거절할 수 있다.

▶ [참조]

「민법」 제536조, 제618조, 대법 1977.9.28. 77다1241, 77다1242 전원합의체판결

5) 임대차기간 만료와 묵시의 갱신

▶ [사례]

임대차기간 만료일이 1989년 12월 30일인 주택임대차계약이 묵시적으로 갱신되었는데, 같은 날짜인 1989년 12월 30일자로 「주택임대차보호법」이 개정된 경우, 임대차계약기간의 존속기간은 개정된 「주택임대차보호법」 제4조의 규정이 적용되는가?

▶ [답]

적용된다.

▶ [해설]

(1) 묵시의 갱신

임대인이 임대차기간 만료 전 6월부터 1월까지에 임차인에 대하여 임대차계약 갱신거절의 통지, 또는 조건을 변경하지 아니하면 갱신하지 아니한다는 뜻의 통지를 하지 아니한 경우에는 그 기간이 만료된 때 종전임대차계약과 동일한 조건으로 다시 임대차한 것으로 본다. 임차인이 임대차기간 만료 전 1월까지에 통지하지 아니한 때에도 또한 같다(법 제6조 제1항).

묵시의 갱신의 경우, 임대차 존속기간은 임차인이 스스로 임대차계약의 존속을 원하지 않는 한 주택임대차보호법 제4조에 의하여 2년으로 해석함이 상당하다. 이는 같은 법에서 묵시의 갱신의 경우 임대차 존속기간은 그 정함이 없는 것으로 하고 있고(법 제6조 제2항), 기간의 정함이 없는 임대차계약은 2년으로 보고 있으며(법 제4조 제1항), 도 임차인은 임대차가 묵시적으로 갱신된 이후 언제든지 어느 시점을 선택하여 임대차계약을 해지할 수 있기 때문이다(법 제6조의2 제1항). 반면에 임대인은 2년의 제한에 구속을 받게 된다.

(2) 판례의 견해

위 사례와 같이 임대인이 그 임대차기간 만료일인 1989년 12월 30일 이전 6개월부터 1개월까지 사이에 임차인에 대하여 갱신거절의 통지 또는 조건을 변경하지 아니하면 갱신하지 아니한다는 뜻의 통지를 하지 아니함으로써 묵시적으로 갱신된 경우에 있어, 묵시적으로 갱신된 임대차계약은 전의 임대차와 동일한 조건(존속기간은 제외)으로 다시 임대차를 한 것으로 보아야 하므로(법 제6조 제1항, 민법 제639조 제1항) 개정된 주택임대차보호법의 시행 당시 존속 중이던 종래의 임대차계약이 계속되는 것이 아니라 종래의 임대차계약과는 별개의 임대차계약이 그 법 시행 이후에 개시된 것이라고 보아야 한다. 따라서 이에 대하여는 구 임대차보호법이 적용될 여지가 없고 개정된 주택임대차보호법이 적용된다. 따라서 위 계약은 기간의 정함이 없는 임대차계약으로서 그 임대차기간은 주택임대차보호법 제4조에 의하여 2년으로 의제된다. (1992. 1. 17. 91다25017).

(3) 묵시적 갱신의 경우의 계약의 해지

묵시적 갱신이 있는 경우, 임차인은 언제라도 임대차계약을 해지할 수 있다(법 제6조의 2 제1항, 민법 제635조). 이 경우 해지의 통고는 임대인이 그 통고를 받은 날부터 3월이 경과하면 그 효력이 발생한다(법 제6조의 2 제2항). 그러나 임대인은 민법 제635조에 의한 해지통고로써 임차인이 그 통고를 받은 날로부터 6월이 경과하였음을 이유로 임대차계약해지의 효력을 주장할 수 없다.

(4) 임대차계약갱신의 예외

① 임대인이 임대차기간 만료 전 6월부터 1월까지에 임차인에 대하여 임대차계약 갱신거절의 통지를 한 경우(법 제6조 제1항)

② 임차인이 임대차기간 만료 전 1월까지에 계약해지의 통지를 한 때(법 제6조 1항)

③ 2기의 차임액에 달하도록 차임을 연체(2회 이상)하거나 기타 임차인으로서의 의무를 현저하게 위반(예컨대 임차주택의 훼손, 파괴행위 등)한 경우(법 제6조 제3항)

④ 임대인이 임차인의 의사에 반하여 보존행위를 하는 경우에 임차인이 이로 인하여 임차의 목적을 달성할 수 없게 된 때에 임차인으로부터 계약해지의 통고가 있는 경우(민법 제625조)

▶ [참조]

「주택임대차보호법」 제4조 제1항, 제6조 제1항, 2항, 제6조의 2, 민법 제625조, 제635조, 제639조 제1항, 1992. 1. 17. 91다25017

6) 계약을 갱신하면서 임대보증금을 인상하는 경우, 대항력 및 우선변제권

▶ [사례]

임차인이 당초 보증금 8,000,000원에 주택을 임차하였는데, 위 주택에 관하여 제3자가 가등기를 하고 이에 기하여 본등기를 마쳤다. 한편, 위 가등기 후 종전 임대인과의 사이에 보증금 8,000,000원에서 금 9,700,000원으로 인상하였다. 이러한 경우 위 인상분으로 가등기권리자에게 대항할 수 있는가?

▶ [답]

인상된 금 1,700,000원의 보증금에 대하여는 위 가등기권리자에게 대항할 수 없다.

▶ [해설]

임대인과 임대차계약을 갱신하면서 임대보증금을 인상하기로 합의한 경우, 인상된 금액은 인상되기 전에 설정된 저당권 등의 채권자에 우선할 수는 없다. 그러나 인상된 임차보증금이 소액보증금의 범위 내라면, 저당권 등의 채권자에 우선하는 경우도 있을 것이다. 주택임대차보호법의 적용을 받는 임대목적 부동산에 관하여 제3자가 가등기를 하고, 그 가등기에 기하여 본등기를 마쳐진 경우에 있어서는 임대인과 임차인 사이에 그 가등기 후 그 보증금을 인상하기로 약정하였다 하더라도, 그 인상분에 대하여는 그 등기권리자에게 대항하지 못한다.

왜냐하면, 가등기를 하고 그에 기하여 본등기를 마친 경우에는 비록 물권취득의 효력이 가등기 시에 소급하는 것은 아니지만, 가등기가 갖는 순위보전의 효력에 의하여 중간처분이 실효되는 효과를 가져오게 되므로 이와 같은 가등기권자는 임대인의 권리를 승계하는 물권의 취득자와 동일하게 보아야 할 뿐만 아니라 가등기 후에 임대인과 임차인 사이에 보증금을 마음대로 올릴 수 있다면 가등기권리자에게 뜻하지 않은 손해를 주어 가등기의 목적을 달성할 수 없게 될 우려가 있기 때문이다. 그리고 이와 같은 이치는 그 임대차에 관한 등기가 되었거나 안 되었거나 상관없이 다 같이 적용된다고 할 것이다.

따라서 위 사례와 같이 부동산에 관하여 가등기를 하고 그에 기하여 본등기를 마침으로써 임대인의 권리를 승계한 가등기권리자에 대하여 그전 소유자인 임대인과의 사이에 당초에 금 8,000,000원이던 위 보증금을 위 가등기 후에 금 9,700,000원으로 인상했다 하더라도 그 인상된 금 1,700,000원의 보증금에 대하여는 가등기권리자에게 위 가등기권리자에게 대항할 수 없다. 그러므로 임차인은 당초의 보증금 8,000,000원에 대하여만 가등기권자에게 대항할 수 있는 것이다.

▶ [참조]

「주택임대차보호법」 제3조, 1986.9.9 86다카757(공1986, 1305)

7) 주거용과 비주거용으로 겸용되고 있는 건물을 임차한 경우

▶ [사례]

공부상 단층 작업소 및 근린생활시설로 되어 있으나 실제로는 주택으로도 이용되고 있는 건물을 '갑'은 주거 및 인쇄소 경영의 목적으로, '을'은 주거 및 슈퍼마켓 경영을 목적으로 임차하여 전입신고를 마치고 그곳에서 일상생활을 영위하는 한편 인쇄소 또는 슈퍼마켓을 경영하고 있다. 이러한 경우, 주택임대차보호법의 적용을 받을 수 있는가?

▶ [답]

주택임대차보호법의 적용을 받을 수 있다.

▶ [해설]

주택임대차보호법이 적용대상으로 하고 있는 목적물의 범위를 살펴본다.

(1) 주거용 건물

주택임대차보호법은 원칙적으로 주거용 건물을 그 적용 대상으로 한다(법 제2조). 사람의 일상생활인 기와침식(起臥寢食)에 사용되고 있는 장소를 의미하는 주거용건물의 임대차라 함은 임차목적물 중 건물의 용도가 점포나 사무실 등이 아닌 주거용인 경우의 임대차를 뜻한다. 즉 주택임대차보호법의 적용이 되는 건물은 원칙적으로 주거용 건물에 한하고, 그 용도가 상가, 점포, 사무실, 공장, 창고 등 비주거용 건물에는 적용이 되지 않는다.

이는 동법이 국민의 주거생활 안정을 사회 정책적 차원에서 보호하고자 하는 데에 그 입법 취지가 있기 때문이다(법 제1조). 건물은 사회 통념상 건물이라고 판단되는 것인 이상, 그 종류 및 구조가 어떠한지 그리고 건축허가 및 등기가 있는지 여부를 불문한다.

주택임대차보호법의 적용을 받는 건물을 구체적으로 열거하면, ① 단독주택, 아파트, 연립주택, 다세대주택, 다가구주택, 맨션, 빌라 등의 공동주택, ② 소유권 보존등기가 되어 있지 아니한 미등기 건물, ③ 관할관청의 허가를 받지 아니하고

지은 무허가 건물, ④ 건축공사를 마치고 준공필증을 받지 못한 건물, ⑤ 공부상 상가, 창고 등의 비주거용 건물이라도 소유자가 건물의 구조나 용도를 변경한 건물을 임차하여 사실상 주거용으로 사용하고 있는 건물 등이다. 그러나 무상의 사용대차, 일시사용을 위한 임대차(법 제11조), 원래부터 비주거용 건물을 임차하여 사용 중 임차인이 임대인의 동의 없이 임의로 주거용으로 개조 사용하는 경우 등은 주택임대차보호법의 적용이 배제된다.

⑵ 주거용 건물인지 여부의 판단기준

주택임대차보호법 제2조 소정의 주거용 건물에 해당하는지 여부, 다시 말하여 주거용 건물과 비주거용 건물의 구분은 임대차목적물의 공부상(등기부, 건축물관리대장)의 표시만을 기준으로 할 것이 아니라 그 임대차의 목적, 건물의 위치와 구조 등에 관한 실지용도의 제반 사정을 참작하여 결정하여야 한다(대법 1987.3.24. 86다카823, 1996.3.12 95다51953, 1988.12.27 87다카2024, 1995.3.10 94다52522).

따라서 공부상으로는 상가 등의 비주거용으로 등재되어 있더라도, 그 건물의 내부구조를 변경하여 사실상 주택으로 사용하고 있는 경우라면 주거용 건물로 본다.

⑶ 주거용 건물인지 여부의 판단시기

이와 같이 주거용 건물인지 여부의 판단하는 시기는 임대차계약 체결 당시를 기준으로 한다. 따라서 주택임대차보호법이 적용되려면, 먼저 임대차계약 체결 당시를 기준으로 하여 그 건물의 구조상 주거용 또는 그와 겸용될 정도의 건물의 형태가 실질적으로 갖추어져 있어야 하고, 만일 그 당시에는 주거용 건물 부분이 존재하지 아니하였는데 임차인이 그 후 임의로 주거용으로 개조하였다면 임대인이 그 개조를 승낙하였다는 등의 특별한 사정이 없는 한 주택임대차보호법의 적용이 되지 아니한다(대법 1986.1.21 85다카1367).

다시 말하여, 건물이 공부상 비주거용으로 등재되어 있는 경우에도 그 건물의 구조가 이미 주거용 건물로서의 형태를 실질적으로 갖춘 이후에 임대차계약을 체결한 경우(대법 1988.12.27. 87다카2024), 또는 임대차계약 체결 당시에는 비주거용 건물이었으나 당초부터 임대인(소유자)과의 사이에 이를 주거용으로 개조 사용하기로 하는 합의가 있는 경우와 임차인이 나중에 임대인으로부터 그 개조의 승낙을 얻어 실제로도 그렇게 개조 사용하는 경우에는 동법의 적용을 받는다 할 것이다.

그러나 반대의 경우로서, 즉 당초 비주거용 건물을 임차하여 사용하던 중 그 후 임차인이 임의로 이를 주거용으로 개조 사용하는 경우라면 동법의 적용을 받을 수 없다 할 것이다.

(4) 주거용 건물의 전부 또는 일부

주택임대차보호법은 1개의 주거용 건물 전부는 물론 그 일부에 관한 임대차라도 적용된다(법 제2조). 즉, 동법의 적용을 받는 건물은 반드시 독립된 1개의 건물 전체일 필요는 없으며, 그 일부라도 무방하다.

사회 통념상 독립의 건물이라고 판단되는 것인 이상, 예컨대 출입문이나 현관, 부엌 등을 독립적으로 갖춘 주택, 여러 개의 방 중 1개의 방 등을 임차하여 출입문, 내실 등을 공동으로 사용하는 경우도 동법의 적용을 받는다 할 것이다. (주택임대차보호법령해설, 이진강, 30, 주택임차권의 대항력(상) 이범주, 법조, 1983.3호, 22, 주택임대차보호법의 적용범위, 박태영, 재판자료 32, 436).

(5) 겸용건물이 위 법의 적용대상인지 여부

또한, 임대주택의 일부가 주거 외의 목적으로 사용되는 겸용건물(예컨대 점포가 딸린 주택 등)의 경우에도 주택임대차보호법의 적용을 받는다(제2조 후단). 그러나 여기서 '주택의 일부'의 의미에 관하여는 여러 견해가 나뉘고 있으나 판례에서는 다음과 같은 견해를 취하고 있다.

일반적으로 한 건물의 주거용 부분과 비거주용 부분이 함께 임대차의 목적이 되어 각기 그 용도에 따라 사용되는 경우, 주거용 부분이 주가 되고 비주거용 부분이 부수적인 경우에는 그 전체에 대하여 주택임대차보호법이 적용되고, 그 반대의 경우에는 동법이 적용되지 아니한다(서울민사지법 1985.7.5 84가합5893, 수원지법 1987.4.27 86 가합1442). 그러나 대법원은 하나의 건물에서 주거용으로 사용되는 부분과 비주거용 부분이 아울러서 함께 임대차의 목적물이 되는 경우에도 구체적인 경우에 따라 그 주된 목적을 고려하여 합목적적으로 결정하여야 한다고 판시(대법 1987.3.24 86다카 823)하는 한편, 주거생활의 안정을 보장하기 위한 입법의 목적에 비추어 거꾸로 비 주거용 건물에 주거의 목적으로 일부를 사용하는 경우에는 동법 제2조가 말하고 있는 일부라는 범위를 벗어나 이를 주거용 건물이라고 할 수 없고, 이러한 건물은 위 법률의 보호대상에서 제외된다고 판시하고 있다(대법 1987.4.28 86다카2407).

위 사례와 같은 경우에 판례는 공부상으로는 단층 작업소 및 근린생활시설로 표시 되어 있으나 실제로는 주택으로도 이용되고 있는 건물을 '갑'은 주거 및 인쇄소 경 영의 목적으로, '을'은 주거 및 슈퍼마켓 경영을 목적으로 임차하여 가족들과 함께 입주하여 전입신고를 마치고 그곳에서 일상생활을 영위하는 한편 인쇄소 또는 슈 퍼마켓을 경영하고 있으며, '갑'의 경우는 주거용으로 사용되는 부분이 비주거용 으로 사용되는 부분보다 넓고, '을'의 경우는 비주거용으로 사용되는 부분이 더 넓 기는 하지만 주거용으로 사용되는 부분도 상당한 면적이고, 위 각 부분이 사실상 '갑', '을'의 유일한 주거인 경우, 주택임대차보호법 제2조 후문에서 정한 주거용 건물에 해당한다고 판시하고 있다(대법 1995.3.10 84다52522).

(6) 기타 위 법의 적용대상으로 인정된 사례

① 사안의 내용이 구체적이지는 않으나, 영업용인 점유 부분 중 일부가 주거용으 로 사용되거나 난방시설이 설치된 사안에서 주거용에 해당한다고 인정

▶ [사례] 임차인의 점유 부분 중 별지도면 (6) 부분은 영업용 휴게실 설비로 예정 된 홀 1칸이 있지만, 그 절반가량이 주거용으로 쓰이는 방 2칸, 부엌 1칸, 화장실 1칸, 살림용 창고 1칸, 복도로 되어 있고, 그 홀마저 각방의 생활공간으로 쓰이고 있으며, 같은 별지도면 (8) 부분은 위 방들의 난방시설이 설치되어 있는 사안에서, 위 점유 부분을 모두 주거용에 해당한다고 판단한다(대법 1987.8.25 87다카793).

② 주거와 영업을 목적으로 건축된 건물을 임차, 건물의 소유자가 각 방에 보일러 및 수도시설을 설치해 주거나 소유자의 승낙 하에 다락방 등을 설치하고 점포 및 주거시설로 사용하고 있는 사안에서

▶ [사례] 주거용 건물로 인정 주거와 영업을 목적으로 건축된 건물의 일부씩을 주거 및 미용실 경영목적으로 또는 주거 및 과자점 경영목적으로 각각 임차하여, 각 가족들과 함께 입주, 소유자가 각 방에 보일러 시설과 수도시설을 하여 주고 또한 소유주의 승낙 아랫방과 다락을 설치하고, 각 방에 연접하여 가건물을 짓고 부엌으로 사용하고 있으며, 장독대를 설치하고, 화장실을 공동 사용하고, 실질적으로 한 명은 점포 약 17.8 평방미터를 제외한 방 1칸 및 부엌 약 6.5 평방미터, 합계 약 19.56 평방미터를 주거시설로, 다른 한 명은 점포 약 16 평방미터를 제외한 방 1칸과 점포 간 출입구, 다락 및 부엌 약 6.5 평방미터 등 합계 약 26.64 평방미터를 주거시설로 사용하고 있는 사안에서, 모두 「주택임대차보호법」 제2조 후단에서 정한 주거용 건물에 해당한다고 인정한다(대법1988.12.2.7. 87다카2024).

▶ [참조]

「주택임대차보호법」 제2조

8) 임차주택이 미등기 건물인 경우

▶ [사례]

미등기 주택을 임차하여 전입신고를 마치고 임대차계약서상의 확정일자도 받아 두었는데, 이러한 경우 주택임대차보호법의 보호를 받을 수 있는가?

▶ [답]

주택임대차보호법의 적용을 받아 보호를 받을 수 있다.

▶ [해설]

주택임대차보호법은 등기된 건물뿐만 아니라 무허가 건물 또는 미등기 건물에 대하여도 적용되므로, 주택인 이상 동법의 보호를 받을 수 있다. 따라서 점유와 전입신고 및 확정일자를 받아 두면, 추후 임차주택이 경매가 되더라도 우선변제권을

행사하거나 대항력이 있을 경우에는 대항력도 행사할 수 있다. 다만, 임차권등기 명령은 등기를 할 수 있는 주택에 한정되기 때문에 임차권등기 명령 제도를 이용할 수 없는 문제점이 있다.

▶ [참조]

「주택임대차보호법」 제3조

9) 오피스텔의 경우

▶ [사례]

오피스텔을 임차하여 거주하는 경우 주택임대차보호법의 보호를 받을 수 있는가?

▶ [답]

오피스텔은 그 용도에 따라 대항력(점유와 주민등록)을 갖추었으면 주거용으로 본다.

10) 주택임차인이 외국인인 경우

▶ [사례 1]

국내에 체류하는 외국인이 주택을 임차하여 입주하였으나 주민등록법상의 전입신고를 할 수 없기 때문에 주택소재지를 신 체류지로 하는 전입신고를 하였다. 이러한 경우, 주택임대차보호법상의 주택임차인으로서 보호받을 수 있는가?

▶ [답]

이 경우, 외국인이라 하더라도 주택임대차보호법의 적용을 받아 보호받을 수 있다.

▶ [해설]

「출입국관리법」 제31조 및 제36조는 90일을 초과하여 국내에 체류하는 외국인은 외국인등록을 하여야 하고, 등록외국인이 체류지를 변경한 때에는 신체류지에 전입신고를 하여야 한다고 규정하고 있으며, 「주민등록법 시행령」 제6조는 주민등록에 관한 신고 대신에 출입국관리법에 의한 외국인등록을 하면 된다고 규정하고 있으므로 「출입국관리법」 제31조 및 제36조의 규정에 의하여 외국인 등록을 한 외국인은 본법의 보호를 받을 수 있다.

▶ [참조]

「출입국관리법」 제31조, 제36조, 「주민등록법시행령」 제6조

▶ [사례 2]

일본 국적의 외국인인 A는 1991년 2월 19일, B로부터 그 소유인 아파트를 임대차보증금 57,000,000원에 임차하여 같은 해 3월 16일부터 거주하여 왔다. A는 같은 해 4월 4일, 위 아파트를 신 거류지로 하여 출입국관리법상의 거류지변경 신고를 하였고, 같은 해 11월 15일, 위 B와의 임대차계약서에 확정일자를 받았다. 임대차보호법 소정의 주민등록을 마친 것으로 볼 수 있는가?

▶ [답]

외국인이 주택을 임차하여 출입국관리법에 의한 거류지 변경신고를 하였다면, 거래의 안전을 위하여 임차권의 존재를 제3자가 명백히 인식할 수 있는 공시의 방법으로 마련된 「주택임대차보호법」 제3조 제1항 소정의 주민등록을 마쳤다고 보아야 한다.

▶ [해설]

위 사안과 같이 A가 외국인의 경우에는 「출입국관리법」(1992. 12. 8. 법률 제4522호로 전문 개정되기 전의 것, 이하 같다) 상의 거류신고나 거류지변경신고(위 전문 개정된 법률의 시행 이후에는 외국인등록 또는 체류지 변경신고)로써 「주택임대차보호법」 제3조의 2 제2항, 제3조 제1항 소정의 "주민등록"에 갈음할 수 있는 것인지가 문제로 된다.

시·군·구의 주민의 성명·성별·생년월일·주소 등을 등록하게 함으로써 주민의 거주관계를 파악하고, 상시로 인구의 동태를 명확히 하여 행정사무의 적정하고 간이한 처리를 도모하기 위하여 제정된 주민등록법에 의하면, 30일 이상 거주할 목적으로 관할구역 안에 주소 또는 거소를 가진 자는 그 시·군·구의 장에게 주민등록 또는 그 변경신고를 하여야 하며, 그 의무위반자에 대하여는 벌칙에 처하거나 과태료를 부과할 수 있는 것으로 규정하면서 외국인은 예외로 하고 있다(위 법 제1·6·11·14·20·21조).

한편 대한민국에 입국하거나 대한민국으로부터 출국하는 모든 사람의 출입국관리와

대한민국에 체류하는 외국인의 등록 등에 관한 사항을 규정하기 위하여 제정된 출입국관리법에서는 외국인은 원칙적으로 위법에서 정하는 체류자격을 가진 자로서 유효한 여권 또는 선원수첩과 법무부 장관이 발급한 사증을 가진 자만이 입국하여 국내에 거류할 수 있는데, 국내에 거류하고자 하는 외국인은 입국한 날로부터 90일 이내에 그 거류지를 관할하는 출입국관리사무소장에게 거류신고를 한 후 그로부터 14일 이내에 거류지를 관할하는 시·군·구의 장에게 외국인등록을 하여야 하며, 시·군·구의 장은 외국인 등록대장과 외국인 등록표를 비치하고 외국인 등록사항을 기재하고, 외국인이 거류지를 변경할 경우에는 전 거류지의 관할 시·군·구의 장에게 전출신고를, 신 거류지의 관할 시·군·구의 장에게 전입신고를 하여야 한다.

외국인이 이 등록 또는 신고의무를 위반할 경우에는 벌칙에 처할 수 있는 것으로 규정하고 있는데(위 법 제 1·7·9·15·27·34·36·82·85조), 주민등록법에서 위임된 사항과 그 시행에 필요한 사항을 규정함을 목적으로 하여 제정된 주민등록법시행령 제6조에서 외국인의 주민등록에 관한 신고는 출입국관리법에 의한 거류신고로서 갈음하며, 외국인의 주민등록표는 출입국관리법에 의한 외국인등록표로서 갈음한다고 규정하고 있다.

따라서 외국인인 A로서는 위와 같이 출입국관리법에 의한 거류지변경신고를 함으로써 거래의 안전을 위하여 임차권의 존재를 제3자가 명백히 인식할 수 있는 공시의 방법으로 마련된「주택임대차보호법」제3조의 2, 제3조 제1항 소정의 주민등록을 마쳤다고 볼 수 있다.

▶ [참조]

주택임대차보호법 제3조 제1항, 제3조의 2 제2항,「출입국관리법」제36조,「주민등록법」제6조, 제1항, 같은 법 시행령 제6조,「서울민사지법」1993. 12. 16. 93가합73367

주택임대차보호법상 대항력

구 분	개념	성립요건	효력
대항력	소유자(주인)가 바뀌더라도 임대차의 존속기간 및 보증금을 반환받을 때까지 계속 거주할 수 있는 권리	1. 주민등록전입 2. 주택의 인도(입주)	보증금 전액에 대해 소유자, 양수인, 낙찰자에게 대항
우선변제권	후순위 권리자보다 우선해서 보증금을 변제(배당)받을수 있는 권리	1. 주민등록전입 2. 주택의 인도(입주) 3. 확정일자(주민자치센터)	보증금 전액을 순위에 따라 우선(배당) 변제 받음
최우선 변제권	소액보증금 중 일정액을 선순위 권리자보다 우선해서 변제(배당)받을 수 있는 권리	※ 경매개시결정기입등기전에 1. 주민등록전입 2. 주택의 인도(입주) 3. 확정일자(주민자치센터)	소액보증금에 해당 할 경우 일정액을 최우선적으로 변제(배당)받음. ※ 지역에 따른 소액보증금 요건에 적용

참조
대항력은 선수위인 임차인에게만 해당된다.
근저당등 말소 기준권리 이전에 대항요건을 갖춘경우(주민등록이전+주택의인도)에만 대항력을 갖게된다.
말소기준권리보다 후순위인 임차인은 대항력이 없다.
말소기준권리가 되는 등기
근저당권, 저당권, 압류, 가압류, 담보가등기(소유권이전), 경매개시결정기입등기

상가임대차보호법상 대항력

구 분	성립요건	비고
대항력	1. 건물의 인도(점유) 2. 사업자등록 신청	※ 대항력 취득→ 다음날(익일)부터 효력발생 ※ 사업등록 발급유무와 상관없이 사업자등록신청만 하면 보호받을 수 있음
우선변제권	1. 건물의 인도(점유) 2. 사업자등록 신청 3. 확정일자(관할세무소)	※ 해당지역 상가임대차보호법보증금액을 초과한 경우에는 확정일자를 갖추었다 할지라도 우선변제권을 행사할 수 없다(지역 적용금액 확인 중요)
최우선 변제권	1. 건물의 인도(점유) 2. 사업자등록 신청 3. 소액보증금에 해당할 것(지역) 4. 배당요구종기일 전에 배당요구신청	※ 대항력을 갖출 것(경매개시결정기입등기전) ※ 경매개시결정 기입등기 후에는 대항력을 갖추고 소액보증금에 해당하더라도 배당을 받을 수 없다.

제8장

법정지상권

우선 법정지상권을 이해하기에 앞서 지상권부터 이해해야 한다.

지상권이라 함은 타인 부동산을 이용할 목적으로 토지소유자와 지상권이라는 물권을 부동산등기부상에 설정하는 것으로, '약정지상권'이라 한다. 즉, 지상권 설정기간, 지료, 지상권의 성립범위 등을 쌍방 간 합의하여 이를 등기부상에 등기하기에 약정지상권이라고도 한다.

지상권은 약정에 의해 타인의 토지에 건물 기타 공작물이 수목을 소유하기 위하여 그 토지를 사용하는 권리로서 등기부 을구에 등기가 됨으로써 성립하는데, 법정지상권은 약정에 의하지 않고 일정한 요건을 갖추면 등기 없이 성립되기 때문에 권리분석에 어려움이 따른다. 강행규정이므로 법정지상권 성립을 배제하는 당사자의 특약은 무효이다.

법정지상권의 정의

1) 법정지상권 성립요건
첫째, 토지에 근저당권이 설정된 때에 건물이 존재해야 한다.
둘째, 토지와 건물의 소유자가 동일인이어야 한다.
셋째, 경매결과 토지와 건물소유자가 달라져야 한다.

2) 법정지상권의 성립시기와 등기 여부
법정지상권의 성립 시기는 낙찰자가 낙찰대금을 완납한 때이고, 이때로부터 최장 30년간 법정지상권이 유지된다. 그리고 법정지상권은 법률의 규정(민법 제366조)에 의한 물권 취득으로서 등기를 필요로 하지 않는다.

3) 존속기간
법정지상권의 존속기간에 대하여 판례는 기간의 약정을 하지 않은 지상권으로 보며, 기간의 약정을 하지 않은 지상권의 존속기간은 「민법」 제280조 제1항 규정의 최단기간으로 보아 석조·석회조·연와조 또는 이와 유사한 견고한 건물이나 수목의 소유를 목적으로 하는 때에는 30년, 그 밖의 건물의 소유를 목적으로 하는 때에는 15년, 건물 이외의 공작물 소유를 목적으로 하는 때에는 5년이 된다(대법원 92다4857 판결 참조).

[참고] 대법원 1992. 6. 9. 선고 92다4857 판결

법정지상권의 존속기간은 성립 후 그 지상목적물의 종류에 따라 규정하고 있는 「민법」 제280조 제1항 소정의 각 기간(① 석조·석회조·연와조 또는 이와 유사한 견고한 건물이나 수목의 소유를 목적으로 하는 때에는 30년, ② 전호 이외의 건물 소유를 목적으로 하는 때에는 15년, ③ 건물 이외의 공작물 소유를 목적으로 하는 때에는 5년)으로 봄이 상당하고, 분묘기지권과 같이 그 지상에 건립된 건물이 존속하는 한 법정지상권도 존속하는 것이라고는 할 수 없다.

4) 법정지상권의 범위

법정지상권이 성립될 경우, 법정지상권자의 토지사용권 범위는 건물의 대지에 한정되지 않고 건물의 유지 및 사용에 일반적으로 필요한 범위 내에서 건물의 대지 이외의 대지에도 미치는데, 예를 들어 지상의 창고가 법정지상권을 가진다면 창고로 이용하는 데 있어서 일반적으로 필요한 주변 토지까지 그 효력이 미친다(대법원 77다921 판결 참조).

[참고] 대법원 77다921

> 법정지상권이 미치는 범위는 반드시 그 건물의 기지만에 한하는 것이 아니며, 지상건물이 창고인 경우에는 그 본래의 용도인 창고로써 사용하는 데 일반적으로 필요한 그 둘레의 기지에 미친다.

5) 법정지상권의 종류

(1) 저당물의 경매로 인한 법정지상권(「민법」 제366조)

① 저당물의 경매로 인하여 토지와 그 지상건물이 다른 소유자에게 속한 경우에 토지 소유자는 건물소유자에 대하여 지상권을 설정한 것으로 인정한다.

② 강행규정: 저당권 설정당사자간의 특약으로 토지에 대하여 법정지상권을 배제하는 약정을 하더라도 그 특약은 효력이 없다(대판).

③ 성립요건

– 저당권설정 당시 토지에 건물이 존재(무허가·미등기건물도 인정, 재건축·개축·신축한 경우도 인정, 단, 공동저당권이 설정된 후 신축된 경우 불인정)할 것.

[참고] 대법원 2003.12.18 전원합의체 판결

> 동일인 소유의 토지와 그 기장 건물에 관하여 공동저당권이 설정된 후 그 건물이 철거되고 다른 건물이 신축된 경우, 그 신축건물의 소유자가 토지의 소유자와 동일하고 토지의 저당권자에게 신축건물에 관하여 토지의 저당권과 동일한 순위의 공동저당권을 설정해 주는 등 특별한 사정이 없는 한 저당물의 경매로 인하여 토지와 신축건물이 서로 다른 소유자에게 속하게 되면 「민법」 제366조 소정의 법정지상권이 성립하지 않는다.
> – 저당권설정 당시 토지와 건물이 동일소유자에게 속하고 있을 것
> – 토지와 건물 어느 한쪽에 저당권이 설정되어 있을 것
> – 경매결과 토지와 건물이 각각 소유자를 달리할 것

(2) 건물의 전세권과 법정지상권(「민법」 제305조)

「민법」 제305조는 "①대지와 건물이 동일한 소유자에 속한 경우에 건물에 전세권을 설정한 때에는 그 대지 소유권의 특별승계인은 전세권 설정에 대하여 지상권을 설정한 것으로 본다. 그러나 지료는 당사자의 청구에 의하여 법원이 이를 정한다. ②전항의 경우에 대지 소유자는 타인에게 그 대지를 임대하거나 이를 목적으로 한 지상권 또는 전세권을 설정하지 못한다."고 규정하고 있다. 건물에 전세권이 설정될 당시에는 토지와 건물의 소유자가 동일하였는데, 그 후 토지의 소유권이 변경된 경우에는 현재의 토지 소유자가 전세권이 설정될 당시의 건물 소유자에게 지상권을 설정해 준 것으로 본다는 것이다.

(3) 가등기담보 등에 관한 법률에 의한 법정지상권(「가등기담보등에 관한법률」 제10조)

「가등기담보법」 제10조는 "토지 및 그 지상건물이 동일한 소유자에게 속하는 경우에 그 토지 또는 건물에 대하여 제4조 2-2항의 규정(청산금의 지급과 소유권의 취득)에 의한 소유권을 취득하거나 담보가등기에 기한 본등기가 행하여진 경우에는 그 건물의 소유를 목적으로 그 토지 위에 지상권이 설정된 것으로 본다. 이 경우 그 존속기간 및 지료는 당사자의 청구에 의하여 법원이 정한다."고 규정하고 있다.

담보가등기 등이 설정될 당시에는 토지와 건물의 소유자가 동일하였는데 토지나 건물 중 하나에만 담보 등기가 설정되고 그 실행으로 토지와 건물의 소유자가 달라진 경우, 그 건물의 소유를 목적으로 그 토지 위에 지상권이 설정된 것으로 본다는 것이다.

(4) 입목의 경매 등으로 인한 법정지상권(「입목에 관한 법률」 제6조)

「입목에 관한 법률」 제6조는 "입목의 경매 기타 사유로 인하여 토지와 그 입목이 각각 다른 소유자에게 속하게 되는 경우에 토지 소유자는 입목소유자에 대하여 지상권을 설정한 것으로 본다."고 규정하고 있다.

토지와 입목이 동일한 소유자에게 속하고 있었으나 경매 기타 사유로 토지와 입목이 각각 다른 소유자에게 속하게 된 경우에는 토지 소유자는 입목 소유자에 대하여 지상권을 설정한 것으로 본다는 것이다.

(5) 분묘기지권과 법정지상권

자기 소유의 토지에 분묘를 설치한 자가 분묘에 관해서 별도 특약이 없이 토지만을 타인에게 처분한 때에 성립한다.

(6) 관습법상 법정지상권

판례는 "토지와 그 지상건물이 동일한 소유자에게 속하였다가 토지 또는 건물이 매매나 기타 원인으로 인하여 양자의 소유자가 다르게 된 때에는 그 건물을 철거하기로 하는 합의가 있었다는 등의 특별한 사정이 없는 한 건물 소유자는 토지 소유자에 대하여 그 건물을 위한 관습상의 지상권을 취득하게 되고, 그 건물은 반드시 등기가 되어 있어야만 하는 것이 아니고 무허가 건물이라고 하여도 상관이 없다."고 하여 관습법에 의한 법정지상권의 성립요건을 정하고 있다(1988. 4. 1287다카2404, 1991. 8. 13 선고 91다16631). 판례에 의하면, 관습법상의 법정지상권은 다음과 같은 요건을 갖추어야 성립한다.

첫째, 토지와 건물이 동일한 소유에 속하고 있다가 토지나 건물 중 어느 하나가 매매 또는 기타의 원인으로 처분되어 토지 소유자와 건물 소유자가 다르게 되어야 한다. 토지와 건물의 소유자가 각각 다르게 되는 원인으로 매매, 교환, 증여, 국세징수법에 의한 공매, 민사집행법에 의한 강제경매 등이 있을 수 있다.

둘째, 당사자 사이에 건물을 철거한다는 특약이 없어야 한다.

위와 같은 요건을 갖추었을 때에 성립하는 관습법상의 법정지상권은 관습법에 의하여 당연히 성립하는 것이므로 민법 제187조에 의하여 등기는 필요하지 않다고 할 수 있다. 따라서 건물 소유자는 이 법정지상권을 취득할 당시의 토지 소유자에 대하여서는 물론이고, 그로부터 토지소유권을 취득한 제3자에 대하여서도 등기 없이 관습법상의 법정지상권을 주장할 수 있다.

법정지상권 집중 분석

1) 나대지 상에 저당권 설정 후 건물 신축

토지만 경매 신청할 경우, 법정지상권은 성립되지 않는다.

① 토지 낙찰자는 주택양수인이 아니다.

[참고] 대법원 98다3276 판결

「주택임대차보호법」 제3조 제2항에서 말하는 임대인의 지위를 승계한 것으로 보는 임차주택의 양수인이라 함은 같은 법 제1조 및 제2조의 규정 내용에 비추어 보면 임대차의 목적이 된 주거용 건물의 양수인을 의미하고, 같은 법 제3조의2 제1항 이 같은 법에서 정한 대항 요건을 갖춘 임차인에게 경매 또는 공매에 의한 임차주택의 대지의 환가대금에서 후 순위 권리자들보다 보증금을 우선 변제받을 권리를 인정하였다고 하여도, 그 대지를 경락받은 자를 위에서 말하는 임차주택의 양수인이라고 할 수는 없다.

② 토지 및 건물 일괄경매신청에서 법정지상권은 논할 가치가 없다.

토지에만 근저당권이 설정되었더라도 지상건물이 채무자 명의로 소유권등기 되었을 경우, 토지근저당권자는 지상건물까지 일괄 경매신청 할 수 있으나, 토지근저당권자는 건물 경매대금에 대하여는 우선 변제받지 못한다[민법 제365조: 토지를 목적으로 저당권을 설정한 후 그 설정자(채무자)가 그 토지에 건물을 축조한 때에는 저당권자는 토지와 함께 그 건물에 대하여도 경매를 청구할 수 있다. 그러나 그 건물의 경매 대가에 대하여는 우선변제를 받을 권리가 없다]. 그리고 지상건물의 임차인은 토지 경매대금에 대하여 최우선변제권을 주장할 수 없다(대법원 99다25532 판결 참조).

[참고] 대법원 99다25532

임차주택의 환가대금 및 주택 가액에 건물뿐만 아니라 대지의 환가대금 및 가액도 포함된다고 규정하고 있는 「주택임대차보호법」 제3조의2 제1항 및 제8조 제3항의 각 규정과 같은 법의 입법 취지 및 통상적으로 건물의 임대차에는 당연히 그 부지 부분의 이용을 수반하는 것인 점 등을 종합하여 보면, 대지에 관한 저당권의 실행으로 경매가 진행된 경우에도 그 지상건물의 소액임차인은 대지의 환가대금 중에서 소액보증금을 우선 변제받을 수 있다고 할 것이나, 이와 같은 법리는 대지에 관한 저당권 설정 당시에 이미 그 지상건물이 존재하는 경우에만 적용될 수 있는 것이고, 저당권 설정 후에 비로소 건물이 신축된 경우에까지 공시방법이 불완전한 소액임차인에게 우선변제권을 인정한다면 저당권자가 예측할 수 없는 손해를 입게 되는 범위가 지나치게 확대되어 부당하다. 따라서 이러한 경우에는 소액임차인은 대지의 환가대금에 대하여 우선변제를 받을 수 없다고 보아야 한다.

2) 토지 및 건물이 공동담보였으나 건물 멸실 후 신축

① 토지만 경매신청할 경우, 법정지상권이 성립되지 않는다. 대법원 98다43601에 의하면, 토지와 건물을 공동으로 채권자에게 담보로 제공하였으나 그 후 건물을 멸실시키고 새로운 건물을 건축하였으며, 토지만 경매신청 되어 토지와 건물의 소유자가 달라졌을 경우, 법정지상권은 성립되지 않는다고 하였다. 이는 기존의 대법원 90다카6399, 92다9388, 92다20330, 2000다19007, 2000다48517 판결과는 배치된다.

[참고]

- **대법원 90다카6399 → 변경 : 대법원 98다43601 전원합의체 판결**

민법 제366조 소정의 법정지상권이 성립하려면, 저당권의 설정당시 저당권의 목적되는 토지 위에 건물이 존재해야 한다. 저당권설정 당시 건물이 존재한 이상 그 이후 건물을 개축·증축하는 경우는 물론이고, 건물이 멸실되거나 철거된 후 재축·신축하는 경우에도 법정지상권이 성립한다. 이 경우 법정지상권의 내 용인 존속기간, 범위 등은 구건물을 기준으로 하여 그 이용에 일반적으로 필요한 범위 내로 제한되는 것이다.

- **대법원 92다9388 → 변경 : 대법원 98다43601 전원합의체 판결**

동일소유자에 속하는 대지와 건물에 관하여 근저당권이 설정된 후 그 건물이 철거되고 제3자 소유의 새 건물이 축조된 경우에도 그 후 근저당권의 실행에 의하여 대지가 경락이 됨으로써 대지와 건물의 소유자가 달라지면, 위 대지에 새 건물을 위한 법정지상권이 성립된다. 다만, 이 경우 그 법정지상권의 내용은 구건물을 기준으로 하여 그 이용에 일반적으로 필요한 범위 내로 제한된다.

- **대법원 92다20330 → 변경 : 대법원 98다43601 전원합의체 판결**

민법 제366조의 법정지상권은 저당권설정 당시부터 저당권의 목적이 되는 토지 위에 건물이 존재할 경우에 한하여 인정되며, 건물 없는 토지에 대하여 저당권이 설정된 후 저당권설정자가 그 위에 건물을 건축하였다가 임의경매절차에서 경매로 인하여 대지와 그 지상건물이 소유자를 달리하였을 경우에는 위 법정지상권이 인정되지 아니할 뿐만 아니라 관습상의 법정지상권도 인정되지 아니한다.

- 대법원 2000다48517 → 변경 : 대법원 98다43601 전원합의체 판결

민법 제366조 소정의 법정지상권이 성립하려면 저당권 설정 당시 저당권의 목적이 되는 토지 위에 건물이 존재하여야 하는데, 저당권 설정 당시의 건물을 그 후 개축·증축한 경우는 물론이고, 그 건물이 멸실되거나 철거된 후 재건축·신축한 경우에도 법 정지상권이 성립한다. 이 경우 신건물과 구건물 사이에 동일성이 있거나 소유자가 동일할 것을 요하는 것은 아니지만, 그 법정지상권의 내용인 존속기간·범위 등은 구건물을 기준으로 하여야 할 것이다.

② 토지 및 건물 일괄경매신청에 대해서는 법정지상권을 논할 가치가 없다.

3) 지상에 건물이 있었으나 토지만 단독으로 근저당권 설정

① 토지만 경매 신청할 경우, 법정지상권이 성립된다.

② 토지 및 건물이 일괄경매 신청된 경우, 법정지상권을 논할 가치도 없다.

[참고] 구분지상권

- 지상·지하의 일정 부분에 영향을 미칠 수 있는 권리
- 지하 또는 지상의 공간 상하 범위를 정해 건물, 기타 공장물에 대한 사용권리
- 일반지상권과 달리 수목의 소유를 목적으로 할 수는 없음
- 경매사례 2013-19610수원지방법원 성남지원(존속기간:철도시설존치시까지)

법정지상권 판례 사례

1) 지료 지급에 대한 약정이 없는 경우: 대법원 95다52864

「민법」 제366조 단서의 규정에 의하여 법정지상권의 경우, 그 지료는 당사자의 협의나 법원에 의하여 결정하도록 되어 있는데, 당사자 사이에 지료에 관한 협의가 있었다거나 법원에 의하여 지료가 결정되었다는 아무런 입증이 없고 법정지상권에 관한 지료가 결정된 바 없다면, 법정지상권자가 지료를 지급하지 않았다고 하더라도 지료 지급을 지체한 것으로는 볼 수 없다. 따라서 법정지상권자가 2년 이상의 지료를 지급하지 않았다는 이유로 청구한 토지소유자의 지상권 소멸에는 이유가 없다.

2) 나대지 상에 근저당권 설정 후 건물 신축의 경우: 대법원 95마1262

건물 없는 토지에 저당권이 설정된 후, 저당권설정자가 그 위에 건물을 건축하였다가 담보권의 실행을 위한 경매절차에서 경매로 인하여 그 토지와 지상건물이 소유자를 달리하였을 경우에는, 「민법」 제366조의 법정지상권이 인정되지 아니할 뿐만 아니라 관습상의 법정지상권도 인정되지 아니한다.

3) 지상권자가 2년간 지료를 지급하지 않은 경우: 대법원 93다10781

① 관습상의 법정지상권에 대하여는 다른 특별한 사정이 없는 한 민법의 지상권에 관한 규정을 준용하여야 할 것이므로 지상권자가 2년분 이상의 지료를 지급하지 아니하였다면 관습상의 법정지상권도 "지상권자가 2년 이상의 지료를 지급하지 아니한 때에는 지상권설정자는 지상권의 소멸을 청구할 수 있다."는 「민법」 제287조에 따른 지상권소멸청구의 의사표시에 의하여 소멸한다.

② 「민법」 제283조 제2항에는 "지상권설정자가 계약의 갱신을 원하지 아니하는 때

에는 지상자는 상당한 가액으로 전항의 공작물이나 수목의 매수를 청구할 수 있다."고 되어 있다. 소정의 지상물매수청구권은 지상권이 존속기간의 만료로 인하여 소멸하는 때에 지상권자에게 갱신청구권이 있어 그 갱신청구를 하였으나, 지상권설정자가 계약갱신을 원하지 아니할 경우 행사할 수 있는 권리이다. 따라서 지상권자의 지료 연체를 이유로 토지 소유자가 그 지상권 소멸청구를 하여 이에 터잡아 지상권이 소멸된 경우에는 매수청구권이 인정되지 않는다.

[참고] 민법 제283조 제1항

지상권이 소멸한 경우에 건물 기타 공작물이나 수목이 현존한 때에는 지상권자는 계약의 갱신을 청구할 수 있다.

4) 토지 상에 근저당권이 설정될 당시 건축 중인 경우: 대법원 2003다29043
「민법」 제366조의 법정지상권은 저당권설정 당시 동일인의 소유에 속하던 토지와 건물이 경매로 인하여 양자의 소유자가 다르게 된 때에 건물의 소유자를 위하여 발생하는 것으로, 토지에 관하여 저당권이 설정될 당시 토지 소유자에 의하여 그 지상에 건물을 건축 중이었던 경우, 그것이 사회 관념상 독립된 건물로 볼 수 있는 정도에 이르지 않았다 하더라도, 건물의 규모·종류가 외형상 예상할 수 있는 정도까지 건축이 진전되어 있었고, 그 후 경매절차에서 매수인이 매각대금을 다 낸 때까지 최소한의 기둥과 지붕 그리고 주벽이 이루어지는 등 독립된 부동산으로서 건물의 요건을 갖추어야 법정지상권의 성립이 인정된다.

5) 법정지상권이 성립되는 건물을 낙찰받은 경우: 대법원 84다카1578
건물소유를 위하여 법정지상권을 취득한 자로부터 경매에 의하여 그 건물의 소유권을 이전받은 경락인은 경락 후 건물을 철거한다는 등의 매각조건하에서 경매되는 경우 등 특별한 사정이 없는 한 건물의 경락취득과 함께 위 지상권도 당연히 취득한다.

6) 동일인 소유의 토지와 지상건물에 대하여 공동저당권이 설정된 후 그 건물이 철거되고 다른 건물이 신축된 경우, 저당물의 경매로 인하여 토지와 신축건물이 서로 소유자가 달라진 경우 법정지상권 성립 여부: 대법원 98다43601

동일인의 소유에 속하는 토지 및 그 지상건물에 관하여 공동저당권이 설정된 후 그 지상건물이 철거되고 새로 건물이 신축된 경우에는 그 신축건물의 소유자가 토지의 소유자와 동일하고 토지의 저당권자에게 신축건물에 관하여 토지의 저당권과 동일한 순위의 공동저당권을 설정해 주는 등 특별한 사정이 없는 한, 저당물의 경매로 인하여 토지와 그 신축건물이 다른 소유자에 속하게 되더라도 그 신축건물을 위한 법정지상권은 성립하지 않는다고 해석해야 한다. 그 이유는 동일인의 소유에 속하는 토지 및 그 지상건물에 관하여 공동저당권이 설정된 경우에는, 처음부터 지상건물로 인하여 토지의 이용이 제한받는 것을 용인하고 토지에 대하여만 저당권을 설정하여 법정지상권의 가치만큼 감소된 토지의 교환가치를 담보로 취득한 경우와는 달리, 공동저당권자는 토지 및 건물 각각의 교환가치 전부를 담보로 취득한 것으로서, 저당권의 목적이 된 건물이 그대로 존속하는 이상은 건물을 위한 법정지상권이 성립해도 그로 인하여 토지의 교환가치에서 제외된 법정지상권의 가액 상당 가치는 법정지상권이 성립하는 건물의 교환가치에서 되찾을 수 있다. 이에 따라 궁극적으로 토지에 관하여 아무런 제한이 없는 나대지로서의 교환가치 전체를 실현시킬 수 있다고 기대하지만, 건물이 철거된 후 신축된 건물에 토지와 동순위의 공동저당권이 설정되지 아니 하였는데도 그 신축건물을 위한 법정지상권이 성립한다고 해석하게 되면, 공동저당권자가 법정지상권이 성립하는 신축건물의 교환가치를 취득할 수 없게 되는 결과 법정지상권의 가액 상당 가치를 되찾을 길이 막혀 위와 같이 당초 나대지로서의 토지의 교환가치 전체를 기대하여 담보를 취득한 공동 저당권자에게 불측의 손해를 입게 하기 때문이다.

• 공동저당: 토지 및 건물 전부에 대하여 근저당권을 설정하였으나 근저당권이 설정된 건물을 멸실시키고 새로운 건물을 건축하였는데, 근저당권자가 토지 근저당권을 실행하여 토지와 건물의 소유자가 달라졌을 경우 법정지상권은 인정

되지 않는다.

- 단독저당: 토지 상에 건물이 있는 상태에서 토지에만 근저당권을 설정하였고, 그 후 지상건물을 멸실시키고 건물을 신축하였는데, 토지 근저당권자가 토지만 경매신청하여 토지와 건물의 소유자가 달라졌을 때에 법정지상권은 인정된다고 보아야 한다. 그러나 구건물과 신건물 간의 규모나 구조상 차이가 많이 날 경우, 하급심(대구지방법원 90나5472 참조)은 법정지상권을 인정하지 않았다.

[참고] 대구지방법원 90나5472

동일한 소유에 속하던 대지와 구건물에 관하여 근저당권이 설정된 다음에 소유자가 구건물을 철거하고 신건물을 건축한 후 저당권의 실행으로 대지와 신건물의 소유자가 다르게 된 경우, 신건물 소유자는 대지에 관하여 건물소유를 위한 법정지상권을 취득하나 그 존속기간이나 범위는 구건물을 기준으로 하여 그 이용에 필요한 범위 내로 제한된다. 그런데 구건물은 목조초즙 단층 건물로 견고하지 아니한 건물이었을 뿐만 아니라 건물 넓이도 20.36㎡로서 좁은 것이었음에 반하여, 신건물은 시멘트벽돌조/슬래브지붕으로서 견고한 건물이고, 건물 넓이도 1층 38.3㎡, 2층 32.4㎡이므로, 구건물을 기준으로 하여 신건물을 위한 법정지상권의 범위를 정할 때 신건물의 1층 건평만 해도 구건물의 것보다 거의 두 배나 되고 구건물이 단층인 데 비해 신건물은 2층도 있다. 이는 명백히 구건물을 위해 인정된 법정지상권의 용법을 크게 위반한 것이 되고, 이런 경우에 위 법정지상권을 그 원래의 용법에 따라 사용하는 방법은 결국 신건물 중 구건물을 초과하는 부분을 철거하는 도리밖에 없으므로, 신건물 소유자가 신건물을 철거하고 원래의 용법에 따라 사용을 하지 아니한다면 대지 소유자는 「민법」제544조(당사자 일방이 그 채무를 이행하지 아니하는 때에는 상대방은 상당한 기간을 정하여 그 이행을 최고하고 그 기간 내에 이행하지 아니한 때에는 계약을 해제할 수 있다)에 의하여 그 용법 위반을 사유로 위 법정지상권의 소멸을 청구할 수 있다.

제9장

유치권

유치권이란 법정담보물권이며, 타인의 물건 또는 유가증권을 점유하는 자가 그 물건 등에 생긴 채권을 가진 경우에 그 채권을 변제받을 때가지 그 목적물을 유치할 수 있는 권리를 말한다.

부종성(附從性)·수반성(隨伴性)·불가분성은 있으나 물상대위성은 없고, 점유로써 공시되므로 등기가 필요 없다. 유치권은 공평의 원리에 입각하고 있다는 점에서 쌍무계약에서의 동시이행의 항변권과 비슷하지만, 그 발생원인 성질·주장범위·요건·내용·효력 등에서 매우 다르다.

유치권자는 채권의 변제를 받을 때까지 목적물의 점유를 계속하면서 인도를 거절할 수 있다. 유치권자는 유치물의 경매권이 있으며, 법원에 청구하여 유치물로 직접 변제에 충당하는 간이변제충당권을 행사할 수 있다. 그리고 유치권자는 우선변제권은 없으나, 경락인 등이 목적물을 인도받으려면 유치권자에게 변제하여야 하므로 사실상 우선변제를 받는 결과가 된다. 유치권자는 별제권(別除權)을 가진다.

유치권의 정의

1) 유치권의 성립요건(민법 320조)

① 채권은 타인의 건물 또는 토지의 목적물(유가증권·동산·부동산)이어야 한다.

② 그 건물 또는 토지를 적법하게 점유하고 있어야 한다(직접·간접).

③ 채권은 그 토지나 그 건물에 대해 직접 생긴 채권이어야 한다.

④ 채권의 존재와 변제기가 도래해야 한다.

⑤ 유치권 성립을 배제하는 특약이 없어야 한다.

2) 유치권의 법정 성질

① 타인의 물건 또는 유가증권 점유한 자(물건 일부에 대한 유치권도 성립할 수 있다.)

② 타인의 건물 또는 토지의 목적물에 대한 채권을 가진 자

③ 타인의 건물 또는 토지의 목적물에 대한 채권을 변제받기까지

④ 우선변제권 없이 유치하여 인도를 거절할 수 있는 권리로

⑤ 인도에 불응할 수 있으며, 법정담보물권으로 등기도 필요 없고

⑥ 유치권 경매신청이 가능하다(유치권 경매신청 시 토지만 경매로 나온 경우 건물의 유치권 자가 토지까지 형식적 경매로 집어넣을 수 있는지 확인이 필요하며, 유치권자는 경매청구권을 가지지만 그 매각대금으로부터 우선변제를 받을 권능을 가지지는 않는다).

⑦ 경락자는 유치권의 피담보채권을 변제할 필요가 없다.

⑧ 물상대위가 인정되지 않으므로 추급효가 없지만, 파산 별제권은 있다(화재·재 해로 사라지면 끝).

3) 유치권의 성립요건

(1) 점유

점유는 직접점유, 간접점유를 불문한다. 단, 사실상의 점유를 해야 한다. 목적물건을 개문하고 목적물에 입실하여 일시적으로라도 점유를 상실하면, 유치권자의 점유는 깨진다. 점유가 깨지면 유치권은 없다. 시간을 끌면 유치권자도 지치기 때문에 시간을 끌면 유리하다는 결론이 나올 법하나 '점유회복의 소'라는 것이 있다. 그러면 이것은 유치권자의 주장 법리가 된다.

「민법 2제204조」에 보면 1항에 점유자가 침탈당했을 경우에 점유회복의 소로 할 수 있으나 2항에 보면 특별승계인에게는 할 수 없다. 이에 따라 특별승계인인 낙찰자는 해당되지 않는다. 그러나 악의일 때는 1년 이내에 행사할 수 있다는 단서 조항이 있다. 악의가 아닌 선의의 침탈로 가장할 수 있는 방법은 모조리 생각해서 해야 한다.

 풀어보는 유치권 점유에 관한 명도 Check Point

1. 세콤이나 경비업체의 점유를 하고 있으면 점유하고 있는 것이다.
2. 점유하고 있는 물건의 선관주의 의무가 있어서 침수 화재 등등 물건이 손실되면 배상해야 한다.
3. 사람이나 경비원이 없는 주택·상가 등을 개문하고 들어가기 전에 사진을 찍어 두고, 증인 입회하에 사진을 찍어 둔다. 고소하면 물이 열려 있었다고 하며 사진을 보여 준다(단, 개문 따고 들어갔는데 유치권자의 집기나 물건이 있으면 점유가 존속되기 때문에 개문하는 행위는 물건이 없는 경우에만 하는 게 바람직하다).
4. 직접점유는 당연히 된다.
① 단, 간접점유일 경우가 문제다. 다가구 등의 물건에서 임차인이 있으면 유치권자가 점유하지 않는다는 이유로 유치권 점유가 깨졌다고 한다(소유자가 임대를 내놓았을 경우 등이 그렇다. 유치권 주장하는 견련체의 목적물의 소유자에 따라 주장).
② 유치권자도 유치권 주장자의 지인을 통해서 점유하는 경우를 종종 본다. 공사업자가 터파기를 하고 H빔을 연결하여 1~2층을 공사하다 경매가 진행되려는 조짐이 보이거나 준공 전까지 지붕을 덮는 공사까지 마쳤다. 이때, 소유자가 대물로 줘서 저당권을 인수하고 공사업자가 받고 친인척에게 등기를 낸 후, 이 물건이 선순위 경매에 나온다. 대물로 이미 공사대금을 받았다면, 유치권은 인정되지 않는다.
③ 유치권 주장 이후에 월세나 전세금 등 금전적 거래나 수익이 발생했다면, 유치권은 깨진다. 유치권은 보전의 의미일 뿐, 사용을 통한 수익이 발생하면 즉시 소멸하며, 상가는 영업을 하면 유치권이 소멸된다.
④ 임차인 소유주에게 공사대금 청구는 인정되지 않는다. 인테리어, 리모델링 필요비, 유익비는 고가재료가 아닌 최소한의 비용의 단서가 붙은 건축비만 인정된다.
⑤ 건축업자는 임차인에게 유치권 주장 가능
• 현 채무자 이전 소유자와의 관계에서 발생한 유치권 → 유치권 성립 안 됨
• 타인(도급과 수급관계), 남의 물건, 소유자가 아닌 도급자가 소유자에게 신탁 받은 수급인 → 유치권 성립
• 상가 임대인이 임차인에게 공사시켜 놓고 대금을 갚지 않은 공사대금 → 유치권 성립
• 토지 소유자가 건물공사 관리자에게 시켜 공사수급인이 공사를 하는 경우 → 유치권 성립

(2) 정당

① 경매개시등기일이 지나고 점유를 한 다음 유치권을 주장한다. 감정평가서에 기입되지 않은 상황에서 불법 점유를 하고 있는 경우가 있지만, 결론적으로 유치권은 성립되지 않는다.

② 동업관계에 있어서 건물을 지어 놓고 유치권 주장을 할 경우, 소유주이기 때문에 유치권은 인정되지 않는다.

③ 건물 소유자의 공사업자라야 유치권이 인정된다. 임차인이 내부시설 인테리어 등을 하다가 도산했을 때 유치권을 주장하는 공사업자에게는 유치권이 성립되지 않는다.

④ 담보가치 및 저당권금액이 너무 많은 상황에서 공사대금을 또 청구하면, 신의성실 원칙에 위반되는 것으로 보아 유치권 성립을 부정한다.

(3) 변제기간 도래

① 공사대금을 대물로 받고 다른 지인에게 이전하고, 선순위가 경매신청해서 넘어가 싸게 낙찰될 경우 공사업자는 대물로 받았으므로 유치권이 인정되지 않는다.

② 변제기간에 있어야 하는데 변제기일이 도래하지 않으면 유치권이 인정되지 않는다. 공사업자가 유치권 신고서나 대금 지급을 공사 완료 시에 한다는 특약으로 공사가 중단됐으면 인정되지 않는다. 실무상 이런 경우는 드물다. 자금 및 공사업자의 재정상 경매 개시되는 것이 다반사다. 그러나 공사는 계속 해나가면 향후 변제기일이 도래하고, 이렇게 될 경우 유치권을 인정하는 판례가 있다.

(4) 견련

① 채권은 목적물에 관해서 발생한 것이어야 한다. 채권의 담보를 위한 담보물권으로서 임대차 및 공사대금, 임대인이 건물 시설을 정비하지 않아 임차인이 임차목적물을 임차 목적대로 사용하지 못하는 것에 대한 손해배상청구권은 건물

에 관하여 생긴 채권이 아니므로 유치권을 행사할 수 없다. → 임대차

② 유익비로 인정될 수 있는 경우, 원상회복 특약이 부존재하며, 통상 입찰을 무효로 하고 항고를 해도 소용없으며, 경매는 재감정을 통해 진행한다. 재감정 시 유익비가 가산되어 감정가격이 높아지면, 유익비 주장자는 배당을 통해 변제받는다. 단, 유치권을 주장하면 한 푼도 받지 못한다. 배당종기일 이전에 신청하면 우선배당 해 주는데, 가짜이면 임차인이 주장하지 않는다. 유치권 신고가 되어 있는 경매 물건은 대출이 안 되고 인도명령이 떨어질 때까지 기다려야 하며, 기일에 따른 수익과 연관되기에 잘 계산해야 한다.

③ 재산가치가 증대되어야 한다. 절토해서 방치하면 유치권을 주장하기 힘들다. 현재 점유한 물건에서 채권관계가 존재해야지, 다른 물건에서 존재하는 채권을 신청하면 성립되지 않는다.

④ 영업을 하기 위해 임차인이 수리·개보수·리모델링·인테리어 한 것에 대해서는 유치권이 성립되지 않는다. 주거·보일러·장판·소액 등 합의로 판사가 이끈다. 작은 금액의 임차인의 영업을 위한 수선비용은 물론이거니와, 새시(sash) 공사도 인정받을 수 없다. 하지만 사안별로 다르기 때문에 유의해야 한다.

⑸ 특약의 부존재

원상회복은 임차인과의 문제이다. 공사업자와 유치권 포기각서를 쓰고 자금을 빌려 공사를 하는 분양업자들이 주로 해당, 터파기해놓은 토지를 다시 메우라고 요청한다. 그리고 만일 하지 않을 경우, 손해배상을 청구한다. 감정가의 유추적용을 잘해서 근거를 마련해 놓아야 한다.

4) 유치권의 성립 유무

⑴ 유치권자의 점유(99%가 필요비와 유익비에 해당)

임차인이 유치권 신청하는 경우는 필요비, 유익비, 공사대금, 채권 가운데 필요비

와 유익비를 정확하게 알고 있어야 한다. 이를 위해서는 현저한 건물의 가치 증가를 의한 공사 유무를 엄밀히 따져 보아야 한다.

새시(sash), 보일러관 시설, 방에 벽을 하나 더 넣을 경우는 유익비가 되고, 도배나 장판, 보일러 교환 등은 성립되지 않는다. 유익비에 해당하는 새시(sash)나 보일러관 시설에 유치권을 신청했다면, 인도명령을 신청할 때 유익비가 아니라는 것을 같이 첨부해야 한다. 그냥 서류만 접수하여 법원에 제출하면 100% 인도명령이 안 나올 수도 있다.

즉, 사람들이 유치권이라고 생각하기 때문에 안 나가고 있으면 유치권대상, 즉 유익비의 대상이 아니라는 것을 법원에 증빙 설명을 해 줘야 한다.

(2) 물건에 관한 생긴 채권

(3) 채권이 변제기에 도래

(4) 유치권을 배제하는 특약

이를 알기 위해서는 계약서를 살펴봐야 한다. 특약이 있다면, 위 네 가지 다 성립되지 않으므로 인도명령서를 내달라고 요청하면 된다.

⋯▸ 시효기간은 3년으로, 공사대금 채권의 유치기간이다.

[참고]

1. 건물
① '최소한 기둥과 지붕 그리고 주벽'이 완성되어야 독립한 소유권의 객체라 본다(대법원 94다53006판결).
② 토지만 일정 부분 정리가 되어 있으면 토지의 부합물로 유치권 성립이 안 된다. 경매물건 중 토지만 정리하고 나서 그곳에 유치권 행사 중이라고 나오는 것은 대부분 100% 다 거짓이고 유치권이 성립되지 않는다.
③ 토목공사만 하고 유치권 행사 중이라고 해도 100% 유치권 성립이 안 된다.
④ 축사는 건물이다.
[대법원 판례] 수급인(공사업자)의 재료와 노력으로 건축되었고, 독립한 건물에 해당되는 기성부분은 수급인의 소유라 할 것이므로 수급인은 공사대금을 지급받을 때까지 이에 대하여 유치권을 가질 수 없다. → 안되는 이유는 아직 자기(공사업자) 소유이기 때문이다.

2. 유치권 부존재 확인의 소
① 판사에게 유치권이 존재하지 않는 권원을 확인해 달라는 것이다.
※ 점유 사실 확인서: 돈을 못 주는 대가로 이 건물은 점유해도 좋다는 확인서. 경매개시결정 이후 점유는 인정 못 함.

② 점유에는 직접점유와 간접점유가 있다. 간접점유에서는 가족은 인정한다.

[사례] 공사대금 대신에 아파트를 받기로 한 경우가 있다. 공사대금 대신에 갑은 아파트 101, 102, 103호를, 을은 201호를, 병은 301호를 각각 받기로 한 후, 점유하게 되었다. 그런데 경매가 들어와서 갑이 직접점유하다가 주인의 동의 없이 간접점유로 세를 놓으면, 갑은 점유가 사라진다. 이런 경우는 유치권이 성립되지 않는다.

※ 건축주의 동의가 없는 경우는 부당이득금으로 돌려줘야 한다.

③ 유치권자가 이기면 판사의 판결이 중요하다.

[사례] 유치권자 김경매는 유치권 신고금액 금 ○○원을 전액 다 변제받고 건물을 인도하라.

④ 대금청구권도 없고 단지 유치만 할 수 있는 권리다.

[사례] 갑이 건축해서 소유권을 가지고 있다. 을에게 매도하여 을에게 소유권을 이전한 상황에서 경매가 진행될 때, 만일 갑이 불량한 의도로 유치권을 신청하면 자기 소유의 것은 유치권 신고가 안 된다.

3. 실무적인 유치권신고확인서 보는 방법

위임장을 작성하여 이해관계인 한 명의 이름을 적고, 위임받는 사람 이름에는 내 이름을 적은 후, 유치권확인 신고서를 하나 복사해 달라고 한다.

유치권 체크리스트

항목	내용	성립	근거규정
견련성	공사대금(하수급인)채권, 공사대금 지연손해금 채권	○	
	임차보증금, 상가권리금	×	
	건물 신축위한 사정공사 대금	×	
	설계 · 감리용역대금	×	
	부속물 매수대금, 대여금, 매매대금채권	×	대법77다115
	압류 전 공사개시 압류 후 공사완성	×	
	터파기 · 흙막이 공사 전체 건축공사 일부로 견련성 부정	×	광주고법2010나448
	자재 납품대금은 견련성 인정	○	대구고법2005나4643
	명의신탁 자의 명의 수탁자에 대한 부당이득 반환청구권		대법2008다34828
	분담금채, 권리비, 등록세, 등기비용 등	○	서울중앙2009가합49365
	철거공사 대금으로 토지매수인 대항불가	−	대구고법2011나819
	조경공사, 포장공사, 싱크대 등 주방시설, 신발장	×	
	물품대금채권(레미콘대금)으로 견련성 부정	×	광주고법2010나2553
점유	타인 부동산점유	○	민법320조
	채무자를 통한 간접점유	×	대법2007다27236
	부동산 현황조사 당시 점유	○	
	안내문 부착, 가끔 점유	×	서울고법2008나42036
	압류 이후의 점유	×	대법2006다22050
	점유횟수의 소제기 1년 이내인지	−	
	유치권은 점유의 상실로 소멸	×	민법328조
	채무자와 소유자 동의 없는 임대	×	민법324조2항
	점유개시 당시 적법한 점유, 나중 권원소멸 계속 점유	×	부산고법2007나14087

	선점유·후변제기 도래	×	대법2011다55214
	공동점유	○	
	점유상실	−	민법328조
특약	채권은 성립하면서 유치권 포기	×	
	유치권 포기각서	×	
	이미 성립한 유치권 포기	×	
	원상복구 약정	×	
	당사자 아닌 하수급인	○	
	매수인도 포기특약 주장 가능	−	수원2009가단5267
	유치권 포기는 의사표시만으로 가능	−	
기타	소멸시효(3년)	−	민법163조
	소유자의 승낙 없는 유치권자의 임대차	×	민법324조2항, 대법2002마3516
	유치권자가 타인에게 임대(무상포함)	−	대법2005다57523
	타 담보 제공	−	민법327조
	선급금 없고 기송고 따른 약정금 없이 거액공사	−	광주고법2006나4280
	도급인 수급인 공사관련 세금신고 없음	×	광주고법2006나4280
	대물변제	−	부산고법2006나11180
	경매절차의 개시는 채권의 변제기 도래로 봄	−	서울고법2006나59825
	유치권자 전세보증금 수령 시 부당 이득액	−	대법2009다32324
	법정지상권이 성립하지 않는 건물의 유치권	×	대법87다카3073

3

유치권 판례 사례

1) 필요비·유익비 인정 판례

① 주택 임차인이 고장 난 기름보일러를 수리하는 대신 가스보일러로 교체 시설하여 지출한 비용을 필요비·유익비 등의 비용 상환청구권에 의한 배당요구를 하여 배당받은 사례(서울지방법원 본원 1999.4.29.)

② 주택의 임차인이 집 앞 통로의 포장비용을 지출하여 비용 상환청구권에 기한 배당요구를 하여 유익비로 배당받은 사례(인천지방법원 1998. 11. 24)

2) 비용상환 청구가 인정되지 아니하여 배당받지 못한 사례

① 주택 임차인이 방바닥의 균열로 인한 연탄가스 중독의 위험을 예방하기 위하여 방바닥 수선을 위해 지출한 비용은 임차인 통상의 수선 및 관리의무에 포함된다고 하여 배당하지 아니한 사례(대법원 1978.1.24.77도3465).

② 임차인이 다방 경영에 필요한 시설을 하기 위하여 지출한 비용은 임대인이 상환의무를 지는 필요비·유익비에 해당하지 아니한다(대법원 1968.12.17.68다1923).

⋯→ 사안별로 적용하는 사항이 그때마다 다른 관계로 법적근거 사항은 판례사례를 참조하여야 한다.

3) 건물의 점유가 적법한 유치권행사로 인정되는 실례

유치권 판례 모음 "사건의 표시 대법원 1967.11.28. 선고 66다2111 손해배상"

[판시사항] 건물의 점유가 적법한 유치권행사로 인정되는 실례

[판결요지] 기초공사 벽체공사 옥상스라브공사만이 완공된 건물에 전세금을 지급하고 입주한 후 소유자와 간에 위 건물을 매수하기로 합의하여, 자기 자금으로 미완성 부분을 완성한 자는 위 건물에 들인 금액 상당의 변제를 받을 때까지 위 건물

의 제3취득자에 대하여 유치권을 행사할 수 있다.

[참조법령] 민법 제320조, 제325조

[전문] 1967.11.28. 66다2111 손해배상

- 원고 · 상고인: 김진덕 외 1명
- 피고 · 피상고인: 서만순
- 원심판결: 제1심 서울 민사지방, 제2심 서울 민사지방
- 이유: 편의상 제2점부터 본다. 원심이 적법히 확정한 사실에 의하면 다음과 같다. 즉, 본건 건물(서울 ○○구 ○○동 55의 2 지상)은 본래 소외인 한정팔의 소유건물인데, 이 소외인이 위 건물을 건축할 때 기초공사, 벽체공사, 옥상스라브공사만을 완성하고 나머지 부분에 대한 공사를 하지 않은 채 이것을 1962년 11월 21일 피고에게 전세금 250,000원에 대여하였다. 피고는 위 건물을 전세로 든 뒤 이 건물이 공장으로 사용하는 데 유용하고, 시장도 가까운 것을 고려하여 장차 이 건물을 피고가 매수하기로 위의 한정팔과 합의가 되어서 위 건물의 미완성 부분을 자기 자금으로 완성시켰고, 이때에 피고가 들인 돈이 507,000원 상당이었다 한다. 사실이 위와 같다면 피고가 타인의 물건을 점유하면서 이 물건에 관하여 받을 채권(507,000원)을 취득한 것이요, 따라서 피고는 변제기에 있는 이 채권의 변제를 받을 때까지 이 물건을 유치할 수 있다 할 것이다. 그리고 위에서 본 바와 같이 피고가 본건 건물에 관하여 들인 돈은 피고가 적법하게 본건 건물을 점유하고 있는 동안에 들인 것이므로 유치권의 성립에 아무러한 영향이 없다. 논지는 피고와 위의 한정팔이 본건 건물을 공동 건축하여 피고가 사기로 한 셈이 되므로, 피고는 한정팔에 대하여서만 그 청산 잔금을 청구할 수 있고, 이미 이 건물이 한정팔의 소유로 보존등기가 되고, 이것이 다시 소외인 이신애에게 이전되고 다시 이것을 원고들이 이신애로부터 경락 취득한 경우에 있어서는 피고는 본건 건물의 점유자로서 제3취득자인 원고들에게 대하여 유치권을 주장할 수 없다 하나, 이미 위에서 판단한 바와 같이 피고의 한정팔에 대한 507,000원의 채권은 본건 건물에 관하여 발생한 것이므로 피고를 위하여 유치권이 발생한다고 보는 것이 상당하다.

이처럼 피고가 본건 건물을 점유하고 있는 것이 유치권에 의한 것이라면 피고가 원고들의 명도청구에 대하여 불응하였다 할지라도 원고들에게 불법행위를 가한 것이라고는 볼 수 없다. 즉, 원고들이 본건 부동산을 제3자에게 전매하였다가 약정 기일 안에 명도의무를 이행하지 못하여 가사 원고주장대로 65,000원의 손실을 보았다 할지라도 이러한 손해가 피고가 부당하게 본건 건물을 점유하고 이것을 내주지 아니한 탓이라고는 말할 수 없는 것이다.

4) 가옥명도청구사건

[판시사항] 불법점유자의 유치권 항변

[판결요지] 원인무효인 보존등기를 경료하고 있는 자로부터 그 부동산을 임차한 사람은 정당한 소유자가 위 등기의 말소소송을 제기하여 승소 확정한 후 자기가 그 소유자임을 고지받았다면 그 이후부터 불법 점유자가 되고, 따라서 현재의 소유자에게 그 이후의 수리비로써 유치권 항변을 할 수 없다.

[참조법령] 민법 제320조

[원심판례] 서울지방법원 69가64

[전문] 1970.4.29. 69나1994 가옥명도청구사건

- 원고·항소인: 김연희
- 피고·피항소인: 진종범
- 원심판결: 제1심 서울민사지방법원(69가64 판결)
- 주문: 원판결을 다음과 같이 변경한다. 피고는 원고에게 서울 ○○구 ○○동 201의 17 및 같은 202의 2 양지상 세멘부록조와즙 평가건 주택 1동 건평 8평 3홉 3작을 명도 하라. 소송비용은 1,2심 모두 피고의 부담으로 한다. 제2항에 한하여 가집행할 수 있다.
- 청구 및 항소취지: 주문과 같다.
- 이유: 주문에 적힌 건물은 원고의 소유인데, 피고가 이를 점유하고 있음은 당사자 사이에 다툼이 없으므로 피고가 이를 적법하게 점유할 수 있다는 권원에 대

한 주장 및 입증이 없는 한, 이의 명도를 구하는 원고의 본소 청구는 그 이유가 있다고 할 것이다. 그런데 피고는 피고가 본건 건물의 전 소유자로부터 전세금 100,000원을 내고 전세 입주하였으니 위 전세금을 반환받지 않는 한 위 건물을 명도 하여 줄 수 없다고 항변하나, 피고가 전세권 등기를 하지 않았음은 피고가 이를 자인하는 바로 서 등기되지 않은 전세권자는 새로운 소유자에게 전세권을 주장할 수 없다고 할 것이니 피고의 이 항변은 이유 없다고 할 것이다.

다시 피고는 피고가 위 건물에 입주하고 있으면서 121,960원을 들여 위 건물을 수리하였으니 위 수리비를 지급받기 전에는 위 건물을 명도 하여 줄 수 없다고 유치권 항변을 하고 있으므로 살피건대, 원심증인 손안식 및 동인의 증언에 의하여 진정 성립이 인정되는 을 1 내지 8호증(각 청구서 및 영수증)의 기재 내용에 의하면 피고는 1967년 10월경부터 1968년 7월 초순경까지 수리비 123,960원을 들여 윗집을 수리한 사실을 인정할 수 있으나 당심 증인 민경수의 증언에 성립에 다툼이 없는 갑 제1호증(등기부등본), 동 제5호증(판결)의 기재 내용을 종합하면, 피고는 1966. 경 당시 등기부상 소유명의자인 소외 김재옥에게 전세금 110,000원을 내고 입주하였으나(등기 없는) 동 소외인 명의의 등기(보존등기)는 원인무효로서 정당한 소유자인 소외 민세기가 위 소외 김재옥을 상대로 위 등기의 말소소송을 제기하여 승소의 확정판결을 받아 소외 김재옥은 그 소유권을 상실한 사실, 소외 민세기는 1967년 3월경 판결을 받은 후 피고에게 자기가 본건 건물의 소유자임을 고지하면서 여러 번 위 건물의 명도를 요구한 사실 등을 인정할 수 있으니, 피고는 1967년 3월 이후 부터는 본건 건물을 불법점유하고 있다고 할 것이며, 따라서 피고는 그 이후의 수리비로서 현재의 소유권자인 원고에게 유치권 항변을 할 수 없다고 할 것이니 피고의 이 항변 역시 그 이유가 없다고 할 것이다.

따라서 원고의 본소 청구는 이유 있어 이를 인용할 것인바, 이와 일부 결론을 달리하는 원심판결은 위 범위 내에서 부당하여 변경을 면치 못할 것이므로 민사소송법 제385조에 의하여 이를 변경하고 소송비용의 부담에 관하여는 민사소송법 89조, 96조를, 가집행선고에 관하여는 동법 199조를 적용하여 주문과 같이 판결한다.

4 유치권 물건 사례 분석

1) 아파트 1개 호실에 대한 유치권 신청

서부6계 2008-14639 홍은동 아파트

 지지옥션

소 재 지	서울 서대문구 홍은동 277-145 교수 6층 601호 [도로명주소]				
경 매 구 분	임의경매	채 권 자	국민은행		
용 도	아파트	채무/소유자	최재석/박지은	낙 찰 일 시	09.11.04 (256,132,000원)
감 정 가	350,000,000 (08.10.22)	청 구 액	162,848,046	종 국 결 과	09.12.18 배당종결
최 저 가	179,200,000 (51%)	토지총면적	40.56 ㎡ (12.27평)	경매개시일	08.09.22
입찰보증금	10% (17,920,000)	건물총면적	100.44 ㎡ (30.38평)[40평형]	배당종기일	08.12.19
조 회 수	• 금일 1	공고후 403	누적 1,270	• 5분이상 열람 금일 0	누적 0
주 의 사 항	• 유치권 [특수件분석신청]				

관리비미납 • (번호확인안됨) (2009.03.26 현재)

소재지/감정서	물건번호/면적(㎡)	감정가/최저가/과정	임차조사	등기권리
120-100 서울 서대문구 홍은동 277-145 교수 6층 601호 **감정평가정리** - 홍연초등교통측인근 - 주변소규모공동및일반주택등혼재 - 진입로노폭협소,경사급한관계제반차량진출입불편,교통사정보통 - 도시가스개별난방 - 사다리형급경사지 - 남동측4m도로접함 - 도시지역 - 1종일반주거지역 - 도로(사도)저촉 - 대공방어협조구역 - 정비구역 - 공부상도면참조,사용자편리의해수선된부분사실과다소상이할수있음 2008.10.22 서울감정	물건번호: 단독물건 대지 40.56/638 (12.27평) ₩224,000,000 (0.445/7 박지은 지분) 건물 100.44 (30.38평) (40평형) 방3,욕실2 - 총7층 - 보존:2006.08.07 남향,계단식	감정가 350,000,000 • 대지 140,000,000 (40%) (평당 11,409,943) • 건물 210,000,000 (60%) (평당 6,912,442) 최저가 179,200,000 (51.2%) **경매진행과정** ① 350,000,000 2009-04-08 유찰 ② 20% 280,000,000 2009-05-13 유찰 ③ 20% 224,000,000 2009-06-17 유찰 ④ 20% 179,200,000 2009-07-22 변경 ④ 179,200,000 2009-11-04 낙찰 낙찰자 전형근 응찰수 5명	**법원임차조사** 박욱석 전입 2008.05.29 주거/전부 조사서상 *페문부재. 점유관계등은 미상이나,소유자아닌전입세대주 박욱석의 주민등록표등본이 발급되므로 임차인으로 등재. 출입문에는 유치권을 행사한다는 글을 기재하여 부착해 놓았음 **지지옥션세대조사** 세 08.05.29 박욱석 동 08.05.29 정영옥 주민센터확인:2009.03.27	저당권 국민은행 동대문역 2008.03.28 177,600,000 저당권 한주상호저축 2008.04.22 650,000,000 소유권 박지은 2008.09.19 전소유자:기달순 임 의 국민은행 경매소송관리 2008.09.22 *청구액:162,848,046 원 압 류 서울서대문구 2009.02.10 채권총액 827,600,000 원 열람일자 : 2009.03.25

사건기본내역

사건번호	2008타경14639	사건명	부동산임의경매
접수일자	2008.09.19	개시결정일자	2008.09.22
담당계	경매6계 전화 : 3271-1326(구내:1326)		
청구금액	162,848,046원	사건항고/정지여부	
종국결과	미종국	종국일자	

당사자내역

당사자구분	당사자명	당사자구분	당사자명
채권자	주식회사 국민은행	채무자	최재석
소유자	박지은	임차인	박욱석
근저당권자	주식회사한주상호저축은행	교부권자	서대문구청(세무1)
유치권자	도남일		

┃문건처리내역

접수일	접수내역	결과
2008.09.23	등기소 서대문등기소 등기촉탁보정명령문 제출	
2008.09.26	채권자 주식회사 국민은행 당사자변경신청 제출	
2008.10.02	등기소 서대문등기소 등기필증 제출	
2008.10.10	근저당권자 주식회사한주상호저축은행 채권계산서 제출	
2008.10.23	채권자 주식회사 국민은행 특별송달신청 제출	
2008.10.24	기타 서울감정 감정평가서 제출	
2008.10.24	기타 집행관 현황조사서 제출	
2008.11.24	채권자 주식회사 국민은행 야간송달신청 제출	
2008.12.15	기타 서대문구청 교부청구 제출	
2008.12.22	채권자 주식회사 국민은행 야간송달신청 제출	
2009.02.16	채권자 주식회사 국민은행 보정서(가족관계증명서 및 주민등록초본 제출	
2009.02.23	채권자 주식회사 국민은행 보정서 제출	
2009.03.03	기타 도남일 유치권권리신고서 제출	
2009.07.10	채권자 주식회사 국민은행 매각기일연기신청 제출	
2009.09.30	채권자 주식회사 국민은행 매각기일지정및유치권삭제신청 제출	
2009.12.01	최고가매수신고인 촉탁등기신청 제출	
2009.12.01	최고가매수신고인 매각대금완납증명	
2009.12.04	채권자 주식회사 국민은행 채권계산서 제출	
2009.12.07	최고가매수신고인 보정서 제출	
2009.12.08	압류권자 서울특별시서대문구 교부청구 제출	

··· 집합건물법은 "공유자가 공용부분에 관하여 다른 공유자에 대하여 가지는 채권은 그 특별승계인에 대해서도 행사할 수 있다"고 규정하고 있다. 공용부분은 전체 공유자의 이익을 위하여 유지·관리되는 것이므로 그 채권을 보장할 필요가 있기 때문에 규정을 두며 이에 따라 관리규약에는 공용부분의 체납관리비를 전 구분소유자의 특별승계인이 승계하도록 규정하고 있다.

··· 연체관리비 채권의 소멸시효를 막기 위하여 가압류를 하였다(체납관리비의 소멸시효는 3년, 낙찰자는 소유권을 취득한 날로부터 역산하여 3년간의 체납관리비에 대해서만 책임지면 된다).

등기부 등본 (말소사항 포함) - 집합건물

[집합건물] 서울특별시 서대문구 홍은동 277-145 제6층 제601호　　　　　　　고유번호 2741-2005-003404

【 표 제 부 】		(1동의 건물의 표시)		
표시번호	접 수	소재지번,건물명칭 및 번호	건 물 내 역	등기원인 및 기타사항
1		서울특별시 서대문구 홍은동 277-145	철근콘크리트조 철근콘크리트지붕 7층 지하2층 358.97㎡ 지하1층 219.60㎡ 1층 219.60㎡ 2층 219.60㎡ 3층 219.60㎡ 4층 219.60㎡ 5층 219.60㎡ 6층 211.68㎡ 7층 199.80㎡ 옥탑1층 18.72㎡ 옥탑2층 18.72㎡	2005년11월4일 등기
~~2~~				~~건축법상 사용승인 받지 않은 건물임~~
3	2006년8월7일			2006년3월20일 사용승인으로 인하여 2번등기 말소
(대지권의 목적인 토지의 표시)				
표시번호	소 재 지 번	지 목	면 적	등기원인 및 기타사항
1	1. 서울특별시 서대문구 홍은동 277-145	대	638㎡	2006년10월4일

[집합건물] 서울특별시 서대문구 홍은동 277-145 제6층 제601호　　　　　　　고유번호 2741-2005-003404

【 표 제 부 】		(전유부분의 건물의 표시)	
표시번호	접 수	건물번호	건 물 내 역	등기원인 및 기타사항
1		제6층 제601호	철근콘크리트조 100.44㎡	2005년11월4일 등기

【 갑 구 】		(소유권에 관한 사항)		
순위번호	등 기 목 적	접 수	등 기 원 인	권 리 자 및 기 타 사 항
1	소유권보존			소유자 김문실 440220-1****** 서울 서대문구 홍은동 277-95 명지아파트 502 가처분등기의 촉탁으로 인하여 2005년11월4일 등기
~~2~~	~~가처분~~	~~2005년11월4일 제43575호~~	~~2005년11월2일 서울남부지방법원의 가처분결정(2005카합2528)~~	~~피보전권리 대위에 의한 소유권이전등기청구권 채권자 김성수 서울 양천구 신정동 296-23 상경아파트 603호 금지사항 매매,증여,전세권,저당권,임차권의 설정 기타일체의 처분행위 금지~~
3	소유권이전	2005년11월14일 제44866호	2005년11월11일 매매	소유자 김국진 410530-1****** 서울 서대문구 홍은동 277-105
3-1	3번등기명의인표시변경		2006년3월21일 전거	김국진의 주소 서울 서대문구 홍제동 268-59 2006년8월22일 부기
4	2번가처분등기말소	2005년12월15일 제49654호	2005년12월7일 일부해제	

[집합건물] 서울특별시 서대문구 홍은동 277-145 제6층 제601호   고유번호 2741-2005-003404

순위번호	등 기 목 적	접 수	등 기 원 인	권 리 자 및 기 타 사 항
5	2번가처분등기회복			착오발견으로 인하여 2006년1월17일 등기
~~8~~	~~가처분~~	~~2005년11월4일~~ ~~제43575호~~	~~2005년11월2일~~ ~~서울남부지방법원의~~ ~~가처분결정(2005카합252~~ ~~8)~~	~~피보전권리 대위에 의한 소유권이전등기청구권~~ ~~채권자 장성수~~ ~~서울 양천구 신정동 296-28 상건아파트 603호~~ ~~금지사항 매매·증여·전세권·저당권·임차권의 설정~ ~~기타일체의 처분행위 금지~~ ~~2006년1월17일 등기~~
6	소유권이전청구권가등기	2006년1월24일 제3433호	2006년1월24일 매매예약	가등기권자 이호진 670108-1****** 경기도 남양주시 오남읍 양지리 193-4 성호아파트 102-1608
	소유권이전	2006년8월22일 제37042호	2006년8월15일 매매	소유자 이호진 670108-1****** 경기도 남양주시 오남읍 양지리 193-4 성호아파트 102-1608 거래가액 금80,000,000원
7	2번가처분등기말소	2006년2월1일 제4116호	2006년1월25일 일부해계	
~~8~~	~~압류~~	~~2006년6월12일~~ ~~제25935호~~	~~2006년6월3일~~ ~~압류(세무1과8291)~~	~~권리자 서울특별시서대문구~~
~~8-1~~	~~8번압류직권말소통지~~			~~2006년8월22일~~
9	8번압류 등기말소			가등기에 기한 본등기로 인하여 2006년9월26일 등기

[집합건물] 서울특별시 서대문구 홍은동 277-145 제6층 제601호   고유번호 2741-2005-003404

순위번호	등 기 목 적	접 수	등 기 원 인	권 리 자 및 기 타 사 항
10	소유권이전	2006년11월27일 제53470호	2006년11월27일 매매	소유자 박춘식 590215-1****** 서울 서대문구 홍은동 277-145 교수아파트 601호
11	소유권이전청구권가등기	2006년11월27일 제53472호	2006년11월27일 매매예약	가등기권자 최개석 690718-1****** 서울 은평구 갈현동 504-46 3층
	소유권이전	2007년7월4일 제26185호	2007년6월15일 매매	소유자 최개석 690718-1****** 서울 은평구 갈현동 504-46 3층 거래가액 금140,000,000원
~~12~~	~~가압류~~	~~2006년12월13일~~ ~~제56660호~~	~~2006년12월8일~~ ~~서울서부지방법원의~~ ~~가압류~~ ~~결정(2006카단12029)~~	~~청구금액 금60,000,000원~~ ~~채권자 어우용~~ ~~서울 동대문구 장안동 555-1 현신아파트 101-506~~
~~12-1~~	~~12번가압류직권말소통지~~			~~2007년7월4일~~
~~13~~	~~가압류~~	~~2007년5월9일~~ ~~제18448호~~	~~2007년5월9일~~ ~~서울중앙지방법원의~~ ~~가압류결정(2007카단291~~ ~~1)~~	~~청구금액 금340,000,000원~~ ~~채권자 감완자~~ ~~서울 서초구 서초동 1445-14 더우저스 102동 1404호~~
~~13-1~~	~~13번가압류직권말소통지~~			~~2007년7월4일~~
~~14~~	~~압류~~	~~2007년6월7일~~ ~~제22222호~~	~~2007년6월5일~~ ~~압류(세무1과-6713)~~	~~권리자 서울특별시서대문구~~
~~14-1~~	~~14번압류직권말소통지~~			~~2007년7월4일~~

[집합건물] 서울특별시 서대문구 홍은동 277-145 제6층 제601호   고유번호 2741-2005-003404

순위번호	등 기 목 적	접 수	등 기 원 인	권 리 자 및 기 타 사 항
15	12번가압류, 13번가압류, 14번압류 등기말소			갑구11번 가등기의 본등기로 인하여 2007년8월21일 등기
16	소유권이전	2008년4월22일 제18179호	2008년4월18일 매매	소유자 기달순 500515-2****** 서울특별시 서초구 양재동 338-2 401호 매매목록 제2008-443호
17	소유권이전	2008년9월19일 제46412호	2008년8월29일 매매	소유자 박기은 760110-2****** 서울특별시 강서구 화곡동 359-63 영주빌딩 402-2 매매목록 제2008-1247호

18	임의경매개시결정	2008년9월22일 제46549호	2008년9월22일 서울서부지방법원의 경매개시 결정 (2008타경14639)	채권자 주식회사국민은행 110111-2365321 서울특별시 중구 남대문로2가 9-1 (경매소송관리센터)
19	압류	2009년2월10일 제4280호	2009년2월9일 압류 (세무1과-1382)	권리자 서울특별시서대문구

[집합건물] 서울특별시 서대문구 홍은동 277-145 제6층 제601호   고유번호 2741-2005-003404

순위번호	등 기 목 적	접 수	등 기 원 인	권 리 자 및 기 타 사 항
		제26920호.	해지	
8	6번근저당권설정 등기말소			갑구11번 가등기의 본등기로 인하여 2007년8월21일 등기
9	근저당권설정	2008년3월28일 제12902호.	2008년3월27일 설정계약	채권최고액 금177,600,000원 채무자 최개석 　서울특별시 은평구 갈현동 504-46 3층 근저당권자 주식회사국민은행 110111-2365321 　서울특별시 중구 남대문로2가 9-1 　(동대문역지점)
10	근저당권설정	2008년4월22일 제18180호.	2008년4월22일 설정계약	채권최고액 금650,000,000원 채무자 이영희 　서울특별시 서초구 방배동 1038 대우훈령아파트 　106-905 근저당권자 주식회사한주상호저축은행 164711-0003836 　충청남도 연기군 조치원읍 원리 15 16 공동담보 건물 서울특별시 서대문구 홍은동 277-148 　　제4층 제402호. 　　토지 서울특별시 서대문구 홍은동 277-148 　　박지영지분 　　토지 서울특별시 서대문구 홍은동 277 145 　　기담순지분

2) 연체관리비를 근거로 신청한 유치권

중앙8계 2008-24495[2] 을지로5가 오피스텔(업무용)

소 재 지	서울 중구 을지로5가 20-1 정건벨라지오 2층 204호 도로명주소				
경 매 구 분	임의경매	채 권 자	박경석		
용 도	오피스텔(업무용)	채무/소유자	정건개발인터내셔널	낙 찰 일 시	09.06.25 (315,010,000원)
감 정 가	584,000,000 (08.09.12)	청 구 액	750,000,000	종 국 결 과	09.11.05 배당종결
최 저 가	299,008,000 (51%)	토지총면적	17 ㎡ (5.14평)	경매개시일	08.08.21
입찰보증금	10% (29,900,800)	건물총면적	88 ㎡ (26.62평)	배당종기일	08.10.27
조 회 수	·금일 1	공고후 132	누적 405	·5분이상 열람 금일 0	누적 0
주 의 사 항	·유치권 특수件분석신청				

소재지/감정서	물건번호/면 적(㎡)	감정가/최저가/과정	임차조사	등기권리
100-195 서울 중구 을지로5가 2 0-1 정건벨라지오 2층 204호 **감정평가정리** - 철골철콘조철근콘크 리트지붕 - 훈련원공원서측인근 위치 2008.09.12 대일에셋 감정	물건번호: 2 번 (총물건수 18건) 2)대지 17.28/102 3.8 (5.23평) ₩584,000,000 건물 88.22 (26.69평) - 총13층 - 보존:2003.12.10	감정가　584,000,000 • 대지　175,200,000 (30%) (평당 34,085,603) • 건물　408,800,000 (70%) (평당 15,356,875) 최저가　299,008,000 (51.2%) **경매진행과정** ① 　　584,000,000 2009-03-12 유찰 ② 20%　467,200,000 ↓ 2009-04-16 유찰 ③ 20%　373,760,000 ↓ 2009-05-21 유찰 ④ 20%　299,008,000	**법원임차조사** 한장석 (보) 50,000,00 0 (월) 4,000,000 204,205호 점유 2008.3.2 5-1년 조사서상 총보증금:50,000,000 총월세금:4,000,000	소유권 정건개발인터 2006.07.14 전소유자: 한국 자산신탁 저당권 하나은행 을지로6가 2006.07.14 1,540,000,000 저당권 박경석 2007.12.17 1,000,000,000 압　류 서울중구청 2008.05.02 임　의 박경석 2008.08.25 *청구액:750,000,000 원 압　류 근로복지공단 서울지역본부 2009.02.16 채권총액 2,540,000,00 0원

■ 참고사항

- 2008.9.8.정건벨라지오 오피스텔 번영회가 연체관리비(18,754,420원)를 이유로 유치권신고를 하였으나 성립여부는 불분명.
- 2008.09.08 유치권자 정건벨라지오오피스텔번영회 유치권신고서 제출 (본 물건번호에 적용여부 확인요망)

■ 예상배당표 [낙찰가 315,010,000 원으로 분석]

	종류	권리자	등기일자	채권액	예상배당액	인수	비고
등기권리	저당권	하나은행	2006-07-14	1,540,000,000	313,800,327	말소	말소기준권리
	저당권	박경석	2007-12-17	1,000,000,000		말소	
	압　류	서울중구청	2008-05-02			말소	
	임　의	박경석	2008-08-25			말소	경매기입등기
	압　류	근로복지공단	2009-02-16			말소	

	전입자	점유	전입/확정/배당	보증금/차임	대항력	예상배당액	인수	형태
임차권리	한장석	204,205호 2008.3.25-1년 조 사서상		보 50,000,000 월 4,000,000 환산 450,000,000			소멸	주거

	종류	배당자	예상배당액	배당후잔액	배당사유
배당순서	경매비용		1,209,673	313,800,327	
	저당권	하나은행	313,800,327	0	저당

사건기본내역

사건번호	2008타경24495	사건명	부동산임의경매
접수일자	2008.08.20	개시결정일자	2008.08.21
담당계	경매8계 전화 : 530-1820(구내:1820)		
청구금액	750,000,000원	사건항고/정지여부	
종국결과	미종국	종국일자	

당사자내역

당사자구분	당사자명	당사자구분	당사자명
채권자	박경석	채무자겸소유자	주식회사정건개발인터내셔널
임차인	박문규	임차인	한장석
임차인	허용조	임차인	김성수
임차인	서정술	임차인	이정진
임차인	장설자	임차인	홍동
임차인	김희선	임차인	최병권
임차인	김영화	임차인	이정희
임차인	황순택	임차인	엄미숙
임차인	김순정	임차인	이교훈
임차인	김선준	임차인	이상욱
임차인	한대현	임차인	씨앤에스자동차상해질병손해사정(주)
임차인	엄미순	임차인	이상옥
근저당권자	주식회사하나은행	압류권자	서울특별시중구
유치권자	정건빌라지오오피스텔번영회		

문건처리내역

접수일	접수내역	결과
2008.08.26	등기소 중부등기소 등기필증 제출	
2008.09.05	기타 서울중앙지방법원집행관 현황조사서 제출	
2008.09.08	유치권자 정건빌라지오오피스텔번영회 유치권신고서 제출	
2008.09.12	기타 대일에셋감정 감정평가서 제출	
2008.09.25	채권자 박경석 보정서 제출	
2008.10.08	배당요구권자 씨앤에스자동차상해질변손해 배당요구신청 제출	
2008.10.20	임차인 이상욱 권리신고및배당요구신청 제출	
2008.10.20	근저당권자 주식회사하나은행 배당요구신청 제출	
2008.10.21	임차인 엄미순 권리신고및배당요구신청 제출	
2008.10.22	압류권자 서울특별시중구 교부청구 제출	
2008.10.23	임차인 김영화 권리신고및배당요구신청 제출	
2008.10.27	임차인 장설자 권리신고및배당요구신청 제출	
2008.11.10	임차인 장설자 보정서 제출	
2009.02.16	교부권자 근로복지공단 교부청구 제출	
2009.02.27	임차인 씨앤에스자동차상해질병손해사정(주) 보정서 제출	
2009.03.02	임차인 엄미순 보정서 제출	
2009.03.27	최고가매수신고인 열람및복사신청 제출	
2009.04.17	최고가매수인 매각대금완납증명	2009.04.17 발급
2009.04.20	최고가매수인 등기촉탁신청 제출	
2009.05.01	등기소 중부등기소 등기필증 제출	

[물건 분석]

오피스텔 경매물건은 고정적인 임대수익이나 실 업무용으로 이용하고자 투자하는 수익성부동산이자 전천 후 투자대상 물건이다. 주거와 업무 기능을 겸비하였고 1인 가구가 늘어나 간섭받지 않고 사생활의 보호를 받는 장점 때문에 역세권 오피스텔 중소형은 수요가 꾸준하다.

오피스텔의 전용률은 계약면적의 50~60% 안팎이다. 오피스텔은 관리비 부담이 될 수 있기에 전용면적과 공용면적과 체납 관리비용을 입찰전에 꼭 확인하여야 한다.

연제관리비 중 전용관리비를 제외한 공용관리비는 경락자가 부담해야 한다. 경락자는 연체관리비 중 공용관리비의 원금만 부담하면 된다는 생각으로 응찰을 하고, 관리비 채권의 소멸시효는 3년이므로 매각대금 납부 시점에서 3년간의 공용관리비 원금만 부담하면 된다.

일부 관리사무소에서는 관리비에 가압류를 신청하는 경우가 있는데, 가압류를 신청했다면 시효 중간의 효력이 발생되지만 본 건은 등기사항전부증명서상 가압류 신청을 하지 않은 물건이기에 3년간의 공용관리 원금만 부담하면 된다.

3) 유치권배제신청 사례

수원3계 2013-30676 안녕동 근린주택

소 재 지	경기 화성시 안녕동 180-414 [세자로442번길 28-16] [일괄]-599,				
경 매 구 분	임의경매	채 권 자	유아이제십차유동화전문유한회사(양도인:중소기업은행)		
용 도	근린주택	채무/소유자	대길아이씨/정길현	낙 찰 일 시	14.11.06 (701,999,990원)
감 정 가	1,124,875,450 (13.06.11)	청 구 액	653,328,009	다 음 예 정	
최 저 가	551,189,000 (49%)	토지총면적	992 ㎡ (300.08평)	경매개시일	13.05.31
입찰보증금	10% (55,118,900)	건물총면적	531.75 ㎡ (160.85평)	배당종기일	13.10.15
조 회 수	·금일 1	공고후 277	누적 1,218 ·5분이상 열람 금일 0	누적 207			
주 의 사 항	·유치권 [특수件분석신청]				

소재지/감정서	물건번호/면 적(㎡)	감정가/최저가/과정	임차조사	등기권리
445-380 경기 화성시 안녕동 18 0-414 [세자로442번 길 28-16] 감정평가액 토지:736,776,000 건물:378,749,450 제시:4,290,000	물건번호: 단독물건 대지 972 (294.03평) ₩736,776,000 건물 ·1층소매점 185.4 (56.08평) ₩124,403,400 ·2층다가구주택 1 73.2 (52.39평) ₩254,346,050 ·3층다가구주택 1 60.15 (48.45평)	감정가 1,124,875,450 ·대지 741,836,000 (65.95%) (평당 2,472,127) ·건물 378,749,450 (33.67%) (평당 2,354,675) ·제시 4,290,000 (0.38%) 최저가 551,189,000 (49.0%)	**법원임차조사** 송수동 배당 2012.07.3 1 (보) 5,000,000 (월) 420,000 주거/203호방1 점유기간 2012.8.14-201 3.8.14 천효문 전입 2010.01.2 8 확정 2010.01.2 8 배당 2013.10.1 4	**건물** 소유권 정길현 2009.03.16 근저당 중소기업은행 시흥동 2009.04.14 120,000,000 근저당 중소기업은행 시흥동 2009.04.14 60,000,000 근저당 중소기업은행 주사무소 2009.04.14
감정평가정리 - 철권구조철콘지붕 - 세장형북서하향경사 지 - 주택:개별보일러난 방		**경매진행과정** ① 1,124,875,4		

■ **참고사항**

- 제시외건물포함, 임차인 박기훈으로부터 공사대금을 원인으로 금 101,145,386원의 유치권신고 있으나 그 성립여부는 불분명하며, 신청채권자로부터 유치권배제신청서가 제출됨.
- 2013.06.14 유치권자 박기훈 유치권신고 제출
- 2014.06.25 유치권자 박기훈 보정서(견적서) 제출
- 2014.10.15 채권자 유아이제십차유동화전문유한회사(양도인:중소기업은행) 유치권배제신청서 제출

유치권배제신청서

사　　건　2013타경30676　부동산임의경매

채 권 자　유아이제십차유동화전문 유한회사

채 무 자　대길아이씨티

소 유 자　채무자와 같음

　위 사건에 관하여 채권자 유아이제십차유동화전문 유한회사는 다음과 같은
사유로 박기훈이 신고한 유치권에 대하여 유치권배제신청서를 제출하오니,
매각물건명세서상에　'유치권은 성립하지 아니함'이라고 명시해줄 것을 요
청 드립니다.

다 음

1. 임차인 박기훈의 유치권 신고

　임차인 박기훈(이하　'유치권신고인'라고 함.)은 본 건 부동산의 임차인으
로서 임차부동산에 가게인테리어, 전기용량증설, 도로확장 공사 대금을 원인
으로 귀원에 유치권권리신고를 하였습니다.

2. 부적법한 유치권 신고

1) 채권의 부존재

임차인이 주장하는 공사대금은 임대인인 채무자가 발주하여 공사를 한 것이 아닌 본인의 사업을 영위하기 위하여 한 공사로써, 이를 위하여 지출한 금원은 유익비 또는 필요비라고 할 수 없어 임대인에게 청구할 수 있는 성격의 금원이 아닙니다.(광주고법 1983. 1. 28.선고 82나156 판결 참조.) 따라서 임대인인 채무자가 유치권신고인에게 지급할 금원이 아닌 이상 위 유치권은 성립할 수 없습니다.

2013년 06월 14일자 유치권신고서만 접수 후 추후 자세히 기재하여 자료와 함께 보완 조건으로 유치권신고서를 제출 하였으며, 2014년 09월 24일에 유치권 신고인은 보완 서류를 제출하였으나, 제출한 서류는 견적서뿐이며 제출한 견적서만으로 유익비 또는 필요비를 지출 하였음을 입증하기에는 부족합니다. (계약서, 세금계산서등의 지출을 입증 할만한 공신력이 있는 영수증을 제출하여야 합니다.)

2) 유익비 또는 필요비 상환청구권의 포기

유치권신고인이 제출한 임대차계약에서(제5조) 임차인은 임대차관계 종료 시에는 건물을 원상으로 복구하여 임대인에게 명도하여야 한다는 약정을 하였습니다. 이는 임차목적물에 각종 유익비 또는 필요비의 상환청구권을 미리 포기하기로 한 취지의 특약이라고 볼 수 있어 임차인은 유치권을 주장할 수 없습니다.(대법원 1975. 4. 22 선고 73다2010판결 참조.) 따라서 유치권신고인은 임대차계약의 종료와 동시에 임차목적물을 임차이전의 상태로 원상회복 시켜야 할 의무가 있고, 유치권신고인이 임차목적물에 지출한 비용은 유익비 또는 필요비이므로 유치권신고인은 유치권을 주장할 수 없습니다.

또한, 임대차 계약서 특약 사항을 살펴보면, 계약 기간만료 전, 후 권리금 및 시설비에 대해서는 임차인이 임대인에게 청구할 수 없다고 특약 약정한 사실을 보면 유치권신고인은 각종 유익비 또는 필요비의 상환청구권을 포기하였습니다.

3. 결론

위에서 살펴보듯이, 본 건 유치권신고인의 유치권 주장은 이유가 없습니다. 그럼에도 유치권신고인은 경매법원에서 유치권신고시 성립여부에 대한 판단을 하지 않는다는 점을 알고 이점을 악용하여 본건 경매절차를 방해하고자 하는 불순한 의도입니다. 따라서 본 건 유치권신고는 부적법한 신고이므로 본 건 매각물건명세서상에 '유치권은 성립하지 아니함' 이라고 명시하여 주시기 바랍니다.

첨 부

1. 판례(2부)
2. 임대차계약서

2014. 10.

채권자 유아이제십차유동화전문 유한회사
대표자 이사 하 정 수
(담당 : 김형철, 02-726-0824)

수원지방법원 (경매3계)   **귀중**

유치권 권리신고서

사건번호 : 2013 타경 30676 호   부동산강제(임의)경매

채 권 자 : 박 기훈

채 무 자 :

소 유 자 : 정 길현

사   유

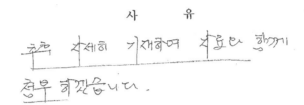

추후 자세히 기재하여 자료와 함께

첨부 하겠습니다.

사유 : 가게 인테리어. 전기용량증설. 도로확장 등.

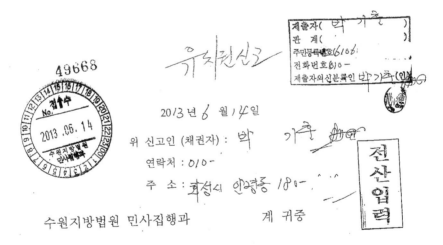

49668

유치권신고

제출자(박 기훈   )
관 계(   )
주민등록번호 6106
전화번호 6)0 -
제출자의신분확인 박 기훈 (인)

2013년 6 월 14일

위 신고인 (채권자) : 박 기훈

연락처 : 010 -

주 소 : 화성시 안녕동 180 -

수원지방법원 민사집행과   계 귀중

전산입력

170

보 정 서

사건번호 : 20/3 타경 30696

채 권 자 : 유아이제십차 유동화 전문 유한회사 (양도인:중신기언은행)

채 무 자 : 주, 대긴 아이씨티

귀원의 보정명령에 대하여 다음과 같이 보정합니다.

다 음

1. 견적서

2.

3.

48590

2014년 6 월 24일

신청인 양 이훈 (인) 유치천수

연락처(☎) 010 -

031 -

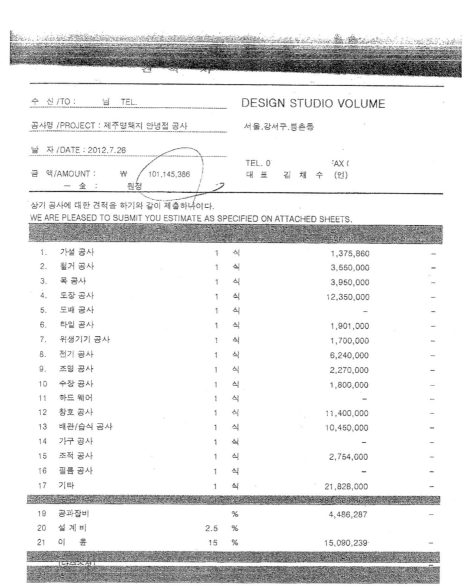

수 신 /TO :   님   TEL.   DESIGN STUDIO VOLUME

공사명 /PROJECT : 제주명돼지 안녕점 공사   서울.강서구.등촌동

날 자 /DATE : 2012.7.26

금 액/AMOUNT :   ₩   101,145,386   TEL. 0   FAX (
    一 金 :   원정   대 표   김 채 수   (인)

상기 공사에 대한 견적을 하기와 같이 제출하나이다.
WE ARE PLEASED TO SUBMIT YOU ESTIMATE AS SPECIFIED ON ATTACHED SHEETS.

NO	DESCRIPTION	수량	단위	단가 UNIT	금액 AMOUNT	비고
1.	가설 공사	1	식	1,375,860	–	
2.	철거 공사	1	식	3,550,000	–	
3.	목 공사	1	식	3,950,000	–	
4.	도장 공사	1	식	12,350,000	–	
5.	도배 공사	1	식	–		
6.	타일 공사	1	식	1,901,000		
7.	위생기기 공사	1	식	1,700,000		
8.	전기 공사	1	식	6,240,000	–	
9.	조명 공사	1	식	2,270,000	–	
10	수장 공사	1	식	1,800,000		
11	하드 웨어	1	식	–	–	
12	창호 공사	1	식	11,400,000	–	
13	배관/습식 공사	1	식	10,450,000	–	
14	가구 공사	1	식	–		
15	조적 공사	1	식	2,754,000	–	
16	필름 공사	1	식	–	–	
17	기타	1	식	21,828,000	–	
18	순공사가 (소계)		식		81,568,860	
19	공과잡비		%		4,486,287	–
20	설계비	2.5	%			
21	이 윤	15	%		15,090,239	–
	[대금계]				101,145,386	
	[단가조정]					
	총					

항목	수량	단위	단가	금액
현장 정리	171	M2	1,000	171,000
기타철물부자재	171	M2	1,200	205,200
준공 청소	5	명	90,000	450,000
자재 대 이동	171	M2	660	112,860
자재 소 이동	171	M2	800	136,800
바닥 보양		식	70,000	–
쓰레기 반출	2	차	150,000	300,000

소계 3,652,360

2. 철거 공사

항목	수량	단위	단가	금액
내부 철거	1	식	2,500,000	2,500,000
폐기물 반출	3	차	350,000	1,050,000

계 3,550,000 –

3 목공사

항목	수량	단위	단가	금액
화장실 목도 천정 간접	1	식	950,000	950,000
카운터 제작	1	식	1,200,000	1,200,000
외부 계단	1	식	1,800,000	1,800,000

계 3,950,000 –

4 도장 공사

항목	수량	단위	단가	금액
벽체 및 바닥 에폭시	1	식	8,500,000	8,500,000
천정 수성질 마감	1	식	1,800,000	1,800,000
블록위 투명 락카 마감	1	식	1,200,000	1,200,000
방부목 오일 스테인마감	1	식	850,000	850,000

계 12,350,000

5 도배 공사

–

6 타일공사

1403612686_b33c5d1fa51cd63736dc973696cf42bb.xls　　　　2쪽

주방 바닥 타일		24	M2	13,000	
남자 화장실 바닥 타일		9	M2	13,000	117,000
남자 화장실 벽타일		21	M2	12,000	252,000
여자 화장실 바닥 타일			M2	13,000	–
여자 화장실 벽타일			M2	12,000	–
부자재		1	식	350,000	350,000
인건비 기공		3	명	180,000	540,000
인건비 조공		3	명	110,000	330,000
					–
					–
					–

	계				1,901,000

7 위생기기

양변기		1	개	180,000	180,000
소변기		2	개	250,000	500,000
세면기		2	개	240,000	480,000
세면기 수전		2	개	75,000	150,000
거울		1	개	90,000	90,000
인건비		2	명	150,000	300,000
					–

	소계				2,000,000

8 전기 공사

전기 배선 작업		52	평	120,000	6,240,000
					–

	소계				6,240,000

9 조명공사

확산갓		30	EA	35,000	1,050,000
주방등		2	EA	70,000	140,000
문주등		13	EA	60,000	780,000
인건비		2	인	150,000	300,000

	소계				2,270,000

10 수장공사

셀프레벨링		1	식	1,800,000	1,800,000

174

11	하드웨어				
					—

12	창호 공사(mm 페어)				
	플딩도어	1	자평	8,000,000	8,000,000
	출입구 신설	1	식	850,000	850,000
	주방 상부장 제작	1	식	1,800,000	1,800,000
	주류 진열장 제작	1	식	750,000	750,000
					—

13	배관/습식 공사				
	닥트 배관	1	식	8,500,000	8,500,000
	주방 설비	1	식	1,200,000	1,200,000
	화장실 배관	1	식	750,000	750,000
					—

14	가구 공사				
					—

15	조적 공사				
	블록 및 몰탈	1	식	1,554,000	1,554,000
	인건비(기공)	4	명	150,000	600,000
	인건비(조공)	4	명	100,000	400,000
	임대료	1	식	200,000	200,000

16	필름 공사				

1403612686_b33c5d1fa51cd63736dc973696cf42bb.xls   4쪽

17	기타 공사				
	간판 및 현수막	1	식	7,500,000	7,500,000
	실사 및 메뉴판 외	1	식	750,000	750,000
	옥외 렉산	1	식	5,000,000	5,000,000
					—
	외부 옹벽 일부 컷팅	1	식	2,500,000	2,500,000
	잔토 및 폐기물 반출	1	식	1,500,000	1,500,000
	레미콘	24	루베	72,000	1,728,000
	장비 임대	1	식	650,000	650,000
	인건비	8	인	150,000	1,200,000
	포크레인	2	대	500,000	1,000,000
					—

사건번호 2013 타경 30676 부동산강제(임의)경매

채권자 박 기출

채무자

소유자 정 일현

임차인은 이 사건 매각절차에서 임차보증금을 변제받기 위하여 아래와 같이 권리
신고 및 배당요구신청을 합니다.

1	임차부분	전부, 일부(1 층 전부), 일부(층 중 ㎡) (※건물 일부를 임차한 경우 뒷면에 임차부분을 특정한 내부구조도 를 그려 주시기 바랍니다)
2	임차보증금	보증금 일천만 원에 월세 백사신만원
3	점유(임대차)기간	2013. 2 .20 .부터 2016. 2 .20.까지
4	사업자등록신청일	2012. 10 . 27 .
5	확정일자 유무	유(20 . .), 무
6	임차권·전세권등기	유(20 . .), 무
7	계약일	2013. 2. 20.
8	계약당사자	임대인(소유자) 임차인
9	건물의 인도일	20 . .

아   래

첨부서류

1. 임대차계약서 사본 1통
2. 등록사항 등의 현황서 등본 1통
3. 건물도면의 등본 1통 (건물 일부를 임차한 경우)

49666

2013 . 6 .14

권리신고 겸 배당요구신청인 박 기출 (날인 또는 서명)

(주소 : 경기 화성시 산객동 186-40)

(연락처 : 010-5   )

수원지방법원 경매

※ 임차인은 기명날인에 갈음하여 서명을 하여도 되며, 연락처는 언제든지 연락가능한 전화번호나 휴
대전화 번호 등(팩스, 이메일 주소 등 포함)을 기재하시기 바랍니다.

소재지								
건 물	구 조	철근콘크리트		용 도	상가	면 적		198. ㎡
임대할 부분	1층							

2. 계약내용

제 1 조 위 부동산의 임대차에 한하여 임대인과 임차인은 합의에 의하여 임차보증금 및 월세를 아래와 같이 지불하기로 한다.

보 증 금	금 일천만원	원정 (₩10,000,000-)
계 약 금	금	원정은 계약시에 지불하고 영수함.
중 도 금	금	원정은 년 월 일에 지불하며
잔 금	금 일천만원	
월 세	일금 일백사십만원(₩1,400,00)원정을 매월 20일에 지급 하기로 한다.	

제 2 조 임대인은 위 부동산을 임대차 목적대로 사용 수익할 수 있는 상태로 하여   2013   년   02 월   20 일 까지
     임차인에게 인도하며, 임대차 기간은 인도일로부터   36 개월로 한다.
제 3 조 임차인은 임대인의 동의없이는 위 부동산의 용도나 구조를 변경하거나 전대 .임차권 양도 또는 담보제공을 하지 못하며
     임대차 목적 이외의 용도로 사용할 수 없다.
제 4 조 임차인이 임대인에게 중도금(중도금이 없을때는 잔금)을 지불하기 전까지 임대인은 계약금의 배액을 상환하고, 임차인은
     계약금을 포기하고 이 계약을 해제할 수 있다.
제 5 조 임대차 계약이 종료된 경우 임차인은 위 부동산을 원상으로 회복하여 임대인에게 반환한다.이러한 경우 임대인은 보증금
     을 임차인에게 반환하고, 연체 임대료 또는 손해배상금이 있을 때는 이들을 제하고 그 잔액을 반환한다.
제 6 조 임차인이 2회이상 월세의 지급을 연체하는 경우 임대인은 본 임대차 계약을 해지할 수 있다.
제 7 조 임대인 또는 임차인이 본 계약상의 내용을 불이행시 그 상대방은 불이행한 자에 대하여 서면으로 최고하고 계약을 해제할
     수 있다. 그리고 계약당사자는 계약해제에 따른 손해배상을 각각 상대방에게 청구할 수 있으며,손해배상에 대하여 별도의
     약정이 없는한 계약금을 손해배상의 기준으로 본다.
제 8 조 중개수수료는 본 계약 체결과 동시에 계약 당사자 쌍방이 각각 지불하며, 중개업자의 고의나 과실없이 거래당사자 사정
     으로 본 계약이 무효, 취소, 해제 되어도 중개수수료는 지급한다.
제 9 조 중개대상물확인설명서는   년   월   일 중개의뢰인에게 업무보증관계증서 사본과 함께 교부한다.

특약사항:※ 계약 기간만료 전. 후 권리금 및 시설비에 대해서는 임차인이 임대인에게 청구할 수 없다. ※
     - 임대료는 매월20 로 납입하기로함
     - 새마을금고 9003-   정길현

본 계약을 증명하기 위하여 계약당사자가 이의없음을 확인하고 각자 서명 또는 날인한다.

2013 년 2 월 20 일

임 대 인	주 소	정길현					
	주민번호	701008-	전 화	010-5	성 명	정길현	
대 리 인	주민번호		전 화		성 명		
임 차 인	주 소	경기도 부천시 소사구 송내동 280-16 3층					
	주민번호	610619-	전 화	010-6	성 명	박기훈	
대 리 인	주민번호		전 화		성 명		
중개업자	상 호			상 호			
	전 화			전 화			
	등록번호		대 표	㊞ 등록번호		대 표	㊞
	소속공인		㊞	소속공인			㊞
	주 소						

178

제10장

대지권 미등기와
토지별도 등기

대지권이란? 건물과 분리하여 처분할 수 없는 대지사용권을 대지권이라 한다 [「집합건물의 소유와 관리에 관한 법률」제2조]. 대지권에 대하여 등기부가 작성되었으나 절차상 또는 실체상의 하자로 인하여 대지권이 등기부에 기재되지 않은 상태를 대지권 미등기라 하며 대지권 없음은 처음부터 대지권이 없는 건물을 말한다.

토지별도등기는 집합건물등기부와 다른 권리가 토지등기부에 있는 경우를 말한다.

대지권 미등기

1) 대지사용권

집합건물의 구분소유자가 건물의 전유부분을 소유하기 위하여 대지에 대하여 갖는 권리가 대지사용권이다. 즉, 대지사용권은 구분소유자가 전유부분을 소유하기 위하여 건물의 대지에 대하여 가지는 권리로서 대지 소유자에 의해 집합건물이 철거되지 않을 권원으로 물권, 채권, 등기, 미등기 등을 불문한 권리이다. 대지사용권은 소유권, 법정지상권, 무상사용권의 세 가지 경우가 있다.

2) 대지권 미등기

⑴ 대지권 미등기 발생원인

집합건물(아파트, 빌라, 연립) 등기부에 있는 특징으로써, 대지권 미등기는 대지권이 처음부터 없는 경우(사유지와 국유지에 건축한 경우는 없음)는 아니다. 대지권 미등기 발생원인은 주로 아파트를 분양할 때 대지면적 자체가 확정되지 못해 소유권이전 등기를 미처 하지 못한 경우가 있고, 또 건축업자가 소유권이전 등기를 마쳤더라도 주택단지의 필지 자체가 대규모이거나 토지구획사업 대상이 돼 있을 때 미처 아파트를 분양받은 사람에게 대지에 관한 소유권 이전을 해주지 못하는 경우 등이 있다. 또한, 대지권이 미등기되는 경우는 아파트를 신축 또는 재개발하면서, 기존 지번을 말소하고 새 아파트의 주소를 부여하면서 환지작업을 하고 각 호수별로 대지권을 구분하게 되는데 이런 작업이 늦어지게 되면 등기부상에 대지권의 표시가 나타나지 않는다.

대지권이 미등기되어 있더라도 감정평가서상에 대지권에 대한 평가가 이루어졌고 그 대지권의 평가금액이 감정평가서상에 표기되었다면 대지권도 경락으로 당연 취득되지만, 그 물권을 자세히 살펴보지 못하고 대지권 가격이 감정에서 제외되었는데 그것을 모르고 가격이 싸다고 낙찰받는 경우는 그 후에 대지권 소유자가 "구분소유권 매도청구권"을 행사하면 구분 대지권에 대한 권리를 지불해야 하는 점을 주의해야 한다.

⑵ 대지권 미등기 권리분석 시 주의할 점
대지권 미등기는 대지권의 소유권을 취득하지 못함으로써 오는 철거 및 지료를 지급하는 문제까지 발생할 수 있기 때문에 철저한 권리분석이 필요하다. 어느 경우이든 입찰참여자는 '대지권 미등기'라는 문구가 있으면 반드시 대지권 가격도 감정평가 되었는지 법원의 감정평가서를 통해 확인해야 한다.

⑶ 대지권 미등기이지만, 경매정보지에 대지권의 가격이 감정평가에 포함되어 문제없는 경우
① 건물준공 당시 토지의 구획정리사업이 완료되지 않아 건물등기만 등재된 경우
② 구분소유자별 대지권이 확정되지 않아 미등기된 경우
③ 수분양자의 사정으로 미등기된 경우

성남3계 2014-2657 삼평동 아파트 지지옥션

소 재 지	경기 성남시 분당구 삼평동 705 뜻들마을 106동 10층 1004호 [동판교로 275]				
경 매 구 분	임의경매	채 권 자	굿플러스제일차유동화전문유한회사		
용 도	아파트	채무/소유자	옥진식	낙 찰 일 시	14.07.14 (632,499,990원)
감 정 가	620,000,000 (14.02.14)	청 구 액	292,607,255	종 국 결 과	14.10.02 배당종결
최 저 가	620,000,000 (100%)	토지총면적	0 ㎡ (0평)	경매개시일	14.02.03
입찰보증금	10% (62,000,000)	건물총면적	82.79 ㎡ (25.04평)[33 평형]	배당종기일	14.04.10
조 회 수	·금일 2	공고후 203	누적 351	·5분이상 열람 금일 0	누적 34
주 의 사 항	·대지권미등기 특수件분석신청				

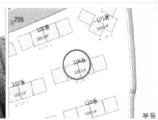

소재지/감정서	물건번호/면 적(㎡)	감정가/최저가/과정	임차조사	등기권리
463-400 경기 성남시 분당구 삼평동 705 봇들마을 106동 10층 1004호 [동판교로 275] **감정평가정리** - 삼평동주민센터북서 측인근	물건번호: 단독물건 대지 대지권미등기 건물 82.794 (25.05평) 방3,욕실2,드레스룸 공용:61.2918(지하주차장포함)	감정가 620,000,000 • 대지 186,000,000 　　　　(30%) • 건물 434,000,000 　　　　(70%) (평당 17,332,268) 최저가 620,000,000 　　　(100.0%)	**법원임차조사** 최용성 전입 2011.07.11 　　　확정 2011.07.11 　　　배당 2014.02.13 　(보) 260,000,000	소유 옥진식 권 2009.06.16 전소유자:풍성주택 근저 우리은행 당 이매동 2009.06.16 324,000,000 근저 우리은행

1. 소유지분현황 (갑구)

등기명의인	(주민)등록번호	최종지분	주　　　소	순위번호
옥진식 (소유자)	540826-1******	단독소유	서울특별시 서초구 서초동 1494-6 서초대우빌라로얄카운티 101호	3

2. 소유지분을 제외한 소유권에 관한 사항 (갑구)

순위번호	등기목적	접수정보	주요등기사항	대상소유자
1-2	약정/금지사항/환매특약		이 주택은 최초로 소유권이전등기가 된 후에는 주택법 제41조의2 제1항에서 정한 기간이 경과하기 전에 대한주택공사(제41조의2 제2항단서의 규정에 의하여 대한주택공사가 우선 매입한 주택을 공급받는 자를 포함한다.)외의 자에게 소유권을 이전하는 일체의 행위를 할 수 없음. 2009년4월8일 부기	옥진식
6	가압류	2013년9월30일 제61106호.	청구금액 금68,885,173 원 채권자 효성캐피탈 주식회사	옥진식
7	임의경매개시결정	2014년2월3일 제6808호.	채권자 주식회사 우리은행	옥진식

⋯ 본 아파트는 시행사의 부도로 선 분양자의 토지소유권 등기가 답보 상태에 있다 보니 대지권 미등기로 되었다. "대법원등기선례에 따라 계약자 지위 이전 계약을 체결하고 시공사의 계약자 지위를 승계받는 겨우라면 새로운 취득으로 볼 수 없다"는 행정자치부의 회신을 받았다.

회신에 의하면 시공사의 중간생략 등기가 가능해져 구 등록세 34억 9,200만 원(세대당 301만 원)을 부담하면 대지권에 대한 등기를 이전할 수 있기에 낙찰자는 301만 원의 비용 부담을 지불하면 대지권까지 취득하여 완전한 재산권리를 취득하게 된다.

(4) 대지권 미등기에 문제가 되는 경우

① 대지권이 전혀 없는 경우

② 대지권을 취득하기 위해 소송을 제가하는 경우

③ 수분양자가 분양대금을 미지급한 경우

중앙10계 2010-28926 회현동1가 아파트　　　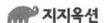 지지옥션

소 재 지	서울 중구 회현동1가 147-23 제2시범 7층 728호 도로명주소			
경 매 구 분	임의경매	채 권 자	㈜신한은행 양수인 에이치에스에이 제일차유동화전문 유한회사	
용　　도	아파트	채무/소유자	이상원	낙 찰 일 시 11.07.20 (96,780,000원)
감 정 가	105,000,000 (11.01.03)	청 구 액	122,593,722	종 국 결 과 11.10.05 배당종결
최 저 가	84,000,000 (80%)	토지총면적	0 ㎡ (0평)	경매개시일 10.10.13

입찰보증금	10% (8,400,000)	건물총면적	38.34 ㎡ (11.6평)[16평형]	배당종기일	11.04.18

조 회 수	·금일 1 | 공고후 132 | 누적 218	·5분이상 열람 금일 0 | 누적 5

주 의 사 항	·건물만입찰 특수件분석신청

관리비미납	·11년3월분까지 미납액없음 전기수도포함.340세대 (2011.06.01 현재)

소재지/감정서	물건번호/면 적(㎡)	감정가/최저가/과정	임차조사	등기권리
100-051 서울 중구 회현동1가 1 47-23 제2시법 7층 72 8호 **감정평가정리** - 백범광장북서측인근 위치 - 주위단독주택,다세 대주택,근린시설및 업무시설,공원,관광 서등혼재 - 차량출입가능,제반 대중교통사정무난 - 인근노선버스(정)소 재하며근거리지하철 4호선회현역소재 - 북향부정형완경사지 - 남서측6m도로(회현 길)접함 - 도로접합 - 등기부상토지소유권 및대지권없는시유지 (회현동1가147-23/ 지목:대지/면적:396 4.7㎡/소유자:서울 시)상의건물임 - 2006.9.18일자로보 상계획을공고하고철 거정리사업을추진중	물건번호: 단독물건 대지권없음 건물 38.34 (11.6평) 방2 - 총10층 - 보존:1987.04.24 341세대	감정가 105,000,000 ·건물 105,000,000 (100%) (평당 9,051,724) 최저가 84,000,000 (80.0%) **경매진행과정** ① 105,000,000 2011-06-15 유찰 ② 20% 84,000,000 ↓ 2011-07-20 낙찰 	낙찰자	고달순
응찰수	6명
낙찰액	96,780,000 (92.17%)
2위	90,400,000 (86.10%)	 허가 2011-07-2 8 2011-10-05 종결	**법원임차조사** 정인웅 전입 1988.05.2 5 주거/미상 점유기간 미상 조사서상 정영애 전입 1988.05.2 6 확정 2006.08.0 3 배당 2011.04.1 8 (보) 35,000,00 0 주거/728호 점유기간 2006.8.3~ *세입자 정인웅 진술은 본인과 처 정영애가 목적 물에 임차사용하고 있으 며, 다른 세입자 없다고 함. **지지옥션세대조사** 세 88.05.25 정인웅 주민센터확인:2011.0 6.09	소유 권 이상원 2006.08.03 전소유자:정영애 저당 권 신한은행 청계 2006.08.03 144,000,000 저당 권 정영애 2006.08.03 30,000,000 저당 권 강남에셋 2009.06.08 170,000,000 압 류 역삼세무서 2010.04.16 가압 류 신용보증기금 테헤란로 2010.09.29 32,300,000 임 의 신한은행 2010.10.13 개인여신관리 *청구액:122,593,722 원 채권총액 376,300,000 원

■ 참고사항

·토지는 서울시 소유인 바 중구청에서 재개발 진행중이라는 답변을 들었다 는 채권자(신한은행)의 진술 있음.

⋯ 본 아파트는 대지권을 포함한 감정평가액을 기초로 최저매각가격을 결정하였다고 하여 매각으로 인하여 대지권도 함께 취득하는 것이 아니라. 대지권이 본래 있었다면 매각으로 대지권도 함께 취득하는 것이고, 본래 대지권이 없었다면 매각으로 대지권을 취득하지 못한다.

토지별도 등기

1) 토지별도등기의 의미

토지별도등기란 토지에 건물과 다른 등기가 있다는 뜻으로 집합건물은 토지와 건물이 일체가 되어 거래되도록 되어 있지만, 건물을 짓기 전에 토지에 저당권 등 제한물권이 있는 경우 토지와 건물의 권리관계가 일치하지 않으므로 건물 등기부에 "토지에 별도의 등기가 있다."라는 표시를 하기 위한 등기를 말한다. 이 경우에는 감정평가서상에 대지 지분 가격이 포함되어 있다 하더라도 토지 등기부상의 권리자가 배당신청을 한 경우에 한하여 토지별도등기가 소멸된다. 토지별도등기가 소멸되지 않는 경우에는 반드시 해당 사건 집행기록에 표시되어야 하므로 참고하면 된다.

2) 토지별도등기의 발생원인

토지별도 등기가 발생하는 이유는 대개 건설회사가 토지를 담보로 설정하고 돈을 빌려 공동주택을 지은 다음, 저당권을 해지하고 세대별로 토지등기를 해 줘야 하는데 부도가 나거나 도주해버린 경우에 흔히 발생된다. 경매절차에 있어서 토지별도등기가 용익물건(지상권, 전세권 등)인 경우에는 인수하며, 담보 물권은 소멸함이 원칙이지만, 이때 실무에서는 용익물권의 경우 인수조건부터 특별매각조건을 붙여 입찰이 진행되며 담보물권의 경우 토지에 관한 채권자에게 채권신고를 하게 하여 배당을 청구함으로써 해당 비율만큼 배당으로서 말소시키고 있다.

3) 토지별도등기의 권리분석 시 주의할 점

① 토지별도등기는 토지가 대지권으로 정리되기 전에 토지에 대해 저당권, 가압류 등이 설정된 후 집합건물이 건축된 경우이다. 만약 구분건물의 저당권자가 경매를 신청한 경우 그 토지의 저당권은 말소되지 않는다. 즉 건물을 낙찰받아 소

유권등기까지 마쳐도 토지의 저당권자가 경매신청하면 건물의 낙찰자는 계속 지료를 지불해야 하며, 만일 법정지상권이 불성립할 경우에는 건물을 철거당할 수도 있고 지료 지급을 계속 거절하면 토지소유자는 건물에 대해 강제 경매를 신청할 수도 있어 불리한 권리와 인수 남의 빚까지 인수하는 불상사가 없게 토지별도등기를 발부받아 권리분석을 철저히 하여야 한다.

② 경매물건에 '토지별도등기 있음' 이라고 명시되어 있으면 반드시 토지등기사항 전부증명서를 별도로 열람해보고, 매각물건명세서상에서 등기된 사항(인수되는 권리가 있는지)을 확인한 후 입찰에 응해야 한다.

③ 토지별도등기가 되어 있는데 토지등기사항전부증명서에 가처분, 보전가등기 등 소멸되지 않는 권리가 있을 경우에는 해당 지분만큼 매수인이 인수해야 하기 때문에 입찰에 신중을 기해야 한다.

④ 특히, 토지별도등기를 인수한다면 토지에 대한 저당권을 인수할 것을 조건으로 경매한다는 내용의 특별매각조건을 공시해야 하며, 임차인은 건물의 저당 일을 기준으로 대항력을 판단하므로 임차인이 토지, 건물 양쪽의 저당일보다 빠르면 전체 낙찰가에서 배당받고, 토지저당 이후 건물저당 이전에 전입한 임차인이라면 건물의 낙찰대금에서만 배당되고 미배당금은 인수하게 되므로 임차인의 배당금액에 대한 배당을 정확히 계산하고 입찰에 응해야 한다.

⑤ 대지권 미등기와 토지별도등기의 공통점과 차이점

	대지권 미등기	토지 별도등기
차이점(소멸)	감정평가 되어 평가서에 그 가치가 기재된 경우	배당요구 신청한 경우
공 통 점	대지권 미등기 & 토지별도등기가 기재된 경우 경락인은 별도로 보상해야 한다.	

4) 대지권 없음

(1) '대지권 없음'의 의미

대지권 없음은 대지지분이 아예 없는 경우를 말한다. 그러나 대지권 미등기는 대지권이 등기되지 않은 상태를 말함으로 그 차이점을 구분할 줄 알아야 한다. 같은 아파트 단지 내 경매물건임에도 불구하고 시세의 절반 가격에 나온 경매물건을 볼 수 있는데, 이런 물건은 지분 경매물건이거나 대지권 없음의 경매물건이다.

(2) '대지권 없음'의 권리분석 시 주의할 점

① 대지권 없는 아파트를 저렴하게 낙찰받을 경우 대지권 소유자가 '구분소유권 매도 청구권'을 행사하면 낙찰자는 건물의 소유권을 잃을 수 있다는 점에 유의해야 한다. 즉 건물의 낙찰자는 대지사용권을 가지지 못한 구분소유자가 건물을 시가로 매도할 것을 요구하면 이에 응해야 하기 때문이다.

② 감정평가서에 대지권에 대한 가격이 포함되지 않은 물건은 정확한 내용을 알지 못하면 입찰을 피하는 게 바람직하지만, 대지지분이 없는 아파트일지라도 감정가에 대지권 가격이 포함되어 있다면 향후 대지권에 대한 소유권을 행사하는 데 문제가 없다.

(3) 대지권 미등기와 대지권 없음의 구별 방법

등기사항전부증명서 열람만으로 대지권 미등기와 대지권 없음의 차이를 구별하기는 매우 어렵다. 왜냐하면 둘 다 대지권 등기가 생략돼 있는 경우가 많기 때문이다. 즉 표제부의 '대지권 표시'란이 공란으로 되어 있을 경우 그 사유가 '대지권 미등기'인지 아니면 '대지권 없음'인지 알 수 없다는 것이다.

① 대지권 없음은 대지권 자체가 없는 경우로 대지권 없는 건물을 낙찰 받은 후 향후 토지소유자가 "구분소유 매도 청구권" 행사에 응해야 하며 대지권 취득에 추

가부담금이 발생될 수 있다.

② 대지권 미등기의 경우 대지권은 등기되지 않은 상태를 말하지만 감정평가 금액에 포함되어 있다면 대지권 미등기이다.

···▶ 토지별도등기 입찰시 주의 사항

1) 매각조건이 인수조건이면 인수 ⇒ 매각조건확인.

2) 토지 담보권자가 배당요구 및 채권계산서 제출시 ⇒ 배당해주고 말소함.

3) 토지등기와 건물등기상 근저당권자 동일한 경우 ⇒ 원칙은 토지등기 근저당권은 인수이지만, 법원실무를 보면 근저당권자로부터 배당받으면 말소해주겠다는 확인서를 제출받았으면 배당해주고 말소 등기함.

4) 토지별도등기 있는 주택에 임차해 있는 임차인의 권리분석

⇒ 건물등기부와 토지등기부 양쪽 근저당권설정일 보다 임차인 권리가 빠른경우 토지와 건물 모두에서 배당받고, 토지근저당보다 후순위이고 건물근저당보다 선순위인 경우에는 건물매각대금에서만 배당받는다.

5) 건물근저당권자가 토지를 임의경매한 경우가 아니라면 토지별도등기의 근저당권은 소멸하지 않는다.

6) 토지등기부에 지상권, 전세권, 가처분, 소유권보전가등기 등이 있는 경우 인수한다.

* 판례의 내용과 일부 다를 수 있다.

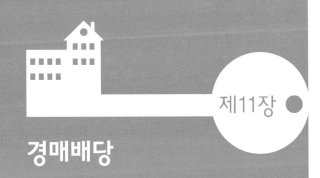

제11장

경매배당

경매법원이 매각대금의 배당절차에서 참가한 각 채권자의 채권에 관하여 채권액을 조사한 후에 작성하지만, 법원은 그 채권의 존부나 금액을 직권조사할 권한이 없다. 따라서 민사집행법에서는 경매절차의 이해관계인 및 우선변제권이 있는 채권자 중 일정하게 규정한 자에 한하여 배당요구종기기일까지 배당신청요구와 채권계산서의 제출을 부담하게 하고 있다.

배당요구는 매각대금에서 배당요구를 하여야만 배당받을 수 있는 채권자는 반드시 배당요구의 종기(법원에서 지정한 기일)까지 배당요구를 하여야 한다. 배당표는 법원에서 배당기일 3일 전에 채권자에 배당할 배당액 등을 적은 배당표 원안을 작성하여 비치하며, 이 배당표의 원안이 확정되면 배당이 이루어진다. 이해관계인은 배당표에 대한 이의를 제기할 수 있고, 배당은 순위에 의해서 확정되기 때문에 배당순위에 대한 공부가 반드시 필요하다.

배당순위

각 채권자의 우선순위는 민법과 상법 기타 법률의 규정에 따라 정해진다. 배당 참가 채권이 전부 일반 채권자라면, 채권 발생의 선후나 집행권원의 유무를 불구하고 평등 비율로 배당한다. 하지만 우선 채권이 있으면, 배당표에 각 채권의 배당순위를 표시해야 한다.

– 법 원 경 매 배 당 순 위 –	
배당순위	배당채권
제1순위	경매비용(경매목적부동산에 투입한 필요비와 유익비를 포함함) ① 경매비용 : 인지대, 등기사항전부증명서, 공과증명 등 각종 첨부서류 발급비용, 경매절차 진행상 서류의 송달료, 경매개시결정등기의 등기촉탁의 비용, 경매절차 진행비용, 부동산감정평가 수수료, 집행관의 집행수수료(경매수수료, 현황조사 수수료, 유찰수수료) ② 경매목적 부동산에 투입된 필요비·유익비: 저당권설정등기 후에 목적부동산의 소유권, 지상권, 전세권, 대항력 있는 임차권을 취득한 제3취득자가 그 부동산의 보존·개량을 위하여 필요비 또는 유익비를 지출한 때에는 저당물의 경매대가에서 우선 상환을 받을 수 있다.
제2순위 (최우선변제)	소액임차인 보증금 중 일정액, 임금채권보장법에 의한 근로자의 최종 3월분 임금채권, 최종 3년간 퇴직금, 재해보상금(이들 채권이 경합 시 동순위 채권으로 보아 배당)
제3순위	집행목적물에 대하여 부과된 국세, 지방세와 가산금(당해세) 국세–상속세, 증여세, 종합부동산(국세청·세무서) 지방세–재산세, 자동차세, 종합토지세 등(시·군·구청 세무과)
제4순위	담보물권(전세권·저당권·담보가등기)에 의하여 담보된 채권, 확정일자 있는 임차권, 등기된 임차권, 당해세 이외의 국세(양도소득세)·지방세(취득세, 등록세) ← 조세납기일(법정기일)기준, 압류등기일 기준이 아님
제5순위	최우선변제 대상인 최종 3월분의 임금 및 최종 3년간 퇴직금을 제외한 일반 임금, 퇴직금, 기타 근로관계로 인한 채권

제6순위	법정 기일이 전세권 · 저당권설정일보다 늦은 국세 · 지방세, 즉 담보물권보다 늦은 조세채권
제7순위	각종 공과금(의료 · 산업재해보상 · 국민연금 · 고용보험료 등)
제8순위	일반채권[차용증 · 보관증 · 약속어음 · 각서 · 합의서 · 임대차계약서(대항력과 상관없이 확정일자 없는 경우)]

- 당해세: 집행의 목적물에 대하여 부과된 국세 · 지방세와 가산금(국세기본법 제35조5항, 지방세법시행령 제14조4항)을 당해세라고 하며 그 법정 기일 전에 설정된 근저당 등으로 담보된 채권보다 우선하는 원칙을 '당해세 우선의 원칙'이라 한다. 현행법상 국세 당해세로는 상속세 · 증여세 · 종합부동산세가 있다. 단, 상속세 · 증여세는 담보권설정 당시 납세의무가 있는 경우만 인정한다. 지방세 당해세로는 재산세 · 자동차세 · 종합토지세 · 도시계획세 · 소방공동시설세가 있고, 취득세와 등록세는 당해세로 인정하지 않는다.
▶ 당해세는 후순위에 발생했다 해도 우선배당 받기에 세금은 죽어서도 피하지 못한다는 속설이 생김(당해세 우선원칙은 1996년 1월 1일부터 시행되어 이전에 설정된 권리에는 우선권을 주장할 수 없음)

1) 제1순위

민법에 규정된 제3취득자, 임차권자, 점유권자, 유치권자의 비용상환청구 채권

① 저당물의 제3취득자나 임차권자, 점유권자, 유치권자가 그 부동산의 보존 · 개량을 위하여 필요비 또는 유익비를 지출한 때에는, 매각대금에서 우선하여 상환을 받을 수 있다

② 권리신고 및 배당요구신청서에 영수증과 입증자료를 첨부하여 제출하여야 하지만, 실무에서는 비용상환청구권을 갖고 있음에도 이를 알지 못하여 우선변제를 받지 못하는 경우가 있다. 그렇더라도 인도명령과 명도소송 절차에서 유치권 또는 동시이행의 항변권을 주장할 수 있다.

2) 제2순위

주택임대차보호법 소정의 소액 보증금 중 일정액과, 최종 3월분의 임금, 퇴직금 및 재해보상금으로, 상시 5인 이상의 근로자를 사용하는 모든 사업 또는 사업장에 적용된다. 다만, 동거의 친족만을 사용하는 사업 또는 사업장과 가사사용인에 대해서는 적용하지 않는다.

① 최종 3월분의 임금: 여기서 말하는 임금은 기본급만이 아니라, 퇴직금을 제외한 근로자에게 대가로서 근로자에게 지급되는 각종 수당을 포함하는 일체의 금액을 말한다.

② 최종 3년분의 퇴직금: 최우선으로 변제되는 퇴직금은 최종 3년간의 퇴직금으로 계속 근로연수 1년에 30일분의 평균임금으로 계산한 금액이다.

③ 재해보상금: 1989년 3월 29일 이후에 발생한 산업재해에 따른 각종 보상금에는 최우선변제권이 인정되지만, 다만 근로기준법이 적용되는 사업장은 산재보험에 가입하고 있어야 하고, 산재보험을 받을 수 있는 경우에는 사용자를 상대로 근로기준법에 의한 재해보상을 청구할 수 없다.

3) 제3순위

국세 중 당해세 및 그 가산금. 당해세란 집행의 목적물에 대하여 부과된 국세와 가산금을 말한다.

① 국세 중 당해세의 종류에는 토지초과이득세 · 상속세 · 증여세 · 재평가세가 있지만, 헌법재판소의 위헌결정에 따른 현재 매각대금에서 최우선순위가 인정되는 당해세로는 당해 부동산에 부과된 재평가세와 토지초과이득세로 제한하며, 상속세와 증여세는 우선변제권이 인정되지 않는다.

② 지방세법 중 당해세의 종류로는 취득세 · 등록세 · 재산세 · 자동차세 · 종합토지세 · 도시계획세, 공동시설세가 있으나 매각대금에서 최우선순위가 인정되는 당해세로는, 당해 부동산에 부과된 재산세와 도시계획세, 종합토지세 그리고 자동차세를 당해세로 인정하며, 취득세 등록세 면허세 등에는 최우선 변제권이 인정되지 않는다.

4) 제4순위

당해세 이외의 조세로서 그 법정 기일 또는 지방세의 과세 기준일 납세의무 성립일, 저당권설정일. 전세권 설정일 또는 임차인의 확정일자 보다 앞선 조세채권 또

는 그 반대로 조세보다 앞선 저당권 또는 전세권, 임차인의 확정일자

① 법정 기일과 설정일 간의 기준: 담보물 채권자의 기준일은 등기설정일이며, 확정일자를 갖춘 임차인의 경우 확정일자를 부여받은 날이 기준일이 된다.

② 동일한 부동산에 여러 개의 저당권 또는 전세권과 담보물권 등이 설정되었을 때에는 설정등기 순위에 의한다.

③ 확정일자가 있는 임차인이 우선변제권을 행사하기 위해서는 확정일자를 부여받아야 하는데, 그 전에 대항요건인 주택의 인도와 주민등록의 이전이 필수적으로 갖추어져야 한다. 따라서 대항요건만을 갖추고 확정일자를 부여받지 않았다면 우선변제권을 행사할 수 없다[대항력의 효력 발생은 주택인도 및 전입신고 받은 다음 날(익일)부터 대항력 취득].

5) 제5순위

최종 3개월분 임금과 퇴직금 및 재해보상금 이외의 채권

6) 제6순위

당해세인 국세 이외의 조세채권

7) 제7순위

조세 및 지방세 등 지방자치단체의 징수 외의 의료보험료 및 산업재해보상보험료, 국민연금 등의 공과금 등이 있다.

8) 제8순위

일반 채권. 압류 및 가압류 등의 일반채권은 모두 채권성립일 또는 설정일자 등을 불문하고 동 순위로서 판단하여 채권액에 따라 안분비례배당을 받는다.

배당의 이해

1) 안분배당과 흡수배당 쉽게 계산하기

① 물권은 채권에 우선하고, 물권 상호 간은 시간순서, 채권자는 우선순위 없이 비율 공평배분

② 가압류(일반채권 아님)가 선순위(후순위 아님)인 경우 안분배당을 한다.

[사례 1]

1. 낙찰가격 60,000,000원

2. 가압류 40,000,000원

3. 근저당 30,000,000원

4. 근저당 30,000,000원

(배당 1) 안분배당과 흡수배당을 사용한 경우

- 안분배당[배당금액 * 채권금액/청구 총금액 = 비율 배분금액

  1순위 가압류채권자 : 6천 * 4천/1억(4천+3천+3천) = 2천4백 원 배당

  2순위 근저당 : 6천 * 3천/1억(4천+3천+3천) = 1천8백 원 배당

  3순위 근저당 : 6천 * 3천/1억(4천+3천+3천) = 1천8백 원 배당

- 흡수배당

  1차 배당이 된 후에 2번과 3번 근저당끼리 물권이므로 우선변제권이 행사되어 2번 근저당은 자기의 채무가 다 채워질 때까지 3번 후순위 근저당권자의 배당액을 흡수(흡수배당)하게 된다. 2번 근저당권자는 우선순위 없이 비율 공평배분 물권은 채권에 우선하고 물권상호간은 시간순서, 채권자는 우선순위 없이 비율 공평배분 배당이 된 후에 2번과 3번 근저당끼리 물권이므로 우선변제권이 배당

채워질 때까지 3번 후순위 근저당권자의 배당액을 흡수하게 된다.

- 배당결과

  1순위 가압류채권자 : 24,000,000원 배당

  2순위 근저당권자 : 30,000,000원 배당

  3순위 근저당권자 : 6,000,000원 배당

(배당 2) 안분배당은 사용, 흡수배당은 사용하지 않는 경우

- 안분배당

  1순위 가압류채권자: 6천 * 4천/1억(4천+3천+3천) = 2천4백만 원 배당. 1번 종료.

→ 배당잔액: 6천 − 2천4백 = 3천6백만 원

→ 2순위 근저당권자: 3천만 원 모두 배당. 2번 종료.

→ 배당잔액: 3천6백 − 3천 = 6백만 원

→ 3순위 근저당권자: 나머지 6백만 원 배당. 3번 종료

이를 통해 [배당 1]의 방식보다 [배당 2]의 방식이 훨씬 간단한 것을 알 수 있다. 물권과 채권이 많이 섞여 있는 경우, 더욱 빨리 계산할 수 있기 때문이다.

[사례 2]

낙찰가격 6천

1. 가압류 3천

2. 근저당 4천

3. 압류 3천

(배당 1) 안분배당과 흡수배당을 사용한 경우

- 안분배당

  1순위 가압류채권자 : 6천 * 3천/1억(3천+4천+3천) = 1천8백만 원 배당

2순위 근저당 : 6천 * 4천/(1억(3천+4천+3천)) = 2천4백만 원 배당

3순위 압류채권자 : 6천 * 3천/(1억(3천+4천+3천)) = 1천8백만 원 배당

- 흡수배당

  1번 1차 비율배당으로 배당

  2번 근저당이 앞 순위의 가압류 채권자에게는 우선순위 주장을 하지 못하나?

  3번의 압류채권자에게는 물권으로써 우선변제주장이 가능하므로 자기의 채무

  가 다 채워질 때까지 흡수할 수 있다(흡수배당)

- 배당결과

  1순위 가압류채권자: 1천8백만 원 배당

  2순위 근저당권자: 4천만 원 배당

  3순위 압류권자: 2백만 원 배당

(배당 2) 안분배당은 사용, 흡수배당은 사용하지 않는 경우

- 안분배당

  1순위 가압류채권자 : 6천 * 3천/1억(3천+4천+3천) = 1천8백만 원 배당. 1번 종료

→ 배당잔액: 6천만 원 − 1천8백만 원 = 4천2백만 원

→ 2순위 근저당권자 4천만 원 모두 배당(압류권자는 후순위이므로 안분안함). 2번 종료

→ 배당잔액: 4천2백만 원 − 4천 = 2백만 원

→ 3순위 압류권자 2백만 원 배당. 3번 종료

(배당 3) 순차배당(주택경매) 낙찰가격 1억 2천만 원

권리(배당)분석표					
순위	일자	권리	권리자	금 액	기타
1	06.3.1	가등기	甲		인수
2	06.05.01	근저당권	신한은행	5,000만 원	말소기준

3	07.02.01	근저당권	새마을금고	8,000만 원	
4	08.04.01	가압류	丙	1억 원	
5	08.07.01	경매	丙		

1. 2006.3.1 갑구 청구권가등기 (甲)

2. 2008.4.1 갑구 가압류 (채권자丙) 1억 원

3. 2008.7.1 갑구 2번 경매신청

4. 2006.5.1 을구 근저당권 (신한은행) 5천만 원

5. 2007.2.1 을구 근저당권 (새마을금고) 8천만 원

• 순차배당

　1순위: 근저당권 신한은행 5천만 원 배당. 1번 종료

→ 배당잔액 1억 2천만 원 − 5천만 원 = 7천만 원

→ 2순위 : 근저당권 새마을금고 7천만 원 배당. 2번 종료

2) 사례 전세권자 인수

아파트 경매물건 9,850만 원 낙찰

```
2001. 5. 1. 근저당권 국민은행 1,500만 원
2003. 2. 10. 주택임대차 임차인(이몽룡) 8,000만 원
2003. 5. 17. 근저당권 보람저축은행 3,000만 원
2005. 7. 5. 임의경매 보람저축은행
```

• 전세권등기 2003.7.20. 성춘향 3,000만 원

• 근저당등기 2004.1.3. 변학도 1억 4,000만 원

• 근저당등기 2007.1.4. 성참판 4,500만 원

• 경매등기 2008.2.4. 변학도 청구 1억 원

• 임차인 성춘향 4,500만 원 전입 2006.5.22

　확정일자 2008.12.1(참고로 경매등기 후에도 확정일자 가능함)

[문제] 전세권자 성춘향은 배당요구신청을 하지 않았다. 낙찰자가 인수해야 하는 금액은 얼마인가?

[배당] 전세권 성춘향 4,500만 원(배당요구를 하지 않았으므로 전세금 증액이든 감액이든 변동이 있는 것까지 낙찰자가 인수해야 됨)

만약 전세금 4,500만 원에서 주인이 1,000만 원을 감액해 줬다면 3,500만 원만 인수함

권리(배당)분석표					
순위	일자	권리	권리자	금액(만 원)	대항력
1	03.07.20	전세권	성춘향	3,000	인수
2	04.01.03	근저당	변학도	14,000	말소기준
3	06.05.21	임차권	성춘향	4,500	전입 0
4	07.01.04	근저당	성참판	4,500	
5	08.02.04	경매등기	변학도	10,000	
6					

[결과]

1순위 변학도 9,850만 원 받고 종료

결국 낙찰자는 9,850만 원 + 4,500만 원 = 1억 4,350만 원에 낙찰받는 결과

만일 전세권자가 배당요구를 했다면, 낙찰금에서 전세권자 성춘향 1순위 3,000만 원, 근저당권자 변학도 2순위 6,850만 원을 받고 종료된다.

중요한 것은 전세권자 입장에서는 배당요구를 하지 않아야 전액(4,500만 원)을 받을 수 있으며, 배당요구를 했다면 증액한 1,500만 원을 받지 못한다는 점이다. 그 이유는 은행 근저당보다 후순위로 증액을 했기 때문이다. 배당의 3원칙은 첫째 흡수배당(물권), 둘째 안분배당(채권), 셋째 순환배당(물권과 채권 혼재 시)이다.

배당 연습

(1) 권리순서가 다음과 같고 경매비용 없이 배당할 금액이 1억 원이라면 배당결과는?

  ① 가압류 5,000만 원

  ② 임차권(대전·전입·확정일자) 4,000만 원

  ③ 근저당권(96년 설정) 3,000만 원

  ④ 당해세 아닌 조세 4,000만 원

  ⑤ 가압류 2,000만 원

[배당]

비율배당을 하면 1순위 가압류 2,778만 원, 2순위 임차권 2,222만 원, 3순위 근저당권 1,667만 원, 4순위 조세 2,222만 원, 5순위 가압류 1,111만 원이 된다.

여기에서

1순위 가압류 금액 2,778만 원을 공제한 7,222만 원이 후순위 채권자들에게 각각 배당된다.

2순위 임차권은 5순위 가압류에서 1,111만 원, 4순위 조세로부터 667만 원을 흡수한다(1차 흡수).

3순위 근저당권은 채권금액 3,000만 원을 만족할 때까지 역시 흡수 한도인 1,333만 원을 4순위 조세로부터 흡수한다(2차 흡수).

4순위 조세는 2순위 임차권과 3순위 근저당권에 각각 흡수당해 222만 원만 남는다. 그러나 조세는 1순위 가압류로부터 자신의 흡수한도액인 1,778만 원을 흡수해 2,000만 원을 배당받는다(3차 흡수).

1순위 가압류권자는 조세에 1,778만 원을 뺏기게 되어 1,000만 원을 배당받는다.

(2) 권리순서가 다음과 같고 경매비용 없이 배당할 금액이 6,000만 원이라면 배당 결과는?

서울시 소재 주택에 대하여 1996년 1월 1일 근저당권 甲 4,000만 원, 2002년 10월 1일 근저당권 乙 5,000만 원, 임차인 丙 보증금 2,500만 원(대항요건 구비일 1997. 1. 1), 임차인 丁 보증금 3,500만 원(대항요건 구비일 2003. 10. 1)

[배당]

소액임차인이냐 아니냐 하는 판단의 기준 등기 시점은 임차인이 입주하는 주택의 등기사항전부증명서상에 기재된 최선순위 담보물권 설정일자를 기준으로 판단한다. 우선하는 담보물권이 있으면, 그 담보물권이 설정된 시점으로 소액임차인 여부를 판단한다.

근저당권자 甲에 대하여 丙은 소액임차인임을 주장 가능하나 丁은 불가, 그러나 근저당권자 乙에 대하여는 丙, 丁 모두 소액임차인임을 주장할 수 있다.

예상 배당 순위는 1순위 丙 소액보증금 1,200만 원, 2순위 甲 4,000만 원, 3순위 丙 소액보증금 증가분 160만 원을 포함하여 1,360만 원, 丁 640만 원이다.

여기에서 담보물권을 취득한 자의 범위가 아주 중요한데, 저당권이나 가등기담보권은 포함되나, 가압류나 압류는 포함되지 않는다.

(3) 다음 물건이 1억 원에 낙찰되었다. 배당관계는?

① 2007. 3. 1 갑구 소유권청구권보전가등기(권리자 甲)

② 2008. 4. 1 갑구 가압류(권리자 丙) 채권액 4,000만 원

③ 2008. 7. 1 갑구 ②번 경매신청

④ 2007. 2. 1 을구 저당권(乙) 8,000만 원

⑤ 2007. 5. 1 을구 저당권(丁) 6,000만 원

권리(배당)분석표					
순위	일자	권리	권리자	금액(만 원)	대항력
1	07.02.01	저당권	乙	8,000	말소기준
2	07.03.01	가등기	甲	–	
3	07.05.01	저당권	丁	6,000	
4	08.04.01	가압류	丙	4,000	
5	08.07.01	경매			

[배당]

1순위 乙은 8,000만 원을 받고(잔액 2,000만 원), 2순위 丁은 2,000만 원을 받는다(잔액 0원).

(4) 등기부상 권리와 신고된 권리 모두를 열거한 내용이다. 다음 물건이 1억 원에 낙찰된 경우, 배당은 어떻게 되는가?

① 2008.5.1. 국민은행 근저당권 (500만 원)

② 2009.3.1. 홍길동 가압류채권 (3천만 원)

③ 2008.8.5. 신한은행 저당권 (4천만 원)

④ 2009.2.1. 기업은행 근저당권(1억 원)

⑤ 2009. 9. 1. 강제경매신청 (기업은행)

총 배당재단 : 1억 원

권리(배당)분석표					
순위	일자	권리	권리자	금액(만 원)	대항력
1	08.05.01	근저당	국민은행	500	말소기준
2	08.08.05	저당권	신한은행	4,000	
3	09.02.01	근저당	기업은행	10,000	

4	09.03.01	가압류	홍길동	3,000	
5	09.09.01	경매	기업		

[배당]

1순위 국민은행 500만 원(잔액 9,500만 원)

2순위 신한은행 4,000만 원(잔액 5,500만 원)

3순위 기업은행 5,500만 원(잔액 0원)

(5) 주택 임차인은 전입신고만 하고 확정일자는 갖추지 못하였다. 배당요구를 한 경우, 낙찰가 1억 원이면 배당액은?

① 2007. 3. 1. 가압류 (신한은행)

② 2007. 4. 1. 강제경매 (국민은행)

③ 2006. 8. 5. 신한은행 (4,000만 원)

④ 2006. 5. 1. 국민은행 (500만 원)

⑤ 2007. 2. 1. 제일은행 (1만 원)

⑥ 2006. 6. 5. 임차인 김말수 (5,000만 원)

권리(배당)분석표					
순위	일자	권리	권리자	금액(만 원)	대항력
1	06.05.01	근저당	국민은행	500	말소기준
2	06.06.05	임차권	김말수	5,000	전입 0 확정일자X
3	06.08.05	근저당	신한은행	4,000	
4	07.02.01	근저당	제일은행	10,000	
5	07.03.01	가압류	신한은행		
6	07.04.01	경매	국민은행		

[배당]

1순위 국민은행 500만 원 (잔액 9,500만 원)

2순위 신한은행 4,000만 원 (잔액 5,500만 원)

3순위 제일은행 5,500만 원 (잔액 0원)

⋯➤ 여기서 주의할 것은 임차권 김말수는 기준권리인 국민은행 근저당 일자를 기준해서 (06.5.1) 소액 보증금이 4,000만 원인데 임차보증금이 5,000만 원이기에 최우선변제도 없고 확정일자도 받지 않았기에 일반채권으로 되어 제일 후순위로 밀린다.

⑹ 다음 연립주택 7,000만 원에 낙찰되었다. 각 채권자의 배당액은?

  ① 2008. 1. 5 경매개시결정등기

  ② 2007. 10. 1 국민은행(근저당) 5,000만 원

  ③ 2007. 11. 5 임차권자(甲) 4,000만 원 전입 07.11.05. 확정일자 받음

  ④ 2008. 2. 10 임차권자(乙) 4,000만 원 전입신고 2008.2.10.

권리(배당)분석표					
순위	일자	권리	권리자	금액(만 원)	대항력
1	07.10.01	근저당	국민은행	5,000	말소기준
2	07.11.05	임차권	甲	4,000	전입 0 확정일자 0
3	08.01.05	경매			
4	08.02.10	임차권	乙	4,000	전입 0 확정일자 X

[배당]

1순위 甲 1,600만 원 (소액보증금이며 대항력 있음, 잔액 5,400만 원)

2순위 국민은행 5,000만 원 (잔액 400만 원)

3순위 乙 400만 원 (잔액 0원)

… 乙은 경매개시결정등기 전에 전입신고, 점유를 하고 있어야(대항력) 임차권 보호해 줌(최우선순위 1,600만 원)

(7) 다음 물건이 6,000만 원에 낙찰되었다. 권리자 간 배당액은?

① 2007. 3. 1. 가압류 (신한은행)

② 2007. 4. 1. 강제경매 (국민은행)

③ 2006. 8. 5. 신한은행 (4,000만 원)

④ 2006. 5. 1. 국민은행 (500만 원)

⑤ 2007. 2. 1. 우리은행 (1억 원)

권리(배당)분석표					
순위	일 자	권리	권리자	금액(만 원)	기타
1	06.05.01	근저당	국민은행	500	말소기준
2	06.08.05	근저당	신한은행	4,000	
3	07.02.01	근저당	우리은행	10,000	
4	07.03.01	가압류	신한은행		
5	07.04.01	경매	국민은행		

[배당]

1순위 국민은행 500만 원 (잔액 5,500만 원)

2순위 신한은행 4,000만 원 (잔액 1,500만 원)

3순위 우리은행 1,500만 원 (잔액 0원)

(8) 다음 물건이 1억 원에 낙찰되었다. 각 권리자 간 배당액은?

① 2007. 4. 1 처분금지가처분 (김)

② 2008. 4. 1 임의경매신청 (우리은행)

③ 2006. 9. 5 임차인 (이몽룡, 5,000만 원)

④ 2006.11.20 국민은행 (3,000만 원)

⑤ 2006.12.10 제일은행 (6,000만 원)

⑥ 2007. 2. 1 우리은행 (5,000만 원)

임차인은 전입신고만 한 상태에서 배당요구를 하였다.

권리(배당)분석표					
순위	일자	권리	권리자	금액(만 원)	대항력
1	06.09.05	임차권	이몽룡	5,000	대항력O 인수
2	06.11.20	근저당	국민은행	3,000	말소기준
3	06.12.10	근저당	제일은행	6,000	
4	07.02.01	근저당	우리은행	5,000	
5	07.04.01	가처분	김철수		
6	08.04.01	경매	우리은행		

[답]

1순위 국민은행 3,000만 원 (잔액 7,000만 원)

2순위 제일은행 6,000만 원 (잔액 1,000만 원)

3순위 우리은행 1,000만 원 (잔액 0원)

┄➔ 임차인 이몽룡 임차보증금 5,000만 원은 기준권리보다 선순위이므로 금액에
 상관없이 낙찰자가 인수해야 한다.

1) 비례배당

(1) 등기부 갑구 상에 가압류 6,000만 원(권리자 甲이) 있다(2007.10.11). 그런데 을구
 상에는 저당권(권리자 乙)이 9,000만 원 있는데, 저당권 설정일자는 2008년 10월
 12일이다. 이 물건 낙찰가액이 1억 원이면 배당은 어떻게 되는가?

권리(배당)분석표					
순위	일자	권리	권리자	금 액(만 원)	기타
1	07.10.11	가압류	甲	6,000	말소기준
2	07.10.12	저당권	乙	9,000	

[답]

갑은 1억 * (6,000만 / 1억 5천) =4,000만 원

을은 1억 * (9,000만 / 1억 5천) =6,000만 원

※ 가압류는 채권이고 저당권은 물권이므로 선순위 가압류와 후순위 저당권이 있을 때는 비례배당(안분배당·평등배당)을 한다.

(2) 두 개의 가압류가 있는 물건이 1억 2천만 원에 낙찰된 경우, 각 채권자들의 배당액은?

[등기부 갑구]

① 2005.4.5 소유권이전등기 (권리자 甲) 배당표 정리대상이 아님

② 2006.4.5 가압류등기 (乙) 2억 원

③ 2008.2.4 처분금지 가처분등기 (丙)

[등기부 을구]

① 2007.2.8 근저당권 (제일은행) 1억 원

권리(배당)분석표					
순위	일자	권리	권리자	금액(만 원)	대항력
1	06.4.5	가압류	을	20,000	말소기준
2	07.2.8	근저당	제일은행	10,000	
3	08.2.4	가처분	병		

[답]

선순위 가압류와 후순위 근저당 비례배당 해야 함

乙 1억 2천 * (2억 / 3억) = 8,000만 원

제일은행 1억 2천 * (1억 / 3억) = 4,000만 원

2) 흡수배당

(1) 선순위 가압류(권리자甲) 8,000만 원 등기 후 1번 저당권(권리자乙) 6,000만 원의 등기가 있고, 그 후 2번 저당권(권리자丙) 6,000만 원 등기된 물건에 대해 총 1억 원에 낙찰되었다면 배당은?

권리(배당)분석표					
순위	일자	권리	권리자	금액(만 원)	대항력
1	06.4.5	가압류	甲	8,000	말소기준
2	07.2.8	저당권	乙	6,000	
3	08.2.4	저당권	丙	6,000	

[답]

선순위 가압류가 있으므로 우선 안분배당을 한다.

갑 1억 * (8,000만 / 2억) =4,000만 원

을 1억 * (6,000만 / 2억) =3,000만 원

병 1억 * (6,000만 / 2억) =3,000만 원

갑은 가압류이므로 안분배당한 자기 배당금 4,000만 원 받고 끝나고, 을은 저당권이므로 3,000만 원과 병의 안분배당금인 3,000만원을 흡수하여 을의 저당권 원래의 금액 6,000만 원을 충족하면 된다.

즉, 1억 낙찰대금 가운데 갑은 4,000만 원 받고, 을은 3,000만 원 + 3,000만 원= 6,000만 원 받고 끝난다.

(2) 근저당 후 가압류인 경매에서 A의 근저당 1억 원, B의 가압류 2억 원, C의 근
저당 2억 원, D의 가압류 1억 원일 때, 배당금액이 총 2억 5,000만 원인 경우
각 채권자 A, B, C, D의 배당액은?

권리(배당)분석표					
순위	일자	권리	권리자	금액(만 원)	대항력
1	07.10.1	근저당	A	10,000	말소기준
2	07.11.5	가압류	B	20,000	
3	08.1.5	근저당	C	20,000	
4	08.2.10	가압류	D	10,000	

[답]

1순위 근저당은 물권이며 선순위이므로 먼저 1억 원 전부를 받고 빠져나간다(순차
배당). 2순위는 가압류이지만 채권이므로 후순위근저당이 있으므로 2·3·4순위
권리들과 안분배당을 한다. 총 2억 5천만 원에서 1순위 1억 원이 배당되고 나머지
1억 5천만 원을 가지고 안분배당을 한다.

B: 가압류 1억 5천 * (2억 / 5억) = 6,000만 원

C: 근저당 1억 5천 * (2억 / 5억) = 6,000만 원

D: 가압류 1억 5천 * (1억 / 5억) = 3,000만 원

B 가압류는 안분한 자기 배당금 6,000만 원 받고, C 근저당은 안분한 자기 배당
금 6,000만 원 + 3000만 원(D의 배당금 흡수) = 9,000만 원을 받는다. D 가압류는
한 푼도 없다(흡수배당으로 배당금 0).

(3) 가압류 – 저당권 – 가압류 – 저당권이 순차로 설정된 물건의 낙찰 시 각 채권
자들의 배당액은? (배당금액은 1억 원)

권리(배당)분석표					
순위	일자	권리	권리자	금액(만 원)	대항력
1	07.10.1	가압류	A	5,000	말소기준
2	07.11.5	저당권	B	5,000	
3	08.1.5	가압류	C	5,000	
4	08.2.10	저당권	D	5,000	

[답]

1순위가 가압류이기 때문에 안분배당을 한다.

1순위 가압류 1억 * (5,000만 / 2억) = 2,500만 원

2순위 저당권 1억 * (5,000만 / 2억) = 2,500만 원

3순위 가압류 1억 * (5,000만 / 2억) = 2,500만 원

4순위 저당권 1억 * (5,000만 / 2억) = 2,500만 원

1순위는 가압류이기 때문에 자기 배당금 2,500만 원(나머지 잔액 7,500만 원)

2순위 저당권은 자기 배당금 2,500만 원+ 2,500만 원(C의 배당금 흡수하여 저당권 충족, 잔액 2,500만 원)

3순위 가압류는 잔액 2,500만 * (5,000만 / 1억) = 1,250만 원

4순위 저당권은 잔액 2,500만 * (5,000만 / 1억) = 1,250만 원

Tip 선순위 가압류와 후순위 저당권이 있으면, 가압류는 후순위자들과 비례배당 하여 자기 배당금을 받고 끝나고, 2순위 저당권은 자기 채권을 충족하지 못하였을 때는 후순위 가압류 안분배당 금액을 흡수하여 충족시킨다.

성남7계 2014-9559 회덕동 다세대

소 재 지	경기 광주시 회덕동 356-30 예림빌 B동 1층 101호 [회덕길28번길 49-51]				
경 매 구 분	임의경매	채 권 자	강구수산업협동조합		
용 도	다세대	채무/소유자	정병명	낙 찰 일 시	15.01.05 (108,790,000원)
감 정 가	167,000,000 (14.04.23)	청 구 액	113,000,000	종 국 결 과	15.03.12 배당종결
최 저 가	106,880,000 (64%)	토지총면적	74.75 ㎡ (22.61평)	경매개시일	14.04.22
입찰보증금	10% (10,688,000)	건물총면적	59.04 ㎡ (17.86평)	배당종기일	14.06.30
조 회 수	·금일 1	공고후 61	누적 161	·5분이상 열람 금일 0	누적 12

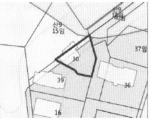

소재지/감정서	물건번호/면적(㎡)	감정가/최저가/과정	임차조사	등기권리
464-120 경기 광주시 회덕동 356-30 예림빌 B동 1층 101호 [회덕길28번길 49-51] **감정평가정리** - 철콘조철콘평슬래브지붕 - 광주시청북서측인근 - 부근소규모아파트단지, 단독주택및다세대주택, 관공서, 공원, 근린상가, 임야등소재 - 차량진출입가능 - 인근버스(정)소재 - 대중교통사정보통 - 남측하향완경사지를 평지조성한부정형토지 - 동측8m도로접함 - 개별난방 - 계획관리지역(계획관리) - 문화재보존영향검토대상구역 - 준보전산지 - 자연보전권역 - 공장설립승인지역 - 배출시설설치제한지역 - 특별대책지역(1권역) 2014.04.23 박근주감정	물건번호: 단독물건 대지 74.75/299 (22.61평) ₩45,090,000 건물 59.0375 (17.86평) ₩121,910,000 방3,욕실2 공용:11.61 - 총4층 - 승인:2013.01.24 - 보존:2013.02.01	감정가 167,000,000 ·대지 45,090,000 (27%) (평당 1,994,250) ·건물 121,910,000 (73%) (평당 6,825,868) 최저가 106,880,000 (64.0%) **경매진행과정** ① 167,000,000 2014-10-27 유찰 ② 20% 133,600,000 ↓ 2014-12-01 유찰 ③ 20% 106,880,000 ↓ 2015-01-05 낙찰 낙찰자 성홍근 응찰수 1명 낙찰액 108,790,000 (65.14%) 허가 2015-01-12 납기 2015-02-10 납부 2015-02-10	**법원임차조사** 김태경 전입 2014.04.16 확정 2014.05.07 배당 2014.05.07 (보) 20,000,000 (월) 500,000 주거/전부 점유기간 2013.10.25-2015.10.24 *소유자점유, 임차인접유. 거주자가 폐문부재하고 공동현관문이 잠겨있거 우편함에 권리신고 및 배당요구신청 안내문을 부착하였고, 주민센터에서 전입세대 열람내역서 및 주민등록등본을 발급받음 **지지옥션세대조사** 세 14.04.16 김** 세 13.10.25 정** 주민센터확인:2014.10.13	소유권 정병명 2013.11.05 전소유자:김정은 근저당 강구수협 하남 2013.11.05 135,600,000 근저당 최영회 2013.11.27 21,000,000 임 의 강구수협 하남 2014.04.22 *청구액:113,000,000원 압 류 국민건강보험공단 2014.05.26 부천북부지사 채권총액 156,600,000원 열람일자 : 2014.10.10

■ 예상배당표 [낙찰가 108,790,000 원으로 분석]

	종류	권리자	등기일자	채권액	예상배당액	인수	비고
등기권리	근저당권	강구수협	2013-11-05	135,600,000	87,436,380	말소	말소기준권리
	근저당권	최영회	2013-11-27	21,000,000		말소	
	임 의	강구수협	2014-04-22			말소	경매기입등기
	압 류	국민건강보험공단	2014-05-26			말소	

	전입자	점유	전입/확정/배당	보증금/차임	예상배당액	대항력	인수	형태
임차권리	김태경	주거/전부	전입 : 2014-04-16 확정 : 2014-05-07 배당 : 2014-05-07	보 20,000,000 월 500,000 환산 70,000,000	19,000,000	無	소멸	주거

	종류	배당자	예상배당액	배당후잔액	배당사유
배당순서	경매비용		2,353,620	106,436,380	
	임차인	김태경	19,000,000	87,436,380	소액임차금배당 (기준일:2013-11-05)
	근저당권	강구수협	87,436,380	0	근저

수원지방법원 성남지원
배 당 표

사 건   2014타경9559 부동산임의경매

배 당 할 금 액	금	108,872,055		
명 세	매 각 대 금	금	108,790,000	
	지연이자 및 절차비용	금	0	
	전경매보증금	금	0	
	매각대금이자	금	82,055	
	항고보증금	금	0	
집 행 비 용	금	2,564,370		
실제배당할 금액	금	106,307,685		

매각부동산	별지와 같음		
채 권 자	김태경	광주시	부천세무서
채 권 금 액	원 금	19,000,000	77,130	365,740
	이 자	0	0	0
	비 용	0	0	0
	계	19,000,000	77,130	365,740
배 당 순 위	1	2	3
이 유	임차인	교부권자	교부권자
채 권 최 고 액	0	0	0
배 당 액	19,000,000	77,130	365,740
잔 여 액	87,307,685	87,230,555	86,864,815
배 당 비 율	100.00%	100.00%	100.00%
공 탁 번 호 (공 탁 일)	금제 호 (. .)	금제 호 (. .)	금제 호 (. .)

2-1

채 권 자		강구수산업협동조합	국민건강보험공단부천북부지사	부천세무서
채권금액	원 금	113,000,000	55,160	137,910
	이 자	16,640,508	0	0
	비 용	0	0	0
	계	129,640,508	55,160	137,910
배 당 순 위		4	4	4
이 유		채권자	교부권자	교부권자
채 권 최 고 액		135,600,000	0	0
배 당 액		86,809,655	18,255	36,905
잔 여 액		55,160	36,905	0
배 당 비 율		66.96%	33.09%	26.76%
공 탁 번 호 (공 탁 일)		금제 호 (. .)	금제 호 (. .)	금제 호 (. .)

2015. 3. 12.
사 법 보 좌 관   엄   익   현

2-2

배당순위	채 권 자	배 당 액	배 당 잔 여 액
	경매집행비용	2,564,370	106,307,685
1	김태경(최우선변제)	1,900,000	87,307,685
2	광주시	77,130	87,230,555
3	부천세무서	365,740	86,864,815
4	강구수산업협동조합	86,809,655	55,160
4	국민건강보험공단부천북부	18,255	36,905
4	부천세무서	36,905	0

※ 당해세와 세금에 따라 낙찰 후 배당금액에서 차이가 날 수 있다.

제12장

이행강제금

건축법 등에 위반하는 건축물을 총칭하여 '위반건축물'이라고 한다. 건물 사용 승인 후 건축주가 건축허가 신청 시 제출했던 서류와 다르게 건축물을 변형한 경우, 일정한 기한까지 의무를 이행하지 않을 때에는 일정한 금전적 부담을 과할 뜻을 미리 계고함으로써 의무자에게 심리적 압박을 주어 장래에 그 의무를 이행하게 하려는 행정상 간접적인 강제집행수단의 하나이다.

부동산 경매에서는 다가구 · 빌라 · 상가 등에서 자주 위반건축물 사건을 자주 볼 수 있다. 공부(공적 장부) 건축물대장에 "위반건축물"이라고 붉은색 글씨로 표시되어 있으니, 낙찰자는 입찰 전에 원상복구나 이행강제금의 종류와 문제점 등을 잘 살펴보고 확인해야 한다.

이행강제금 불법건축물에 대해 부과

이행강제금은 불법증축, 무허가건축 등 법을 어기는 상황을 억제하고 법의 집행력을 담보하기 위한 제도로, 불법 된 부분(증축의 경우 그 증축된 부분)에 대해 해당 건물의 구조, 주요 부분의 사용 자재(콘크리트·철골·조립식판넬·목조·벽돌조 등), 건축년도, 면적 등에 따라 일정하게 부과한다.

1) 이행강제금 부과기준(「건축법」 제80조)

⑴ 위반건축물 시정명령을 받은 후 시정기간 내에 시정명령을 이행하지 아니한 건축주 등에 대하여는 그 시정명령의 이행에 필요한 상당한 이행기한을 정하여 그 기한까지 시정명령을 이행하지 아니하면 이행강제금을 부과한다.

　① 건축물이 건폐율이나 용적률을 초과하여 건축된 경우

　② 허가를 받지 아니하거나 신고를 하지 아니하고 건축된 경우

　③ 해당 건축물에 적용되는 1㎡의 시가표준액의 100분의 50에 해당하는 금액에 위반면적을 곱한 금액 이하의 범위에서 위반내용에 따라 대통령령으로 정하는 비율을 곱한 금액

⑵ 영리목적을 위한 위반이나 상습적 위반 등 대통령령으로 정하는 경우에 100분의 100의 범위에서 가중할 수 있다.

⑶ 이행강제금을 부과하기 전에 이행강제금을 부과·징수한다는 뜻을 미리 문서로써 계고(戒告)하여야 한다.

⑷ 이행강제금을 부과하는 경우 금액, 부과 사유, 납부기한, 수납기관, 이의제기 방법 및 이의제기 기관 등을 구체적으로 밝힌 문서로 하여야 한다.

⑸ 최초의 시정명령이 있었던 날을 기준으로 하여 1년에 2회 이내의 범위에서 해당 지방자치단체의 조례로 정하는 횟수만큼 그 시정명령이 이행될 때까지 반복

하여 이행강제금을 부과 · 징수할 수 있다.

⑹ 시정명령을 받은 자가 이를 이행하면 새로운 이행강제금의 부과를 즉시 중지하되, 이미 부과된 이행강제금은 징수하여야 한다.

⑺ 이행강제금 부과처분을 받은 자가 이행강제금을 납부 기한까지 내지 아니하면 「지방행정제재 · 부과금의 징수 등에 관한 법률」에 따라 징수한다.

2) 이행강제금의 부과 및 징수(「건축법시행령」 제115조의2)

⑴ 사용승인을 받지 아니하고 건축물을 사용한 경우

⑵ 대지의 조경에 관한 사항을 위반한 경우

⑶ 건축물의 높이 제한을 위반한 경우

⑷ 일조 등의 확보를 위한 건축물의 높이 제한을 위반한 경우

⑸ 그 밖에 법 또는 법에 따른 명령이나 처분을 위반한 경우로서 건축조례로 정하는 경우

※ 이행강제금의 부과 및 징수 절차는 국토교통부령으로 정한다.

3) 이행강제금 산정기준(「건축법시행령」 별표 15)

이행강제금은 1㎡당 시가표준액에 위반면적을 곱한 금액에 100/10 이하의 범위 또는 100/50으로 계산하면 된다. 시가표준액을 알아야 정확한 이행강제금 금액을 산출할 수 있다.

〈건축물 시가표준액 계산 서식〉

이행강제금의 산정기준(제115조의2제2항 관련)		〈개정 2020. 10. 8.〉
위반건축물	해당 법조문	이행강제금의 금액
1. 허가를 받지 않거나 신고를 하지 않고 제3조의2제8호에 따른 증설 또는 해체로 대수선을 한 건축물	법 제11조, 법 제14조	시가표준액의 100분의 10에 해당하는 금액
11의2. 허가를 받지 아니하거나 신고를 하지 아니하고 용도변경을 한 건축물	법 제19조	허가를 받지 아니하거나 신고를 하지 아니하고 용도변경을 한 부분의 시가표준액의 100분의 10에 해당하는 금액
2. 사용승인을 받지 아니하고 사용 중인 건축물	법 제22조	시가표준액의 100분의 2에 해당하는 금액
3. 대지의 조경에 관한 사항을 위반한 건축물	법 제42조	시가표준액(조경의무를 위반한 면적에 해당하는 바닥면적의 시가표준액)의 100분의 10에 해당하는 금액
4. 건축선에 적합하지 아니한 건축물	법 제47조	시가표준액의 100분의 10에 해당하는 금액
5. 구조내력기준에 적합하지 아니한 건축물	법 제48조	시가표준액의 100분의 10에 해당하는 금액
6. 피난시설, 건축물의 용도·구조의 제한, 방화구획, 계단, 거실의 반자 높이, 거실의 채광·환기와 바닥의 방습 등이 법령 등의 기준에 적합하지 아니한 건축물	법 제49조	시가표준액의 100분의 10에 해당하는 금액
7. 내화구조 및 방화벽이 법령 등의 기준에 적합하지 아니한 건축물	법 제50조	시가표준액의 100분의 10에 해당하는 금액
8. 방화지구 안의 건축물에 관한 법령 등의 기준에 적합하지 아니한 건축물	법 제51조	시가표준액의 100분의 10에 해당하는 금액
9. 법령등에 적합하지 않은 마감재료를 사용한 건축물	법 제52조	시가표준액의 100분의 10에 해당하는 금액
10. 높이 제한을 위반한 건축물	법 제60조	시가표준액의 100분의 10에 해당하는 금액
11. 일조 등의 확보를 위한 높이제한을 위반한 건축물	법 제61조	시가표준액의 100분의 10에 해당하는 금액
12. 건축설비의 설치·구조에 관한 기준과 그 설계 및 공사감리에 관한 법령 등의 기준을 위반한 건축물	법 제62조	시가표준액의 100분의 10에 해당하는 금액
13. 그 밖에 이 법 또는 이 법에 따른 명령이나 처분을 위반한 건축물		시가표준액의 100분의 3 이하로서 위반행위의 종류에 따라 건축조례로 정하는 금액(건축조례로 규정하지 아니한 경우에는 100분의 3으로 한다)

4) 위반 건축물 등에 대한 조치 등(「건축법」 제79조)

① 명령이나 처분에 위반되는 대지나 건축물에 대하여 허가 또는 승인을 취소하

거나 그 건축물의 건축주·공사시공자·현장관리인·소유자·관리자 또는 점유자(이하 "건축주등"이라 한다)에게 공사의 중지를 명하거나 상당한 기간을 정하여 그 건축물의 해체·개축·증축·수선·용도변경·사용금지·사용제한, 그 밖에 필요한 조치를 명할 수 있다.

② 허가권자는 허가나 승인이 취소된 건축물 또는 시정명령을 받고 이행하지 아니한 건축물에 대하여는 다른 법령에 따른 영업이나 그 밖의 행위를 허가·면허·인가·등록·지정 등을 하지 아니하도록 요청할 수 있다. 다만, 기간을 정하여 그 사용 또는 영업, 그 밖의 행위를 허용한 주택과 대통령령으로 정하는 경우에는 그러하지 아니하다.

③ 요청을 받은 자는 특별한 이유가 없으면 요청에 따라야 한다.

④ 시정명령을 하는 경우 국토교통부령으로 정하는 바에 따라 건축물대장에 위반내용을 적어야 한다.

⑤ 명령이나 처분에 위반되는 대지나 건축물에 대한 실태를 파악하기 위하여 조사를 할 수 있다.

⑥ 실태조사의 방법 및 절차에 관한 사항은 대통령령으로 정한다.

5) 건축법 위반행위 불이익

⑴ 위반면적에 따라 건물과세시가표준액의 일정비율(최대 50% 이하)금액의 이행강제금이 최초 연 2회 등 위반사항이 시정될 때까지 반복 부과된다.

⑵ 부과된 이행강제금 체납 시 지방세 체납처분의 예에 따라 부동산 공매처분을 받을 수 있다.

⑶ 사법기관에 고발되면 3년 이하 징역이나 5천만 원 이하의 벌금이 부과된다.

⑷ 위반건축물에 대하여 강제 철거될 수 있으며 비용은 건축주(세입자)가 부담한다.

⑸ 건축물대장에 위반건축물로 등재되어 금융기관 또는 각종 인허가(영업허가 등) 신청 시 제한을 받는다.

불법건출물 물건분석 사례

중앙10계 2014-11957 개포동 다세대

 지지옥션

소 재 지	서울 강남구 개포동 1169-10 5층 502호 [논현로6길 4-13]				
경 매 구 분	임의경매	채 권 자	조영선		
용 도	다세대	채무/소유자	김덕순	낙 찰 일 시	14.12.03 (161,111,000원)
감 정 가	270,000,000 (14.05.06)	청 구 액	40,000,000	종 국 결 과	15.02.04 배당종결
최 저 가	138,240,000 (51%)	토지총면적	25.95 ㎡ (7.85평)	경매개시일	14.04.25
입찰보증금	10% (13,824,000)	건물총면적	46.38 ㎡ (14.03평)	배당종기일	14.07.08
조 회 수	• 금일 1	공고후 338	누적 1,000	• 5분이상 열람 금일 0	누적 145

소재지/감정서	물건번호/면적(㎡)	감정가/최저가/과정	임차조사	등기권리
135-240 서울 강남구 개포동 11 69-10 5층 502호 [논 현로6길 4-13] **감정평가정리** - 철콘조콘크리트평지 붕 - 주거시설및근린생활 시설 - 국악고등학교남서측 인근 - 주위다세대주택,단 독주택,근린생활시 설혼재 - 차량출입가능,교통 사정보통 - 버스(정)인근소재 - 난방설비 - 정방형등고평탄지 - 남서측6m도로접함 - 도로(소로)접함 - 대장등본상위반건축 물([위법건축물])건 축과-344:지상5층 근생을다세대주택(2 세대)으로변경)로등 재 - 2종일반주거지역 - 지구단위계획구역	물건번호: 단독물건 대지 25.95/271.6 (7.85평) ₩94,500,000 건물 46.38 (14.03평) ₩175,500,000 방2,공용:6.95 대장상:근린생활 시설 - 총5층 - 보존:2001.03.21 10세대	감정가 270,000,000 • 대지 94,500,000 (35%) (평당 12,038,217) • 건물 175,500,000 (65%) (평당 12,508,909) 최저가 138,240,000 (51.2%) **경매진행과정** ① 270,000,000 2014-08-20 유찰 ② 20% 216,000,000 2014-09-24 유찰 ③ 20% 172,800,000 2014-10-29 유찰 ④ 20% 138,240,000 2014-12-03 낙찰 낙찰자 나옥주 응찰수 3명	**법원임차조사** 임진희 전입 2011.04.1 2 확정 2011.05.1 2 배당 2014.07.0 8 (보) 150,000,0 00 주거/502호 점유기간 2011.4.16- *본건부동산에 3회 방문 하였으나 폐문부재이고, 방문한 취지 및 연락처를 남겼으나 아무런 연락이 없으므로 주민등록 전입 된 세대만 임차인으로 보 고함. **지지옥션세대조사** 세 11.04.12 임** 주민센터확인:2014.0 8.05	근저 우리은행 당 포이동 2003.09.16 36,000,000 소유 김덕순 권 2007.04.10 전소유자:정근원 근저 조영선 당 2010.02.22 80,000,000 압류 서울시강남구 2012.05.31 이전 함돈호 2013.08.30 40,000,000 조영선(10.02.2 2) 임의 조영선 2014.04.28 *청구액:40,000,000원 압류 서울시강남구 2014.07.04 채권총액 116,000,000 원 열람일자 : 2014.11.18

■ 참고사항

• 감정서: 1)등기사항전부증명서 및 집합건축물대장상 근린생활시설이나 현황 다세대주택임 2)집합건축물대장상 위반
건축물로 등재됨([위법건축물])건축과-344: 지상5층 근생을 다세대주택(2세대)으로 변경) 3)서울특별시 강남구 동명칭
및 구역획정 조례(제176호, 2007.11.9.공포)에 의거 포이동에서 개포동으로 지번변경

■ 예상배당표 [낙찰가 161,111,000 원으로 분석]

	종류	권리자	등기일자	채권액	예상배당액	인수	비고
등기권리	근저당권	우리은행	2003-09-16	36,000,000	36,000,000	말소	말소기준권리
	근저당권	조영선	2010-02-22	40,000,000	40,000,000	말소	
	이 전	합돈호	2010-02-22	40,000,000	40,000,000	말소	
	압 류	서울시강남구	2012-05-31			말소	
	임 의	조영선	2014-04-28			말소	경매기입등기
	압 류	서울시강남구	2014-07-04			말소	

	전입자	점유	전입/확정/배당	보증금/차임	예상배당액	대항력	인수	형태
임차권리	임진희	주거/502호	전입 : 2011-04-12 확정 : 2011-05-12 배당 : 2014-07-08	보 150,000,000	43,495,740	無	소멸	주거

본 물건은 강남구 개포동에 있는 다세대 빌라로, 감정가 270,000,000원 대비 4차 유찰된 138,240,000원까지 유찰되었다.

근저당권 우리은행 2003년 9월 16일 말소기준권리가 되고 임차인(임친희) 전입과 확정일자 중 늦게 신고된 기일 2011년 5월 12일이 대항력을 구비하여 후순위 임차인이 되어 인수할 권리도 없이 권리분석상 문제는 보이지 않는다.

문제는 등기사항정부증명서를 보면 5층을 근린생활시설로 허가를 받았지만 현황은 용도변경허가를 득하지 않고 주거용 2세대로 변경을 하여 주거용으로 사용하고 있다는 점이다.

등기사항전부증명서(말소사항 포함) - 집합건물

[집합건물] 서울특별시 강남구 개포동 1169-10 제5층 제502호   고유번호 1146-2001-000893

【 표 제 부 】		(1동의 건물의 표시)		
표시번호	접 수	소재지번,건물명칭 및 번호	건 물 내 역	등기원인 및 기타사항
1	2001년3월21일	서울특별시 강남구 포이동 1169-10	철근콘크리트조 콘크리트평지붕 5층 주거시설 및 근린생활시설 1층 11.20㎡ 계단실 2층 151.12㎡ 다세대주택(4세대) 3층 151.12㎡ 다세대주택(4세대) 4층 136.62㎡ 다세대주택(2세대) 5층 108.16㎡ 근린생활시설 옥탑층 18.20㎡ (연면적제외)	도면편철장 1책 235장
2	2008년1월3일	서울특별시 강남구 개포동 1169-10	철근콘크리트조 콘크리트평지붕 5층 주거시설 및 근린생활시설 1층 11.20㎡ 계단실 2층 151.12㎡ 다세대주택(4세대) 3층 151.12㎡ 다세대주택(4세대) 4층 136.62㎡ 다세대주택(2세대) 5층 108.16㎡ 근린생활시설 옥탑층 18.20㎡ (연면적제외)	행정구역명칭변경장

| 3 | | 서울특별시 강남구 개포동 1169-10 [도로명주소] 서울특별시 강남구 논현로6길 4-13 | 철근콘크리트조 콘크리트평지붕 5층 주거시설 및 근린생활시설 1층 11.20㎡ 계단실 2층 151.12㎡ 다세대주택(4세대) 3층 151.12㎡ 다세대주택(4세대) 4층 136.62㎡ 다세대주택(2세대) 5층 108.16㎡ 근린생활시설 | 도로명주소 2014년5월29일 등기 |

건축물대장을 확인하면 위반사항이 명시되어 있다.

집합건축물대장(전유부) 위반건축물

장번호 : 1 - 1

| 고유번호 | 1168010300-3-11690010 | 민원24접수번호 | 20140806 - 96145505 | 명칭 | | 호명칭 | 502호 |

| 대지위치 | 서울특별시 강남구 개포동 | 지번 | 1169-10 | 도로명주소 | 서울특별시 강남구 논현로6길 4-13 |

		전유부분			소유자현황		
구분	층별	※구조	용도	면적(㎡)	성명(명칭) 주민(법인)등록번호 (부동산등기용등록번호)	주소	소유권 지분	변동일자 변동원인
주	5층	철근콘크리트조	제2종근린생활시설	46.38	권호근 500617-1******	서초구 반포동 60-4 반포미도(아)3 05-608	1/1	2001.02.09 소유자등록
		- 이하여백 -			권호근 500617-1******	서초구 반포동 32-8 삼호가든맨션 이-502	1/1	2001.03.21 소유권보존

		공용부분			공동주택(아파트) 가격(단위 : 원)	
구분	층별	구조	용도	면적(㎡)		
주	5층	철근콘크리트조	계단실	6.95	기준일	공동주택(아파트)가격
		- 이하여백 -				

* 「부동산 가격공시 및 감정평가에 관한 법률」 제17조에 따른 공동주택가격만 표시됩니다.

이 등(초)본은 건축물대장의 원본 내용과 틀림없음을 증명합니다.

발급일자 : 2014년 08월 06일
담당자 : 부동산정보과
전 화 : 02 - 3423 - 6325

서울특별시 강남구청장

※ 경계벽이 없는 구분점포의 경우에는 전유부부 구조란에 경계벽이 없음을 기재합니다.
※ 이 장은 전체 3페이지 중에 1페이지 입니다.

집합건축물대장(전유부)

장번호 : 1 - 2

| 고유번호 | 1168010300-3-11690010 | 민원24접수번호 | 20140806 - 96145505 | 명칭 | | 호명칭 | 502호 |

| 대지위치 | 서울특별시 강남구 개포동 | 지번 | 1169-10 | 도로명주소 | 서울특별시 강남구 논현로6길 4-13 |

		소유자현황				
성명(명칭)	주민(법인)등록번호 (부동산등기용등록번호)	주소	소유권 지분	변동일자	변동원인
정근원	520603-2******	서울 강남구 포이동 218-14 운명빌라 203	1/1	2002.09.17	소유권이전
김덕순	530915-2******	전라북도 전주시 덕진구 공천동1가 138-5 현 대4차아파트 401-905	1/1	2007.04.10	소유권이전
		- 이하여백 -			

※ 이 장은 전체 3페이지 중에 2페이지 입니다.

집합건축물대장(전유부)

위반사항이 지상 5층 근생을 다세대 주택으로 변경한 부분이다.

[참고] 위반 & 불법 건축물 분석

1. 물건지 관할청에 허가를 득하고 용도변경을 할 수 있는지 유무 확인
2. 원상복구 비용 산출
3. 원상복구 후 수익성 분석
4. 용도변경과 원상복구를 통한 수익이 나지 않을 시 존치로 이행강제금 확인(지자체에 따라 부과기준이 다를
   수 있기에 물건 관할청에 문의)

본 건은 허가를 득하고 주택으로 용도변경을 할 수 없기에 5층을 사무실로 원상복
구 해야 하는데, 주거 밀집지역 5층에 사무실로 임대가 쉽지 않을 것으로 보이기
에 이행강제금을 확인하니 1년에 330만 원이 부과되고 있다.

인근 유사 최근 매매사례가 없다보니 시세판단이 쉽지 않지만, 전세는 1억5천만
원 정도 시세파악이 되고 있어서 1억5천만 원 이하로 낙착을 받고, 전제로 1억5천
만 원에 임대를 주고 매년 330만 원의 이행강제금을 부과하거나 월세 보증금 2천
만 원 월 80만 원에 임대를 주어 1년에 330만 원 이행강제금을 부과하고도 원하는

수익성이 나는지에 대한 분석이 필요하다.

경매물건에서 위반건축물과 불법건축물을 많이 볼 수 있다. 항상 도면편람과 건축물대장을 열람하고 관할청에 신고내역과 현황을 꼭 확인하여 용도변경에 따른 비용, 원상복구 비용, 이행강제금 등을 꼭 확인하고 추가비용을 산정한 후 입찰에 응해야 미납하는 상황이 발생하지 않을 것이다.

무조건 기피할 물건이 아니고, 비용에 따른 적절한 낙찰가와 대처를 한다면 의외로 저렴하게 낙찰을 받을 수 있는 물건이 많기에 임장을 통한 사전분석이 더욱 중요하다.

제13장

입찰보증금 없이
경매에 입찰하기

입찰참가자에게 보증금을 미리 내도록 하여 낙찰자가 계약의 체결을 거절할 경우, 그 보증금을 몰수하여 응찰을 방지하기 위한 것이다. 즉, 자유경쟁입찰의 참가자에 대해 성실한 의무이행 확보수단으로 적립케 하는 계약금으로서 보통 현금, 유가증권이나 지급보증서를 '입찰보증금'이라 하여 신건은 금차가의 10%를 낙찰 후 잔금미납으로 재진행하는 물건은 20%~30%의 입찰보증금을 입찰 시에 준비해야 한다. 입찰보증금의 몰수는 응찰자가 유효기일 전에 또는 낙찰 후에 계약참가를 포기하거나 소정기일 내에 관련 계약 이행보증금을 적립하지 않을 경우에 발생한다.

보증보험회사의 입찰보증보험제도 이용

입찰보증보험은 법원의 경매에 참여하고자 하는 매수희망자가 경매입찰보증금을 현금을 대신하여 보증보험회사의 보증서로 대신함으로써 최저매각가격의 10%를 현금으로 준비하는 불편함을 해소하기 위해서 생겨난 제도다.

이렇게 현금 대신 보증보험증권을 제출할 수 있게 됨에 따라 서민들의 경매참여가 한결 쉬워졌다.

2
보험가입절차

보험가입절차는 의외로 아주 간단하다. 경매입찰에 참여하고자 하는 사람이 신용불량자 또는 보증보험회사 보험사고자일 경우 보험증권 발급이 제한될 수 있으며, 보험가입금액 또는 개인의 신용상태에 따라 보증보험회사에서 보험증권 발급 전에 연대보증인 등을 요구할 수도 있다.

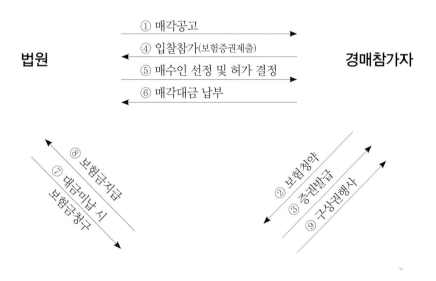

보증보험의 보험료

1) 보험료의 산출

보험료는 입찰보증금에 물건종류에 따른 기본 요율을 곱한 금액이다.

기본 요율은 아파트, 다세대, 단독, 근린주택, 상가, 오피스텔, 빌딩, 공장, 대지, 전(田), 답(畓), 임야 등에 대하여 각각의 보험료율을 적용하고 있으므로 해당 보험사에 문의하면 된다.

$$\text{보험료} = \text{입찰보증금} \times \text{기본요율}$$

[예시]

경매사건의 최저매각가격이 2억 원인 경우, 특별매각조건이 아닐 때에는 입찰보증금이 10%인 2,000만 원이다.

그러므로 보험료는 2,000만 원 × 0.813%(아파트 보험요율)= 162,600원이다.

2) 보험료의 환급

다음과 같은 사유로 보험료의 환급사유가 발생할 때는 보증보험회사에서는 납입보험료에서 최저보험료를 제외한 금액을 환급하여 준다.

$$\text{환급보험료} = \text{납입보험료} - \text{최저보험료}$$

① 매각기일 전

② 매각기일 이후: 집행관 또는 법원사무관의 확인을 받아 환급 요청

③ 경매가 취하·변경된 경우

그러나 입찰에 참여한 경우에는 낙찰 여부와 관계없이 이미 보증보험증권을 사용했으므로 보험료를 환급받을 수 없다.

위의 아파트 사례에서 보면 납입한 보험료 162,600원에서 최저보험료인 15,000원을 제외한 금액을 환급해 준다.

3) 잔금 납부 방법

보통의 경매에서는 최저매각가격이 2억 원이고 2억 원에 경락을 받았다면 경매참여 시 입찰보증금 2,000만 원을 납입하므로 잔금 납부기일에 1억 8천만 원을 납부하면 된다. 그러나 보증보험증권을 사용하면, 잔금 납부기일에 2억 원 전액을 납부하게 된다.

보증보험 이용 시 주의할 사항

경매보증보험증권을 제출하여 낙찰자로 선정되었으나 대금납부기일까지 매각대금을 납부하지 않으면 집행법원에서는 보증보험회사에 보증금을 대신 납부하라고 명령한다. 그러면 보증보험회사는 매수인을 대신해 입찰보증금을 납부하고, 만약 보증보험회사가 대신 변제한 보증금을 변제하지 않으면 금융 불량자로 등재되는 등 불이익을 받을 수 있다.

참고로 보증보험회사 지방 지점에서 발급받은 경매보증보험증권으로 서울중앙지방법원이나 전국 다른 집행법원에서 경매입찰에 참여할 수 있다. 타 지역 법원의 경매입찰에 참가하기 위해서는 보증보험을 신청할 때 집행법원을 정확하게 기재하면 된다. 즉, 서울에 있는 물건의 경매에 참여할 때 경기도에 있는 보증보험지점에서 발급받을 수 있다는 것이다.

(1) 보험가입 내용

구 분	내 용
보험계약자	• 경매입찰에 응찰하고자 하는 사람
보험가입금액	• 매각공고서 상의 최저매각가격의 10분의 1 ※ 매각공고서상에 특별매각조건(10분의 2 또는 10분의 3)을 정한 경우에는 그에 따른다.

(2) 보험요율

	구 분	(보험가입금액에 대하여) 기본요율
	• 아파트(아파트)	건당 0.5%

입찰 참가 담보용	• 다세대주택(협동주택 · 다세대 · 공동주택)	건당 1.0%
	• 연립빌라주택(연립 · 빌라)	
	• 단독주택(단독주택 · 주택 · 다가구주택)	
	• 근린주택(상가주택 · 근린주택)	
	• 상가(상가 · 점포 · 시상 · 사무실 · 근린상가 · 병원 · 근린생활시설 등)	건당 1.8%
	• 오피스텔(오피스텔)	
	• 숙박시설(숙박 · 여관)	
	• 빌딩(빌딩)	
	• 공장(공장 · 공장용지)	
	• 주상복합건물(상가아파트 · 아파트상가)	
	• 기타건물(주유소 · 축사 · 창고 · 건물 · 연구소 등)	
	• 대지 · 임야 · 잡종지 · 과수원 · 전 · 답 · 목장용지 · 염전	건당 2.9%
	• 기타 토지(도로 · 하천 · 재방 · 유원지 · 묘지 등)	
	•종교시설(종교용지 · 사찰 · 교회)	
	• 학교시설(학교용지 · 체육용지)	
	• 공공시설(철도용지)	
	• 광업권 · 어업권	
	• 기타 위에서 정하지 않은 부동산 등	

┈► 세부적인 보험요율은 보험회사 지점에서 상담받으면 된다.

(3) 보험료의 계산방법

보험료 = 보험가입금액 x 기본요율
〈보험료 산출예시〉 경매사건의 최저매각가격 1억 원, 입찰보증금 10/100, 물건종류가 아파트인 물건에 입찰하고자 하는 경우 50,000원 = 1,000만 원 x 0.5%

(4) 보험료의 환급

① 환급사유

– 보험계약자가 입찰기일 전에 보험 증권을 회사에 반환한 때

– 입찰기일 전 또는 개찰기일 전에 경매절차가 취하 또는 취소된 때

– 보험계약자의 청약내용 고지 오류 또는 기재 오기 등으로 피보험자가 보험증권
  의 수취를 거부한 때

⋯⋗ 보험 증권을 경매입찰에 참가하여 사용한 경우에는 환급하여 주지 않는다.

② 환급보험료 계산

상기의 사유로 보험료의 환급을 청구하는 경우에는 납입보험료에서 최저보험료
(15,000원)를 공제한 후 환급하여 준다.

환급보험료 = 납입보험료 − 최저보험료
〈보험료 산출예시〉 경매사건의 최저매각가격 1억 원, 입찰보증금 100분의 10, 물건종류가 아파트인 경우에 증권불이용으로 환급요청 시 35,000원 = 50,000원(1,000만 원 x 0.5%) − 15,000원

⋯⋗ 환급요청 시 아래의 절차에 따라 법원의 확인을 받아야 한다.

③ 보험료 환급 시 확인절차

증권 뒷면의 법원확인란에 법원사무관 또는 법원 주사의 확인

[참고] 대법원 송무 예규 제45조(보증료 환급을 위한 확인)

제45조(보증료 환급을 위한 확인) 다음 각 호의 경우 입찰자로 하여금 보증료(보험료)의 전부 또는 일부를 환급받을 수 있도록, 기록이 집행관에 있는 때에는 집행관이, 법원에 있는 때에는 법원사무관 등이 제출된 보증서 뒷면의 법원확인란 중 해당 항목에 √ 표시 및 기명날인을 한 다음 원본을 입찰자에게 교부하고, 그 사본을 기록에 편철한다.
1. 입찰에 참가하지 않은 경우
2. 매각기일 전 경매신청의 취하 또는 경매절차의 취소가 있었던 경우
3. 별지 5 보증서의 무효사유에 해당하는 경우

제14장

우선매수
신청권

압류채권자(경매신청채권자)의 채권에 우선하는 채권의 존재로 인하여 신청채권자가 배당액이 없을 것으로 예상되는 경우에 집행법원은 압류채권자에게 선순위의 채권과 절차비용을 변제하고도 남을 만한 금액을 정하여 압류채권자로서 우선매수권의 행사 여부를 통지한다. 그리고 압류채권자가 남을 만한 금액을 정하여 그 금액으로의 입찰자가 없을 경우에는 채권자 본인이 매수를 하겠다는 의사를 표시하고 보증금을 납부하면 입찰을 진행하며, 보증의 제공이 없거나 일정기일 이내에 채권자 우선매수신청을 하지 않는다면 경매절차는 기각처리 되어 종결된다.

일반응찰자가 없을 경우에 압류채권자가 우선매수를 하는 제도이며, 일반응찰자가 압류채권자가 우선매수 신고한 금액으로 응찰한다면 일반입찰자에게 낙찰을 시키는 제도이다.

우선매수 할 수 있는 세 가지 권리

"임차인인데 살고 있는 집이 경매에 넘어갔습니다. 제가 이 집을 우선적으로 매수할 수 있는 권리가 있습니까?"라는 질문을 상당히 많이 받는다.

결과적으로 임차인이 자기가 살고 있는 주택을 우선적으로 매수할 권리는 없다. 다른 입찰자와 동등한 위치에서 경쟁 입찰을 해야 한다. 일반 입찰자와 다른 점은 그저 임차인인 채권자 입장에서 전세보증금에 대한 배당신청을 할 것인지 말 것인지 결정하는 것 외에는 달리 방법이 없지만, 아래 세 가지 경우는 예외적으로 우선매수신고권리를 주장할 수 있다.

1) 부도임대주택 임차인의 우선매수신고

한 가지 경우에 한하여 임차인이 우선하여 매수할 수 있는 권리가 부여된다. 바로 임대주택이 부도가 나서 경매가 진행되는 경우이다. 임대주택이란 건설임대주택과 매입임대주택으로 건설임대주택은 주택법 제60조에 따라 국민주택기금의 자금을 지원받아 건설하거나 공공사업으로 조성된 택지에 건설하는 임대주택을, 매입임대주택은 임대사업자가 매매 등으로 소유권을 취득하여 임대하는 주택(전용 85㎡ 이하로서 전용입식부엌, 전용수세식 화장실 및 목욕시설을 갖춘 오피스텔 포함)을 말한다.

해당 임대주택의 임차인은 매각기일까지 매수신청보증금을 제공하고 최고가매수신고가격과 같은 가격으로 채무자인 임대사업자의 임대주택을 우선매수 하겠다는 신고를 할 수 있다. 최고가매수신고가격과 같은 가격이라는 것은 임차인에게 무조건적인 우선매수권을 인정하는 것이 아니라 임대주택 임차인 외 다른 입찰자가 있는 경우, 그 입찰자 중에서 최고가매수인으로 입찰한 가격에 임차인이 우선매수할 수 있다는 것이다.

따라서 임차인이 우선매수신청을 한 경우에는 다른 입찰자가 없으면 최저매각가격에 해당 임대주택을 우선매수 할 수 있지만, 다른 입찰자가 있어 최고가매수인이 나온 경우에는 그 최고가매수인이 써낸 입찰가로 임차인이 매수해야 하므로 최고가매수인의 입찰가격이 부담이 되는 경우도 있다.

2) 공유자의 우선매수신고

공유지분의 매각으로 인하여 새로운 사람이 공유자로 되는 것보다는 기존의 공유자에게 우선권을 부여하여 불완전한 소유상태를 완전한 소유형태로 전환할 수 있는 기회를 제공하기 위함이다.

공유자 우선매수신고는 부동산을 다수가 공유적 지분관계로 소유하고 있는 상태에서 그 지분의 일부만 경매에 부쳐진 경우, 경매대상이 아닌 다른 지분의 소유자(공유자)가 경매대상인 지분을 우선하여 매수신고 할 수 있는 것을 말한다.

임대주택 임차인의 우선매수신고와 같이 공유자는 매각기일까지 매수신청보증금을 제공하고 최고가매수신고가격과 같은 가격으로 채무자의 지분을 우선매수 하겠다는 신고를 할 수 있다. 우선매수신고가 있는 경우, 법원은 다른 입찰자의 최고가매수신고가 있더라도 그 공유자에게 매각을 허가하도록 되어 있다.

이 경우에도 최고가매수인은 차순위매수신고인의 지위에 있게 되지만, 물론 최고가매수인이 차순위매수인의 지위를 포기할 수 있다. 공유자우선매수가 있는 사건에서 다른 입찰자가 없는 경우에 과거에는 유찰로 처리했지만, 민사집행법에서는 최저매각가격을 최고매수가격으로 보아 공유자에게 우선매수를 인정하고 있다.

(1) 공유자 우선매수신고 하는 두 가지 방법

① 경매기일 전에 미리 공유자 우선매수신고를 하여 매각물건서에 그 존재를 알리는 방법(이 방법은 다른 입찰자에게 공유자가 입찰할 것이니, 참여하지 말라고 선언하는 것이다. 우선매수신고를 하면 경쟁자 없이 단독으로 공유자가 낙찰받을 확률이 높다.)

② 집행관이 경매종결선언 전까지 보증금을 지급하고 공유자 우선매수를 신청하는 방법(이 방법은 자신이 꼭 낙찰을 원할 때 사용한다.)

위 두 가지를 잘 이용한다면, 공유자 입장에서는 저렴한 가격에 해당 물건을 낙찰 받을 수 있다.

(2) 공유자 우선매수청구권이 적용되지 않는 경우?

① 선박의 공유 지분(법 185조), 항공기의 공유 지분(규칙 106조), 건설기계의 공유 지분 (규칙130조), 자동차의 공유 지분(규칙 129조)에 대한 강제집행은 기타 재산권에 대한 강제집행(법251조)의 예에 따라 일괄 매각의 등의 방법으로 할 수 있다.

② 공유물분할 판결에 기하여 공유물 전부를 경매에 붙여 그 매각대금을 분배하기 위한 현금화의 경우에도 공유자의 우선매수신청에 관한 규정이 적용되지 않는다. 이는 우선매수 청구제도의 취지와 달리 공유자 간 인적유대관계의 유지할 필요가 없기 때문이다.

③ 일괄매각으로 진행하는 매각대상 부동산 중 일부에 대한 공유자

[참고 판례]

"집행법원이 여러 개의 부동산을 일괄매각하기로 결정한 경우, 매각대상 부 동산 중 일부에 대한 공유자는 특별한 사정이 없는 한 매각대상 부동산 전체에 대해서 우선매수권을 행사할 수는 없다(대결 2006.3.13. 2005마1078)."고 결정하고 있다. 토지와 건물의 일괄매각 시 토지만의 공유자는 일괄매각결정이 유이되는 한 공유자우선매수권을 행사할 수 없으며, 다만 일괄매각 되지 아니하고 토지만 매각될 경우에는 당연히 공유 자우선매수권을 행사할 수 있다.

④ 공유지분 전체가 일괄매각 되는 경우에 경매개시결정 기입등기 후(압류의 효력 발 생 후) 공유지분을 취득한 자가 우선매수권을 행사하는 경우, 공유자우선매수청 구권을 행사할 수 없다. 다만 공유지분이 각 개별매각 되는 경우라면, 기존 공 유자는 우선매수권을 행사할 수 있다.

(3) 공유자의 우선 매수 신청 기간

공유자는 경매기일까지 보증을 제공하고 최고매수신고가격과 동일한 가격으로 채 무자의 지분을 우선매수 할 것을 신고할 수 있다. 여기에서 '경매기일까지'라 함은

집행관이 경매기일을 종결시키기 전까지를 의미하는 것으로, 공유자는 집행관이 최고가매수신고인의 성명과 가격을 호창하고 경매의 종결을 선언하기 전까지는 우선매수신고를 할 수 있다. 공유자 우선매수권은 일단 최고가매수 신고인이 결정된 후에 공유자에게 그 가격으로 경락 또는 낙찰을 받을 수 있는 기회를 부여하는 제도로서 입찰의 경우에도 공유자의 우선 매수신고시기는 집행관이 입찰의 종결을 선언하기 전까지이면 되지, 경매와 달리 입찰마감시각까지로 제한할 것은 아니다.

민사집행법 개정안이 개정되면, 우선매수 신고의 횟수를 한 차례로 한정하고, 매각기일의 종결 고지 때까지 보증을 제공하지 아니하거나 우선매수신고를 철회하는 경우, 그 이후의 매각 절차에서는 우선매수신고를 금지하게 되기에 개정안이 발효되면 일반인들의 공유물에 대한 경매물건 참여율도 높아질 것으로 보인다.

3) 채권자 우선매수신고

채권자 우선매수권은 모든 채권자에게 해당하는 것이 아니라 압류채권자, 즉 경매신청채권자에게만 인정되는 것이다. 이는 경매제도에 있어서의 잉여주의(압류채권자에게 돌아갈 변제액이 남는 경우에 한해 경매를 진행한다는 원칙)와 관련이 있는 문제다.

법원은 최저매각가격으로 압류채권자의 채권에 우선하는 부동산상의 모든 부담과 절차비용을 변제하면 남을 것이 없다고 인정한 때(선순위채권자의 채권액＋경매비용≥최저매각가격)에는 압류채권자에게 이 사실을 통지하도록 되어 있다.

이때 압류채권자는 법원으로부터 통지를 받은 날부터 1주 이내에 압류채권자의 채권에 우선하는 부동산상의 모든 부담과 절차비용을 변제하고도 남을 만한 가격(선순위채권자의 채권액＋경매비용≤채권자매수신고가격)을 정하여 그 가격에 맞는 다른 입찰자의 매수신고가 없는 때에는 압류채권자가 그 가격으로 매수하겠다고 신청하면서 이에 충분한 보증을 제공할 수 있다.

압류채권자의 우선매수신고가 없거나 우선매수신고를 했어도 보증을 제공하지 않은 경우에는 무잉여를 이유로 경매절차가 취소된다. 설령 이를 간과하고 경매가 속행돼 낙찰된 결과 잉여주의에 부합하면 매각이 허가되지만, 역시나 무잉여로 압류채권자에게 돌아갈 변제액이 남지 않으면 매각이 불허가된다.

위 두 항의 우선매수신고와 다른 점은 임차인우선매수신고나 공유자우선매수신고는 경쟁입찰이 있는 경우에 임차인이나 공유자에게 최고가매수가격에 매각을 허가하지만, 채권자우선매수신고는 압류채권자가 아니라 입찰자가 압류채권자가 정한 가격에 입찰했든 그 이상 가격으로 입찰했던 최고가매수신고인에게 매각을 허가한다. 즉, 채권자우선매수는 입찰자가 없을 때 그 정한 가격에 매수할 수 있는 것이다.

경매절차 비용과 자기의 채권에 우선하는 선순위 채권총액을 변제하고서도 잉여가 있을 가격을 스스로 정하여 경매기일에 그 가격 이상으로 매수신고 한 자가 없을 경우에는 스스로 그 가격으로 매수할 것을 신청하고 보증을 제공하면 경매절차는 진행된다. 이 경우에 제공해야 할 보증액은 매수신청액과 최저 경매가액의 차액이다.

만약 채권자가 매수신고 한 경우에 입찰기일에 아무도 응찰하지 않았다면, 당연히 매수신고 한 채권자가 최고가 매수신고인이 된다. 그런데 만일 경매신청 채권자의 매수신청금액보다 고가로 매수신고 한 입찰자가 없거나, 동일한 가격으로 매수신고 한 입찰자가 있을 경우에는 당연히 매수신청인이 최고가응찰자가 된다.

매수신고 한 경매신청 채권자는 입찰기일에 출석할 필요가 없으며, 또 입찰기일까지 매수신고를 철회하고, 보증금반환을 청구할 수도 있다.

매수신고가 있는 사건의 경우에 매수신고금액 이하의 응찰은 전혀 무의미하므로 입찰공고에는 매수신고 금액 및 취지를 공고하고 있다.

2

무잉여란?

경매물건이 낙찰되고 나서 배당을 했을 때, 경매신청채권자에 배당금액이 전혀 없을 뿐 아니라 앞선 권리자까지 피해를 입게 될 경우에 발생 되고, 대부분 후순위권리자가 경매를 신청했을 때 많이 나타난다.

법원에서는 후순위 경매신청채권자에게 본 물건을 앞선 권리자가 피해 입지 않을 가격으로 매수할 것인지를 물어보고, 채권자가 매수신고를 했을 때 입찰자는 채권자의 매수신고 금액을 잘 살펴보아야 한다.

 부동산 경매 물건을 보다 보면 무잉여와 관련된 물건을 간혹 보게 된다.

[사례] 무잉여로 인한 채권자 매수신고 실전 사례

부천3계 2013-25380 고촌읍 아파트

소 재 지	경기 김포시 고촌읍 신곡리 1256 수기마을 힐스테이트2단지 203동 8층 804호 도로명주소		
경매구분	임의경매	채 권 자	한황규	
용 도	아파트	채무/소유자	김용진	낙 찰 일 시	14.02.11 (356,800,000원)
감 정 가	395,000,000 (13.09.30)	청 구 액	45,000,000	종 국 결 과	14.04.24 배당종결
최 저 가	276,500,000 (70%)	토지총면적	61.24 ㎡ (18.53평)	경매개시일	13.09.26
입찰보증금	10% (27,650,000)	건물총면적	101.97 ㎡ (30.85평)[40평형]	배당종기일	13.12.06
조 회 수	• 금일 1	공고후 132	누적 185 • 5분이상 열람 금일 0	누적 30		

  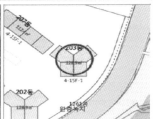

■ 예상배당표 [낙찰가 356,800,000 원으로 분석]

	종류	권리자	등기일자	채권액	예상배당액	인수	비고
등기권리	근저당권	국민은행	2008-07-25	367,200,000	355,048,940	말소	말소기준권리
	근저당권	한황규	2013-07-10	45,000,000		말소	
	근저당권	김회자	2013-09-03	200,000,000		말소	
	임 의	한황규	2013-09-26			말소	경매기입등기

	전입자	점유	전입/확정/배당	보증금/차임	예상배당액	대항력	인수	형태
임차권리	한황규	주거/미상 -경매등기후 전입	전입 : 2013-09-30			無	소멸	주거

	종류	배당자	예상배당액	배당후잔액	배당사유
배당순서	경매비용		1,751,060	355,048,940	
	근저당권	국민은행	355,048,940	0	근저

소재지/감정서	물건번호/면 적(㎡)	감정가/최저가/과정	임차조사	등기권리
415-811 경기 김포시 고촌읍 신곡리 1256 수기마을 힐스테이트2단지 203동 8층 804호 **감정평가정리** -신곡초등학교동측인근 -주위동유형대규모아파트,인근단지내상가,생활편익시설,공원,신곡중학교,신곡초등학교인근소재 -차량진출입용이	물건번호: 단독물건 대지 61.2427/74804 (18.53평) 건물 101.97 (30.85평) 공용:84.5831 -총15층 -보존:2008.05.29	감정가 395,000,000 ·대지 118,500,000 (30%) (평당 6,395,035) ·건물 276,500,000 (70%) (평당 8,962,723) 최저가 276,500,000 (70.0%) **경매진행과정** ① 395,000,000 2014-01-07 유찰	**법원임차조사** 한황규 전입 2013.09.30 주거/미상 점유기간 미상 조사서상 *현황조사차 방문하였으나 폐문관계로 거주자등을 만나지 못하여 관할주민센터에 의뢰하여 확인한 주민등록상 내용은 한황규가 등재되어있음, 상세한 임대차관계는 미상임	소유권 김용진 2008.07.25 전소유자:현대건설 근저당 국민은행 서인천 2008.07.25 367,200,000 근저당 한황규 2013.07.10 45,000,000 근저당 김회자 2013.09.03 200,000,000

본 물건은 후순위자인 한황규 씨가 부동산 경매신청을 한 사건이다.

후순위 권리자의 경매신청으로 인해 선순위 권리자인 국민은행 근저당권자에게도 본의 아닌 피해를 미칠 수 있는 상황이 벌어졌다.

최선순위인 국민은행 근저당 채권최고액 367,200,000원보다 최저 매각가격이 훨씬 낮아졌다. 후순위 권리자로 인해 앞에 있는 선순위 권리자에게 피해를 줄 수 있는 상황이다. 최저매각금액으로 낙찰된다면, 국민은행은 자신보다 뒤에 있는 권리 때문에 피해를 입게 된다. 이 경우 법원은 경매신청채권자에게 본 물건을 앞선 권리자가 피해를 입지 않을 금액으로 매수할 것인지를 물어본다.

상단 박스정정 내용을 보면, 부동산 경매신청 채권자가 매수신고서를 제출하였으며 그 금액이 339,000,000원이라고 표기되어 있다.

문건 송달내용을 보면, 2014.1.9.일 채권자 한황규 씨에게 법원에서 무잉여가 되지 않을 금액으로 매수할 것을 통지했다. 후순위 경매신청권자로 인해 앞선 우선권리자가 피해를 보지 않는 금액으로 경매신청자가 본 물건을 매수하라는 내용이라고 이해하면 된다.

┃ 송달내역

송달일	송달내역	송달결과
2013.09.27	최고관서 서인천세무서 최고서 발송	2013.09.27 도달
2013.09.27	최고관서 국민건강보험공단 김포지사 최고서 발송	2013.09.27 도달
2013.09.27	채권자 한황규 개시결정정본 발송	2013.09.30 도달
2013.09.27	채무자겸소유자 김용진 개시결정정본 발송	2013.10.02 도달
2013.09.27	최고관서 김포시장 최고서 발송	2013.09.27 도달
2013.09.27	근저당권자 김희자 최고서 발송	2013.09.27 도달
2013.09.27	근저당권자 주식회사국민은행 최고서 발송	2013.09.27 도달
2013.10.11	임차인 한황규 임차인통지서 발송	2013.10.16 폐문부재
2013.10.22	임차인 한황규 임차인통지서 발송	2013.10.22 도달
2013.12.24	근저당권자 주식회사국민은행 매각및 매각결정기일통지서 발송	2013.12.24 도달
2013.12.24	임차인 한황규 매각및 매각결정기일통지서 발송	2013.12.24 도달
2013.12.24	채무자겸소유자 김용진 매각및 매각결정기일통지서 발송	2013.12.24 도달
2013.12.24	채권자 한황규 매각및 매각결정기일통지서 발송	2013.12.24 도달
2013.12.24	근저당권자 김희자 매각및 매각결정기일통지서 발송	2013.12.24 도달
2013.12.24	교부권자 의정부시 매각및 매각결정기일통지서 발송	2013.12.24 도달
2013.12.24	교부권자 김포시 매각및 매각결정기일통지서 발송	2013.12.24 도달

부동산 경매 문건접수내역이다.

경매신청 채권자 한황규 씨가 법원의 매수통지서에 답변서를 제출하였다.

┃ 문건처리내역

접수일	접수내역	결과
2013.09.27	등기소 김포등기소 등기필증 제출	
2013.10.07	감정인 수정감정 감정서 제출	
2013.10.08	근저당권자 주식회사국민은행 송달장소변경신고서 제출	
2013.10.11	법원 집행관 현황조사서 제출	
2013.10.28	배당요구권자 바로크데디트대부 배당요구신청 제출	
2013.10.31	교부권자 김포시 교부청구 제출	
2013.11.29	교부권자 의정부시 교부청구 제출	
2013.12.12	채권자 한황규 열람및복사신청 제출	
2014.01.03	근저당권자 주식회사국민은행 열람및복사신청 제출	
2014.01.14	채권자 한황규 답변서 제출	

2014.01.22	근저당권자 주식회사국민은행 채권계산서 제출	
2014.02.19	근저당권자 김희자 배당배제신청서 제출	
2014.03.11	최고가매수신고인 등기촉탁공동신청 및 지정서 제출	
2014.03.11	최고가매수신고인 매각대금완납증명	
2014.03.11	최고가매수신고인 등기촉탁신청 제출	
2014.03.26	근저당권자 김희자 채권계산서 제출	
2014.03.26	교부권자 김포시 교부청구 제출	
2014.03.28	근저당권자 주식회사국민은행 채권계산서 제출	
2014.03.28	채권자 한황규 채권계산서 제출	
2014.04.15	근저당권자 주식회사국민은행 송달장소변경신고서 제출	
2014.04.16	교부권자 의정부시 교부청구 제출	
2014.06.18	교부권자 의정부시 배당표등본 제출	

매각물건 명세서를 보면, 비고란에 경매신청채권자가 앞선 권리자가 피해를 입지 않는 금액 이상으로 매수하겠다고 신청한 금액이 기재되었다. 이 물건에 입찰하고자 하는 입찰자는 채권자의 매수신청금액 이상으로 입찰해야 한다. 만일 그 이하의 금액으로 입찰하거나 아무도 입찰을 하지 않아 유찰되면, 경매신청채권자가 매수신고 한 금액으로 매수하게 된다.

사건	2013타경25380	매각물건번호	1	담임법관(사법보좌관)	이기형
작성일자	2013.12.24	최선순위 설정일자	2008.7.25.근저당권		
부동산 및 감정평가액 최저매각가격의 표시	부동산표시목록 참조	배당요구종기	2013.12.06		

점유자의 성명	점유부분	정보출처 구분	점유의 권원	임대차 기간 (점유기간)	보증금	차임	전입신고일 자.사업자등 록신청일자	확정일자	배당요구 여부 (배당요구 일지)
한황규	미상	현황조사	주거 임차인	미상	미상	미상	2013.09.30	미상	

<비고>

※ 최선순위 설정일자보다 대항요건을 먼저 갖춘 주택.상가건물 임차인의 임차보증금은 매수인에게 인수되는 경우가 발생할 수 있고, 대항력과 우선 변제권이 있는 주택.상가건물 임차인이 배당요구를 하였으나 보증금 전액에 관하여 배당을 받지 아니한 경우에는 배당받지 못한 잔액이 매수인에게 인수되게 됨을 주의하시기 바랍니다.

※ 등기된 부동산에 관한 권리 또는 가처분으로 매각허가에 의하여 그 효력이 소멸되지 아니하는 것
해당사항 없음

※ 매각허가에 의하여 설정된 것으로 보는 지상권의 개요
해당사항 없음

※ 비고란

※ 주1 : 경매.매각목적물에서 제외되는 미등기건물 등이 있을 경우에는 그 취지를 명확히 기재한다.
 2 : 최선순위 설정보다 먼저 설정된 가등기 담보권, 가압류 또는 소멸되는 전세권이 있는 경우에는 그 담보등기,가압류 또는 전세권 등기일자를 기재한다.

본 물건은 무잉여로 인한 채권자 매수신고금액 이상으로 입찰해야 한다.

매수신청금액 339,000,000원 이상으로 입찰을 한 사람만이 낙찰자가 되며, 아무도 입찰을 하지 않거나 339,000,000원 미만의 입찰자가 있을 경우는 환황규 씨가 339,000,000에 낙찰을 받은 것으로 종결된다.

만약 환황규 씨가 매수신고를 하지 않을 경우, 법원은 이 경매사건에 대해 무잉여를 이유로 직권으로 더 이상 경매를 진행하지 않게 된다.

제15장

경매 초보자가
지켜야 할 10가지
교훈

부동산 경매로 재테크를 하려는 수요가 늘면서 관심을 가지고 투자하는 사람이 해마다 높아지고 인기가 치솟고 있다. 하지만 경매에서는 보이지 않는 위험 요소가 많다. 이처럼 곳곳에 함정이 도사리고 있기 때문에 권리분석만 믿고 낙찰받고 나서 입주 지연으로 인한 손실과 대수선에 따른 추가부담금과 경락잔금 대출에 어려움 때문에 미납해야 하는 상황이 발생될 수 있다.

게다가 경매감정가는 감정평가회사마다 차이가 있고, 감정평가 시점에 따라 시세보다 저렴하거나 높게 평가되어 있을 수 있기에 감정평가서만 믿고 낙찰을 받고 미납을 하는 상황 등 생각하지 못한 시간과 비용에 따른 위험성이 항상 따른다. 따라서 경매에 임할 때는 더욱더 냉정하고 현실적인 조사와 판단이 필요하다.

1. 선순위 채권금액이 적은 부동산을 조심하라

선순위채권금액이 적은 부동산은 대위변제의 가능성이 높기 때문에 조심해야 한다.

2008.10.01	근저당권	하나은행	1,500만 원
2013.12.01	주택임대차	임차인(김 경매)	8,000만 원
2013.12.10	근저당권	새마을금고	2,000만 원
2014.01.10	임의경매	새마을금고	

말소기준권리는 2008년 10월 1일 하나은행의 근저당권이다. 그래서 경매에 참여하고자 하는 사람들은 말소기준 이후 권리가 전부 소멸될 것으로 생각하고 경매에 임하게 된다.

그러나 임차인(김경매)이 2013년 12월 1일 하나은행 근저당권을 대위변제한다면, 2013년 12월 1일 임차인 김경매의 주택임대차가 최선순위로 되어 대항력이 존속하는 것으로 변경됨으로써 낙찰부동산의 부담이 현저히 증가하게 된다.

그러므로 "선순위채권이 적은 부동산을 조심하라."는 말이 자주 나온다.

물론 대위변제로 인하여 낙찰부동산의 부담이 현저히 증가하는 경우에는 낙찰인은 매각불허신청, 즉시항고, 매각대금감액신청, 배당정지신청 등의 방어책은 있다.

2. 잔금을 납부해도 소멸되지 않는 권리에 주의하라

경매에 처음 입문하는 사람들이 겪게 되는 어려움 중의 하나가 과연 경매로 낙찰을 받으면 등기상의 모든 권리가 말소되는지 확신 여부다.

이러한 내용은 권리분석 공부를 조금 더 열심히 하다 보면 인수와 소멸의 분석이 쉽게 될 것이기에 많은 노력을 기울여야 한다. 법원경매목록을 보면서 배울 수도 있지만, 사설유료 경매 사이트를 참조하여 최종 검토를 해보는 것도 좋은 방법이다.

그렇지만 이러한 내용의 최종 책임자는 독자 여러분의 책임임을 유의해야 한다.

3. 감정평가액을 맹신하지 마라

모든 경매물건에는 감정평가서가 있다. 또한, 이러한 감정평가서는 감정평가사 개인의 성향과 감정시점과 경락시점에 따라 많은 차이가 날 수 있다.

또한, 공장 같은 물건을 경락받을 때는 감정가격을 유심히 살펴야 한다. 공장은 주로 대지, 건물, 기계기구로 나뉘어 평가액을 산정한다.

그러나 독자들이 경락을 받아 기존 공장을 그대로 이용한다면 모르지만, 공장을 다른 용도로 사용하고자 한다면 기계 기구는 고철 또는 중고가격으로 판매할 수밖에 없다. 그러므로 공장 같은 물건은 감정가 중에서 기계기구가 차지하는 비중이 높은 물건은 주의를 기울여야 한다.

경매물건을 살필 때는 반드시 현지를 답사하여 인근 부동산의 시세조사와 매매사례 등을 직접 살피는 것이 좋다. 이렇게 현장을 방문하여 살피는 것은 감정평가서를 다시 확인하는 것과 같으므로 그만큼 경매에서 수익성을 높일 수 있는 성공을 가져온다.

4. 법정지상권 있는 물건을 조심하라

경매 물건을 살펴보면 "제시 외 건물 있음"이라는 문구를 자주 볼 수 있다. 물론 감정서상의 제시 외 물건이 최초 법사가에 포함되어 있으면 별다른 문제가 없다. 그러나 "소유자 미상"이라고 나오거나 "소유자 불분명"이라는 문구가 나오면, 이러한 것을 판단하는 것은 전적으로 경매에 참여하는 사람의 책임이다.

감정평가서에 대지 100,000,000원 건물 50,000,000원 제시 외 건물 20,000,000원 합계 170,000,000원으로 나와 있을 때, 최초법사가가 두 가지로 정해지는 것을 볼 수 있다.

첫째, 150,000,000원으로 정해졌을 때이다. 이때는 제시 외 건물은 경매물건에 포함되지 않았기 때문에 그 처리는 전적으로 경락자의 몫이다.

둘째, 170,000,000원으로 정해졌을 때이다. 이때는 제시 외 물건도 경매물건에 포함되었기 때문에 경락으로 인하여 경락자의 소유로 귀속된다. 만약 이때 제시 외 물건에 대하여 문제가 생기면 경락자는 매각불허신청, 즉시항고, 매각대금 감액신청, 배당정지신청 등의 방어책을 행사할 수 있다.

그러므로 경락받고자 하는 지상에 있는 낡은 건물일지라도 세심한 주의를 기울여 살펴야 한다. 법정지상권은 경매에서 수익성과 위험성을 가지고 있는 양날의 칼이다.

5. 후순위 세입자 대위변제를 조심하라

말소기준보다 후순위 세입자의 대위변제는 매우 위험한 경우다.

후순위 세입자가 1순위 근저당금액이 소액일 경우, 그 근저당 금액을 갚아 버리면 대항력 있는 세입자로 권리가 바뀐다. 그리하여 낙찰을 받고 나서 그 세입자의 임차금액을 물어줘야 하는 상황이 발생되기 때문에 선순위 근저당 금액이 적을 경우, 채무자 대신 근저당금액을 갚아 버리고 대항력을 주장할 가능성까지 검토해 보고 송달내역을 상세히 보고 변경된 내용을 검토해 보아야 한다.

6. 선순위세입자가 있는 물건은 신중히 입찰하라

선순위세입자가 있는 경우 경매에 참여하고자 한다면, 선순위세입자의 배당신청 여부를 확인하는 것이 중요하다. 만약 선순위세입자의 배당신청 여부를 확인하지 않고 경매에 참여한다면, 선순위세입자의 임대차계약을 경락인이 인수할 수도 있기 때문이다.

선순위세입자의 배당신청여부는 '대법원 법원경매정보' 사이트에서 '물건상세조회' → 사건상세조회 → 문건/송달내역'에서 확인할 수 있다.

7. 공유지분경매는 일반경매와 다르다.

공유지분경매는 일반경매와 방식은 동일하지만, 경락자를 정하는 방법에 있어서 차이가 난다.

일반경매는 최고가 입찰자가 경락자가 되지만, 공유지분경매는 최고가 입찰자가 있을지라도 공유자에게 최고가 입찰자의 가격과 동일한 가격으로 우선적으로 매수할 수 있는 권리를 준다. 이때 공유자가 우선매수권을 행사하면, 최고가 입찰자는 차순위 매수신고인으로 그 신분이 변한다. 즉, 1등에서 2등이 되는 것이다.

이를 일반적으로 '공유자우선매수청구권'이라고 한다. 즉, 어떤 부동산을 여러 사람이 공유로 소유하는 것보다는 한 사람이 소유하여 효율적으로 관리 · 사용하는 것이 사회 전체적으로 효용성이 높기 때문에 가능하면 공유자가 우선적으로 매수할 수 있게 권리를 부여하는 것을 말한다.

그러나 최근 공유자는 1회에 한해 우선 매수를 청구할 수 있고, 보증금을 납부하지 않아 우선매수청구의 효력을 상실하면 같은 경매사건에서는 재차 우선매수를 청구할 수 없도록 하고 있으니 공유지분물건이라고 무조건 포기하지 말고 법원의 매각물건명세서를 잘 살펴보면, 입찰에 응해도 되는 물건인지 판단이 설 것이다.

8. 잔금을 내고 바로 활용하겠다는 생각을 버려라

주택이나 상가를 낙찰받고 나서 즉시 부동산을 활용할 수 있다는 생각은 위험하다. 채권자의 항고(이의신청), 배당이의 소송, 임차인 이사(명도 · 인도) 등 다른 이유로 인해서 신혼집에 입주하거나 전세로 거주하면서 낙찰을 받고 입주를 하고자 한다면 생각하지 못한 지연으로 인해 자칫 곤란해질 수 있다. 집주인이나 점유자가 즉시 경락받은 부동산을 넘겨주지 않으면, 인도명령이나 명도소송을 해야 하는 등 시간과 추가비용이 소요되는 경우가 많다.

그러므로 처음으로 경매에 참가하는 사람은 자금계획과 활용계획 등을 안정적으로 세워서 경매에 참여해야 문제가 발생하지 않는다. 잔금을 납입할 때 경락잔금대출을 몇 %는 받을 수 있다는 주변 사람들이나 경매장 대출상담사의 말만 믿고

자금계획을 세운다면, 경락잔금을 납입하지 못해 경락보증금까지도 날릴 수 있는 큰 낭패를 볼 수도 있기 때문이다.

또한, 유치권이나 법정지상권 등이 있는 물건은 금융기관에 따라서 아예 대출을 해 주지 않거나 필요한 금액만큼 대출이 나오지 않는 경우가 많으므로 주의해야 한다.

9. 낙찰 후 부대비용을 감안하라

부동산 경매는 일반매매에 비해 예상치 못한 비용이 추가적으로 발생하기 때문에 충분히 감안 후 입찰금액을 정해야 한다. 취득 시 과세는 낙찰가격 기준이기에 취등록세에 따른 비용산정과 명도(이사), 인도(강제집행)까지 하는 데 지연된 시간과 비용 등 이사비용과 강제집행비용이 들 수 있으므로 부대비용을 감안해야 한다.

사람은 없는데 집기만 남겨진 상태라면, 또다시 시간적 추가 발생이 불가피하게 발생되고, 노후 된 건물은 하자보수와 수선에 필요한 추가비용이 발생된다. 경매 진행이 되는 물건의 임차인이나 점유자는 애착을 가지고 관리하면서 살지 않기에 크고 작은 하자보수 비용이 발생될 수밖에 없다.

따라서 물건에 대한 상세한 분석과 세부적 추가 부대비용을 감안하여 입찰가를 산정하여 입찰에 응하여야 한다.

10. 입찰가격 결정 시 법정 분위기에 휩쓸리지 마라

입찰에 참여하는 사람들은 보통 경매법정에 가기 전에 미리 예상 입찰가격을 정하고 간다. 그러나 경매법정에 도착해 보면, 엄청난 사람들로 인하여 경매법정에 들어가기조차도 힘이 들고 입찰에 경쟁이 높을 거라는 생각에 자신이 정한 예상 입찰가격보다 훨씬 높은 금액을 적어서 내는 경우가 있다.

결과는 나 홀로 낙찰이나 차순위보다 너무 높은 입찰가로 인해 후회하게 된다. 사실 경매법정에 많은 사람들로 붐빈 이유는 경매학원, 경매컨설팅 회사, 컨설팅업체, 대출상담사 등 때문이다. 실제로 입찰에 참여하는 사람들은 적은데, 많은 사람들이 전부 경매에 참여하는 사람들로 착각하여 지레 겁을 먹고 훨씬 높은 금액에 응찰하는 것이다.

그러므로 경매에 참여할 때는 욕심을 부리지 말고, 내가 시세판단을 한 근거에 준해 적합한 입찰가로 '이번에 안 되면 다음에는 되겠지.' 하는 생각으로 분위기에 휩쓸림 없이 자신이 생각한 입찰가격을 기재하는 용기와 단계별 기간이 필요하다.

제16장

경매참여 시
적절한 응찰가격

부동산 경매의 기본이라 할 수 있는 권리분석 중 선순위가처분, 가등기, 유치권, 법정지
상권, 예고등기, 선순위전세권 등에 대한 권리분석을 꼼꼼히 해야 한다.

또한, 부동산 경매 물건은 일반매매 가격보다 저렴하지만, 주택의 경우 주택임대차보호
법상 대항력이 있는 임차인에게는 기존의 임차보증금을 변상해야 하는 경우가 있다.

부동산 경매로 주택을 구입할 경우, 실수요자 중에서도 전세보증금을 빼서 주택을 구입
하는 경우나 주택을 매매하여 매매금액을 가지고 구입하려는 경우, 입주 시기에 차질이
생길 수 있음을 주의해야 한다. 법원경매는 모든 진행절차가 법 규정에 따라 이뤄지지
만 입주 시기는 정확하지 않다. 심지어 대상물건의 주택이 비어 있을 때에도 입주 시기
에 문제가 발생할 소지가 있으므로 주의해야 한다.

경매에 참가하기 전 고려 사항

1) 낙찰 후 부대비용

법원경매는 일반매매에 비해 예상치 못한 비용이 들어갈 수 있으므로 꼼꼼히 확인한 후 입찰금액을 정해야 한다. 취득 시 과세는 낙찰가 기준이며, 명도 시 강제집행비용 또는 이사비용도 감안해야 하기 때문에 입찰에 참여하기 전 이러한 비용에 대해 충분히 생각해야 한다.

2) 현장 확인

토지나 주택 등 위치 확인이 어려운 물건은 반드시 현지 전문가와 함께 현장을 방문하여 확인해야 한다. 정확한 현장 확인 없이 응찰했다가 후회하는 경우가 생길 수도 있다.

직접 현장을 방문하되, 여의치 않으면 지적도를 발급받아 경계와 소재를 정확히 파악해야 한다.

3) 구체적인 자금계획

부동산 경매에 참여하려는 사람들의 경우 대개가 현금이 아닌 대출을 생각하고 입찰에 참여한다. 입찰 당일 보증금으로 입찰가의 10%를, 매각허가 결정일로부터 한 달 후 잔금을 납입해야 하는데, 입찰 전 대략적으로 확인한 대출금액으로 잔금 납입 계획을 세웠다가 대출이 계획대로 실행되지 않아 잔금을 납부하지 못하는 경우가 발생할 수 있다. 그렇기 때문에 대출계획을 확인하고 대출조건, 대출금액, 대출이자 등을 세밀히 계획한 후, 입찰에 참여해야 한다.

응찰가격을 어떻게 정할 것인가?

"얼마를 써서 응찰해야 하나요?"

"얼마를 써야 낙찰을 받을 수 있나요?"

경매를 처음 접하는 사람이나 경매에 관심을 갖고 있는 사람들이 많이 하는 질문이다.

시중에는 이에 대한 답변이나 비법이 나와 있는 책자도 많이 있다. 여러 가지 답이 있을 수 있겠지만, 정답은 경매에서의 낙찰을 원하는 본인이 물건에 대한 정확한 권리분석, 현장답사 및 조사 분석을 하고, 목적에 따른 가치판단의 기준을 정하는 것이 가장 중요하다고 생각한다.

응찰가격을 정하는데 무슨 철학적인 자세까지 나오느냐고 할지 모르겠지만, 욕심을 버린다는 것은 자기 자신을 버리고, 어떻게 보면 제3자의 입장에서 생각하는 것처럼 객관적으로 생각해야 하기 때문이기도 하다. 그래서 필자는 평소 경매를 공부하기 전에 심리학을 공부해야 한다고 말한다. 독자들도 실전경매에서 심리전을 펴면서 이러한 사실들을 터득하길 기대해 본다.

이렇게 정확한 분석을 한 후 욕심을 버리고 경매에 참여해도, 실전경매에서는 반드시 '낙찰'이라는 원하는 결과를 얻을 수 없다. 아무리 내가 정확한 분석을 하고, 욕심을 버리고 경매에 참여해도 다른 사람이 엉뚱한 가격을 쓴다면 실패할 수밖에 없는 것이 경매현장의 현실이기 때문이다. 이처럼 경매에서는 2등은 없고, 오직 1등만이 살아남는다. 물론 차순위 매수신고는 예외로 생각하기로 한다.

우리가 경매에 참여할 때 기본적으로 생각해야 할 '응찰가격을 정하는 데 필요한 사항'을 알아보자.

1) 경매물건 관련

① 예상매도가격

② 예상임대수익

③ 미래의 가치변동

이러한 사항을 고려하면서 경락을 받는 목적이 이윤을 남기고 즉시 매도할 것인지, 소유하고 임대목적으로 사용할 것인지 아니면 미래의 가치를 보고 중·장기적으로 보유할 것인지를 먼저 결정하고 경매에 임해야 한다.

2) 추가 소요비용

① 인도·명도비용

② 철거비용

③ 쓰레기 처리 비용

④ 변호사 비용(소송비용)

⑤ 합의비용

⑥ 리모델링비용

⑦ 대출이용 시 금융비용

경매물건에 대한 완전한 소유권을 행사하기 위한 인도·명도비용, 공장 등의 경락 시 산업 쓰레기 처리비용, 변호사에게 의뢰할 사항이면 변호사 관련 비용, 유치권 등의 합의를 위한 합의비용, 다른 용도로 바꾸거나 대수선 등을 위한 리모델링비용 등을 계산하는 것이 좋다.

특히 경락잔금대출을 받는다면 금융비용을 생각해야 하며, 이때는 수익이 발생할 시점도 함께 생각해야 한다.

경매물건을 살피다 보면 경매에 낙찰되었던 물건들이 또다시 경매에 나오는 것을 자주 접하게 된다. 왜 그럴까? 아마 이런 물건을 경락받은 사람들은 위의 사항들을 생각하지 못했거나 잘못 생각했기 때문일 것이다.

얼마의 수익이 언제부터 발생할 것이다. 단순한 생각만 하고 자신의 자금력을 생각지 않고 경매에 참여한다면, 나 또한 경매로 진행될 일은 언제든지 발생할 수 있다.

3) 추가수익 예상

① 고철, 강철 판매 수익

② 중고기계 판매(중소기업진흥공단 중고기계거래센터)

경매물건 중 공장 등의 물건은 고철 판매 수익 및 중고기계 판매수익과 관련한 예상외 추가 수익을 낼 수 있다.

4) 기타

① 대법원 및 일반경매 사이트 등에 나와 있는 최근 낙찰 평균

② 경매 당일 현장 분위기

③ 부동산 투기지역 여부

경매 사이트에 나와 있는 최근 낙찰 평균 등은 참고 용도로만 봐야지, 절대로 확신을 가져서는 안 된다. 왜냐하면, 경매 사이트에 나와 있는 최근 낙찰 평균은 단순히 경매물건에 대한 개별분석이 없이 수학적으로 계산한 것이기 때문이다. 따라서 큰 의미를 두지 않고 참고 자료로만 보면 된다.

또한, 경매당일 현장 분위기에 따라 응찰가격을 작성할 때 흔들리는 사람들이 많다. 그러므로 가능하면 응찰가격은 위의 1) ~ 4) 항의 사항들을 잘 판단하여 미리 입찰 가격을 정하고 경매법정에 가는 것이 좋다.

경매당일 경매법정에 사람들이 많으면 높은 가격을, 사람들이 적으면 낮은 가격에 응찰하여 낭패를 당하는 경우가 많다. 결론적으로 응찰가격은 위의 사항 중에서 수익이 될 부분은 낮게, 비용이 될 부분은 높게 하여 예상수익을 계상하는 것이 좋다. 즉, 경매물건 관련과 추가수익 예상은 낮게, 추가소요 비용은 높게 계상하는 것이 안정적이다.

제17장

경락대금
납부하기

경락을 받고 난 후 30~45일 정도가 되면 경락잔금을 납부해야 한다.
이때 경락자는 미리 잔금납부 방법을 생각해야 한다. 현금으로 준비할지, 은행에서 경락
잔금 대출을 받을 것인지 등 경락대금 납부와 관련해서 다음과 같은 방법을 생각해 볼
수 있다.

채권상계신청

민사집행법 제143조 제2항 "채권자가 매수인인 경우에는 매각결정기일이 끝날 때까지 법원에 신고하고 배당받아야 할 금액을 제외한 대금을 배당기일에 낼 수 있다."고 되어 있다.

여기에서 말하는 채권자에는 부동산에 근저당권을 설정한 금융기관이나 배당요구를 하여 배당받을 채권자도 포함된다.

채권자가 스스로 낙찰을 받은 경우와 같이 배당받을 채권자가 매수인인 경우에는 자신이 교부받을 채권액과 낙찰대금을 배당액에서 상계할 수 있다. 이때 상계신청이 받아들여지면 매수인은 자신의 채권액과 상계되고 남은 부분만 대금을 납부하면 된다. 즉, 낙찰대금이 5억 원이고 배당받을 채권액 2억 원이면 매수인은 5억 원에서 2억 원을 제외한 3억 원만 납부하면 된다.

배당기일은 대금지급기일이 지정된 후 대금이 납부되면 지정되는 것이 원칙이나 채권상계신청이 있으면 법원에서는 경매신청채권자나 배당요구 채권자가 낙찰인일 때는 배당액을 상계할 기회를 주기 위해 보통 대금지급 기일과 배당기일을 같은 날짜에 지정한다.

그러므로 실전에서는 자신이 전세로 살고 있는 집이 경매가 들어갔을 때, 세입자가 직접 경매를 받는 것을 자주 볼 수 있다.

이때 세입자 본인이 배당요구 신청을 했고, 배당을 받을 수 있다면 경락대금 전액을 준비할 수고로움 없이 경매에 참여할 수 있다.

채무인수

민사집행법 제143조 제1항 "매수인은 매각조건에 따라 부동산의 부담을 인수하는 외에 배당표의 실시에 관하여 매각대금의 한도에서 관계 채권자의 승낙이 있으면 대금의 지급에 갈음하여 채무를 인수할 수 있다."고 되어 있다.

경매물건을 살피다 보면 선순위 세입자가 많은 물건을 볼 수 있다. 이런 경우 경매에 대하여 깊은 지식이 없으면 회피하게 되는 경우가 많은데, 어떻게 보면 아주 좋은 물건일 수도 있다. 왜냐하면, 선순위 세입자가 많은 물건은 경락자가 그 권리를 인수해야 하기 때문이다. 따라서 경락가격은 많이 내려갈 수밖에 없다.

이렇게 되어 낮은 가격에 응찰하여 선순위 세입자의 권리를 인수한다면, 경락자 입장에서는 좋은 물건을 낮은 가격에 인수하고, 선순위 세입자의 임대차 금액을 일시에 내주는 일이 없이 나누어 지급할 수 있으므로 자금 부담이 없다는 장점이 있다.

여기에서 말하는 채권자는 근저당권을 가지고 있는 금융기관이 될 수도 있고, 주택임차인이 될 수도 있다. 그러나 실전에서는 금융기관의 채무를 인수하는 것 보다는 주택임차인의 채무인수가 주로 사용되고 있다. 또한, 채무인수는 일부 채권자의 채무만 인수할 수도 있다.

실전에서 사용하는 채권상계신청과 채무인수 양식을 살펴보자.

채 권 상 계 신 청 서

사건번호 타경 　　　　　　호
채 권 자
채 무 자

위 사건에 관하여 매수인이 납부할 매각대금을 민사집행법 제143조 제2항에 의하여 매수
인이 채권자로서 배당받을 금액 한도로 상계하여 주시기 바랍니다.

　　　　　　년　　　월　　　일

매수인 겸 채권자 (인)
연락처

지방법원 귀중

채 무 인 수 신 고 서

사건번호 타경　　　　　　호

채 권 자

채 무 자

위 사건에 관하여 경락인은　　년　월　일자로 대금지급기일 통지서를 받았으나 경락인은 위 부동산의 매각대금에서 배당받을 수 있는 주택임차인 홍길동의 채무자에 대한 임차보증금 금 천만 원의 채무를 인수하였음을 신고합니다.

첨부서류

1. 임차보증금채무인수계약서 사본 1통

2. 인감증명서 1통

　　　　　　　　　　　　　　　　년　　　월　　　일

위 경락인 (인)

주 소

　　　　　　　　　　위 채무인수신고에 동의함

　　　　　　　　　　　　　　　　년　　　월　　　일

배당요구채권자 (인)

주 소

　　　　　　　　　　　　지방법원 귀중

3
경락잔금대출

경락잔금대출이란 경락자가 경락대금을 준비할 수 없을 때 은행에 경락물건을 담보로 제공하여 대출을 받아 경락잔금을 납부하는 것을 말한다.

5억 원의 물건을 경락받았을 때 가지고 있는 자금이 3억 원이라고 하면, 2억 원의 자금을 대출을 받아야 한다.

이에 관한 구체적인 방법을 알아보면, 우선 경락자가 경락을 받으면 집행법원에서는 경락확인서를 발급해 준다. 그 확인서를 가지고 대출받을 은행에 가면, 은행에서는 각 은행의 경락잔금 대출 기준에 의거 대출가능 금액을 확인해 준다.

그러면 잔금을 납입할 날에 은행과 관련한 법무사가 경락자에게 등기이전에 필요한 서류와 은행에서 대출할 자금을 제외한 자금과 비용을 받을 수 있다. 이와 동시에 은행에서는 대출자금을 수령하여 경락잔금을 경락자 대신 납부하고, 함께 근저당권을 설정한다.

甲 경락	→	경락자 甲	→	甲 소유권이전
(5억 원)		(2억 원+등기이전비용)		(근저당 설정)

최저 경매가격의 평가명령 결정

법원은 감정인으로 하여금 부동산 가격을 평가하게 하며, 이에 의하여 최저 경매 가격을 정하는 자료로 해야 한다.

1) 총설

부동산의 평가는 집행법원의 평가명령에 기하여 감정인이 행하므로 법원이 선임한 감정인이 목적부동산을 평가하여서 얻은 평가액을 집행법원에 보고하여 오면 법원에서는 감정가격을 참작하여 이를 토대로 최저경매가격을 정한다.

2) 목적부동산의 평가

(1) 감정인의 선임

감정인의 자격 및 선임에 관하여는 아무런 제한이 없으므로 법원이 부동산의 평가에 전문적인 지식 또는 경험이 있고 목적부동산의 평가를 함에 있어서 적당하다고 인정하면 누구라도 감정인으로 선임할 수 있다. 따라서 공인감정사나 집행관, 법원 직원도 감정인으로 선임될 수 있다. 금융기관의 연체대출금에 관한 경매절차에서는 한국감정원에 평가하도록 하여야 한다.

○ ○ 지 방 법 원
평 가 명 령

감정인 ○ ○ ○ 귀하

사 건   20   타경   부동산강제(임의)경매

별지 기재 부동산에 대한 평가를 하여   .   .   .까지 그 평가서를 제출하되(열람 · 비치용 사본 1부 첨부), 평가서에는 다음 각호의 사항을 기재하고 부동산의 모습과 그 주변의 상황을 알 수 있는 도면 · 사진 등을 붙여야 합니다.

1. 사건의 표시

2. 부동산의 표시(아파트, 다세대주택 등 집합건물의 경우 평형 표시)

3. 부동산의 평가액 및 평가연월일

　가. 집합건물인 경우에는 건물 및 토지의 배분가액 표시

　나. 제시외 건물이 있는 경우에는 반드시 그 가액을 평가하고, 제시외 건물이 경매대상에서 제외되어 그 대지가 소유권의 행사를 제한받는 경우에는 그 가액도 평가

　다. 등기부상 지목과 현황이 다른 토지의 경우는 등기부상 지목 및 현황에 따른 각 평가액을 병기

4. 평가의 목적이 토지인 경우에는 지적(공부상 및 실제 면적), 법령에 따른 규제의 유무 및 그 내용과 공시지가(**표준지가 아닌 경우에는 비교대상 표준지의 공시지가와 함께 표준지의 위치와 주변의 상황을 평가대상 토지와 비교할 수 있도록 도면 · 사진 등을 붙여야 합니다.**), 그 밖에 평가에 참고가 된 사항 (토지이용계획확인서 등 첨부)

5. 평가의 목적이 건물인 경우에는 그 종류, 구조, 평면적(공부상 및 실제 면적), 추정되는 잔존 내구연수 등 평가에 참고가 된 사항

6. 평가액의 구체적 산출 과정(**평가근거를 고려한 요소들에 대한 평가내역을 개별적으로 표시하여야 하고 통합형 설시를 통해 결론만 기재하여서는 아니됩니다.**)

7. 대지권등기가 되어 있지 아니한 집합건물인 경우에는 분양계약내용, 분양대금 납부 여부, 등기되지 아니한 사유

8. 그 밖에 집행법원이 명한 사항

20   .   .   .

판사 또는 사법보좌관   ㉺

(2) 평가의 대상

평가의 대상은 부동산과 함께 취득할 모든 물건 및 권리에 미친다. 경매목적 부동산의 구성부분, 천연과실, 종물(從物) 등도 평가의 대상이 되며, 경매목적부동산은 평가명령에 특정하여 표시되어야 한다. 압류의 효력은 종물과 종된 권리에 미치므로 함께 평가의 대상이 된다.

(3) 평가의 방법

평가방법은 감정인이 경매 부동산의 현지에 나가 부동산의 위치, 형상, 주변의 상황, 건물의 구조, 자재 등을 참작하여 객관적으로 공정하고 타당성이 있는 방법으로 감정평가를 하여야 한다. 그리고 경매부동산 위에 유치권이 존재하고 있는 경우에는 그 부담이 있는 부동산가격을 평가하여야 한다. 경매부동산 위에 경락인에 대하여 대항할 수 있는 용역권이 존재하는 경우에는 그 부담이 있는 부동산 가격을 평가하여야 한다. 대항력 있는 임차권으로서는 등기된 임차권(민법 제621조 2항), 지상건물의 등기가 된 토지임차권(민법 제622조), 주민등록이 된 주택임차권(주택임대차보호법 제3조) 등이 있다.

(4) 재평가

법원은 감정인의 평가가 최저경매가격으로 참작될 수 없다고 인정되는 경우, 또는 경제사정의 급변한 변동이 생겨 당초의 평가액이 현재의 평가액과 현저한 차이가 난다고 보일 때는 재평가를 명할 수 있다.

3) 감정평가의 문제점

경매 법원의 감정평가명령을 받아 현장답사 후 감정을 하는 기관마다 감정평가의 산정기준이 애매모호하고 기준이 달라, 경매부동산의 감정가가 똑같은 지역인데도 수천만 원에서 억대까지 차이를 보이고 있어 입찰에 참여하려는 응찰자를 당혹스럽게 하고 있다. 이 때문에 각 기관의 감정평가 자체에 문제점을 제기하는 등의 불만을 갖고 이의를 제기하여 재감정을 하는 일이 빈번해, 부동산 평가가 새로운 문제점으로 지적되었다.

법원의 부동산 경매는 최초감정가격을 바탕으로 부동산을 매각하고 있는 설정이어서 이해관계인은 물론 응찰자들까지 신경을 곤두세우고 있는 아주 중요하고도 기본적인 문제다.

특히 부동산 경매는 공신력과 법적인 절차에 의해 진행되기 때문에 금융기관인 경우 특별조치법에 따라 의무적으로 한국 감정원을 이용하고 있지만, 법원경매 부동산은 법원에서 감정할 때는 임의로 감정평가회사에 의뢰하고 있다. 이 때문에 감정평가회사의 기준과 산정방법에 따라 감정가격이 들쭉날쭉하고 있어, 감정평가에 대한 신뢰도의 의문으로 많은 이해관계인들이 이의를 제기해 재감정을 요구하고 있는 실정이다.

경매에서 이의 신청

법원의 경매개시결정이 내려지면 집행관은 지체없이 모든 임차인의 보증금, 임대
차기간, 주민등록전입일자, 확정일자 기타 사항을 확인하도록 되어 있다. 따라서
입찰 당일, 입찰자는 반드시 법대열람을 하거나 인터넷으로 대법원 법원경매 게시
내용을 주시해야 한다. 특히 선순위임차인의 경우에는 낙찰자가 보증금을 인수 부
담해야 하느냐 부담하지 않아도 되느냐가 결정되는 것이다.

만일 법원의 현황조사보고서나 매각물건명세서가 잘못되어 낙찰자가 권리분석을
실패하였다면, 낙찰자는 법원에 대하여 낙찰허가에 대한 이의를 제기하든지 아니
면 즉시항고를 제기할 수도 있다.

우리가 입찰에 응하다 보면, 법원입찰 문서들에 하자가 있어 이의신청 및 낙찰불
허가 신청을 하는 경우를 종종 본다. 이들 문서는 현황조사보고서, 임대차관계조
사서, 감정평가서, 매각물건명세서 등이 있는데, 이들 문서에 대한 이의신청방법
에 대해서 잘 공부해 두면 경매를 당하는 입장에서나 경매에 입찰하는 응찰자 입
장에서 많은 도움이 될 것이다.

경매신청권자의 경매신청으로 인해서 집행법원은 경매개시결정을 한 후 집행관에
게 부동산의 현황(現況), 점유관계(占有關係), 차임(借賃) 또는 보증금(保證金) 기타
현황에 관하여 조사할 것을 명한다. 그 이유는 경매참여자들에게 정확한 정보를
제공하기 위해서뿐만 아니라 절차의 번거로움을 없애고 낙찰 가격의 적정화를 도
모하기 위해서이다.

이러한 현황조사보고서에는 부동산의 현황을 잘 알 수 있도록 도면·사진 등을 첨
부해야 한다. 또한 임대차관계조사서에서는 임차인, 전세금 또는 보증금, 임대차
기간, 주민등록전입일자, 확정일자 등 기타 사항을 조사하고 확인해야 한다. 하
지만 임차인이 폐문부재이거나 집행관에게 조사 확인에 응하지 않아 확인을 못 한

경우도 있을 수 있다.

1) 현황조사보고서의 하자에 대한 이의신청

현황조사의 기간은 2주 이내로 정해져 있지만 실제상으로는 3개월 이상 소요되는 경우도 있으며, 현황조사의 목적물이 다르다는 등의 사유가 있을 때에는 법원의 현황조사명령에 대하여 집행에 관한 이의를 제기할 수 있다. 또한, 현황조사보고서의 내용에 대하여는 독립하여 불복신청할 수 없고, 낙찰에 대한 이의를 하거나 낙찰허가에 대하여 즉시항고를 할 수 있다.

2) 감정평가서의 하자에 대한 이의신청

법원은 감정인(鑑定人)에게 부동산을 평가하게 하고 그 평가액을 참작하여 최저매각가격을 정해야 하는데, 이때 감정인은 경매대상 부동산의 현장에 나가서 부동산의 위치·형상·주변상황·건물구조·건축자재 등을 참작하여 공정하고 타당성 있는 방법으로 평가해야 한다. 이러한 감정평가 자체에 대하여는 이의신청을 할 수 없으나 재평가신청은 가능하다.

3) 매각물건명세서의 하자에 대한 이의신청

매각물건명세서에 중대한 하자가 있을 때에는 낙찰허가에 대한 이의사유 및 낙찰허가 결정에 대한 즉시항고 사유가 되는데, 이때의 중대한 하자는 선순위 임차인의 주민등록사항 누락, 대지사용권 존부(存否)의 불기재, 선순위 임차보증금을 공란으로 기재하였으나 그 후 임차인이 배당요구를 한 것에 대하여 이를 반영한 명세서를 재작성하지 않은 경우 등이 있다.

제18장

실전 낙찰
사례

사례 명도, 인도명령

성남6계 2014-10238 금곡동 다세대

🐘 지지옥션

소 재 지	경기 성남시 분당구 금곡동 54-9 덕인맨션 2층 201호 [숯골로17번길 12]				
경매구분	강제경매	채 권 자	김덕수		
용 도	다세대	채무/소유자	이영자	낙 찰 일 시	14.10.06 (201,500,000원)
감 정 가	270,000,000 (14.05.14)	청 구 액	80,062,500	종 국 결 과	14.11.27 배당종결
최 저 가	172,800,000 (64%)	토지총면적	67.88 ㎡ (20.53평)	경매개시일	14.04.29
입찰보증금	10% (17,280,000)	건물총면적	66.35 ㎡ (20.07평)	배당종기일	14.07.09
조 회 수	• 금일 1	공고후 103	누적 305	• 5분이상 열람 금일 0	누적 38

소재지/감정서	물건번호/면 적(㎡)	감정가/최저가/과정	임차조사	등기권리
463-480 경기 성남시 분당구 금곡동 54-9 덕인맨션 2층 201호 [숯골로17번길 12] **감정평가정리** - 철콘조철콘지붕 - 거실,일부방등에는 건축물현황도에도시된발코니가없음 - 서울T/G남서측인근 - 주위단독및연립주택,다세대주택,음식점,농경지,임야등소재 - 차량출입가능 - 버스(정)인근,대중교통수단이용보통 - 도시가스설비 - 사다리형토지 - 남동측에서남서측약6m정도도로접함 - 가스보일러개별난방 - 도시지역 - 자연녹지지역 - 자연취락지구 - 비행안전구역 (3구역,전술) - 대기환경규제지역 - 도시교통정비지역 - 과밀억제권역 - 배수구역 (분당배수구역) - 하수처리구역 (궁내동처리분구)	물건번호: 단독물건 대지 67.875/543 (20.53평) ₩108,000,000 건물 66.35 (20.07평) ₩162,000,000 방3,화장실2 공용부분:5.58 - 총3층 - 보존:2003.03.04	감정가 270,000,000 • 대지 108,000,000 (40%) (평당 5,260,594) • 건물 162,000,000 (60%) (평당 8,071,749) 최저가 172,800,000 (64.0%) **경매진행과정** ① 270,000,000 2014-08-04 유찰 ② 20% 216,000,000 ↓ 2014-09-01 유찰 ③ 20% 172,800,000 ↓ 2014-10-06 낙찰	**법원임차조사** 이재훈 전입 2013.06.27 주거 점유기간 미상 조사서상 박찬식 전입 2014.04.21 확정 2011.03.11 배당 2014.06.16 (보) 120,000,000 주거/전부방3 점유기간 2011.3.11.- *소유자점유.거주자가 폐문부재하여 우편함에 권리신고 및 배당요구신청 안내문을 투입하였음 **지지옥션세대조사** 세 14.04.21 박** 세 08.12.03 이** 세 13.08.27 이** 주민센터확인:2014.07.18	근저당 우리은행 성남남부 2004.07.12 60,000,000 소유권 이영자 2009.06.09 전소유자:이동수 근저당 우리은행 성남남부 2009.06.22 51,600,000 강제 김덕수 2014.04.29 *청구액:80,062,500원 압류 국민건강보험공단 2014.05.13 성남남부지사 채권총액 111,600,000원 열람일자 : 2014.06.12

낙찰자	박윤	
응찰수	4명	
낙찰액	201,500,000	(74.63%)
2위	201,000,000	(74.44%)
3위	200,000,000	(74.07%)

⋯ 사설경매 정보에서는 낙찰자 정보와 금액의 오타가 있을 수 있다. 현장에서 개찰결과를 직접 듣고 실시간으로 올리다 보니 이런 정보 불일치가 간혹 기재된다.

- 건물 외관에 덕인맨션으로 표시되어 있고, 본건 거실, 일부 방 등에는 건축물현황도에 도시된 발코니가 없음.

■ 예상배당표 [낙찰가 201,500,000 원으로 분석]

	종류	권리자	등기일지	채권액	예상배당액	인수	비고
등기권리	근저당권	우리은행	2004-07-12	60,000,000	60,000,000	말소	말소기준권리
	근저당권	우리은행	2009-06-22	51,600,000	51,600,000	말소	
	강제	김덕수	2014-04-29	80,062,500		말소	경매기입등기
	압류	국민건강보험공단	2014-05-13			말소	

	전입자	점유	전입/확정/배당	보증금/차임	예상배당액	대항력	인수	형태
임차권리	박찬식	주거/전부방3	전입: 2014-04-21 확정: 2011-03-11 배당: 2014-06-16	보 120,000,000	87,737,965	無	소멸	주거
	이재훈	주거	전입: 2013-08-27			無	소멸	주거

	종류	배당자	예상배당액	배당후잔액	배당사유
배당순서	경매비용		2,162,035	199,337,965	
	근저당권	우리은행	60,000,000	139,337,965	근저
	근저당권	우리은행	51,600,000	87,737,965	근저
	임차인	박찬식	87,737,965	0	임차인

성남 14-10248

전입세대열람 내역(동거인포함)

행정기관: 서울특별시 용산구 남영동   작업일시 : 2014년 07월 18일 14:56
주소 : 경기도 성남시 분당구 숫골로17번길 12 201호   페이지 : 1
       경기도 성남시 분당구 201호
                                  54-9

순번	세대주성명	전입일자 등록구분	최초전입자	전입일자	등록구분	동거인 수	동거인사항 순번 성명 전입일자 등록구분
		주소					
1	박 **	2014-04-21 거주자	박 **	2014-04-21	거주자		
	경기도 성남시 분당구 숫골로17번길 12. (1/1) 201호 (금곡동)						
2	이 **	2008-12-03 거주자	이 **	2008-12-03	거주자		
	경기도 성남시 분당구 숫골로17번길 12. (1/1) 201호 (금곡동)						
3	이 **	2013-08-27 거주자	이 **	2013-08-27	거주자		
	경기도 성남시 분당구 숫골로17번길 12. (1/1) 201호 (금곡동)						

- 이하여백 -

본 물건은 다세대주택으로 등기권리 상 후순위권자 김덕수 씨가 경매신청을 하였다. 모든 채권채무는 소송을 통하는 것이 원칙이지만 특정한 약속(근저당)이 있다면 소송 없이 바로 경매 신청할 수 있다. 강제경매는 채무자에게 돈을 빌려주거나 다른 채권에 기한 채무 변제를 이행하지 않을 경우 채권자가 채무자의 부동산을 법원에 강제로 처분해 달라는 신청을 하는 절차이기에 본 건은 경매 신청권자의 근저당권 없이 강제경매가 진행되었다.

등기권리 분석을 해 보면

1순위 근저당권 우리은행 2004년 7월 12일 60,000,000원

2순위 근저당권 우리은행 2009년 6월 22일 51,600,000원

3순위 임차인 박찬식

말소기준 권리는 1순위 우리은행 근저당권으로 이후 모든 권리는 소제주의에 의거 말소가 된다. 3순위 임차인 박찬식 씨는 낙찰금액 결과에 일정 금액 배당을 받을

수 있으며 임차인 이재훈씨는 전입신고만 되어 있는 인도명령 대상자이다. 박찬식씨는 배당 받기 위해서 낙찰자의 명도확인서와 인감 1통을 첨부해야 하기에 명도에 어려움이 없지만, 임차인 박찬식씨와 이재훈씨는 인도명령 신청을 하였다(두 사람은 가족관계로 명도수월).

부동산인도명령 신청

인지:1,000원 송달료: 48,320원

신청인(매수인) 성명: 은화균
주소: 경기도 양주시 장흥면 부곡리 4** 우남A 1**-1***호
☎: 010-2***- 5***
피신청인(점유자) 성명: 이재훈
주소: 경기도 성남시 분당구 금곡동 54-9 덕인맨션 201호

신 청 취 지

수원지방법원 성남지원 2014타경10238호 부동산 경매사건에 관하여 피신청인은 신청인에게 별지목록 기재 부동산을 인도하라는 재판을 구합니다.

신 청 이 유

1. 신청인은 수원지방법원 성남지원 2014타경10238호 부동산 경매사건의 경매절차에서 별지목록 기재 부동산을 매수한 매수인으로서 2014.10.13. 매각허가결정을 받았고, 2014.10.28.에 매각대금을 전부 납부하여 소유권을 취득하였습니다.

2. 그렇다면 피신청인은 별지목록 기재 부동산을 신청인에게 인도하여야 할 의무가 있음에도 불구하고 신청인의 별지목록 기재 부동산인도청구에 응하지 않고 있습니다.

3. 따라서 신청인은 매각대금 납부로부터 6월이 지나지 않았으므로 피신청인으로부터 별지목록 기재 부동산을 인도받기 위하여 이 사건 인도명령을 신청합니다.

첨 부 서 류

1. 부동산 목록 1통
2. 부동산등기사항전부증명서 1통

2014. 10. 28.
위 신청인(매수인)은 화 균 (서명 또는

수원지방법원 성남지원 귀중

명 도 확 인 서

사건번호 : 2014타경10238

이름: 박찬식

주소: 경기도 성남시 분당구 금곡동 54-9번지 덕인맨션 201호

위 사건에서 위 임차인은 임차보증금에 따른 배당금을 받기 위해 매수인에게 목적부동산을 명도하였음을 확인합니다.

첨부서류 : 매수인 명도확인용 인감증명서 1통

2014년 11월 10일

매수인   은 화 균 [인]

연락처(☎) 010-2***-5***

수원지방법원   성남지원   귀중

···▶ 유의사항

1) 주소는 경매기록에 기재된 주소와 같아야 하며, 이는 주민등록상 주소이어야 합니다.

2) 임차인이 배당금을 찾기 전에 이사를 하기 어려운 실정이므로, 매수인과 임차인 간에 이 사날짜를 미리 정하고 이를 신뢰할 수 있다면 임차인이 이사하기 전에 매수인은 명도 확 인서를 해 줄 수도 있습니다.

– 명도 합의 및 이행 각서 –

– 부동산의 표시: 경기도 성남시 분당구 금곡동 54-9 덕인맨션 201호
– 경매사건 번호: 수원지방법원 성남 6계 2014타경10238 강제경매

각서인 본인은 위 부동산 2층 201호를 점유 중인 임차인으로서 상기 부동산을 경매낙찰 및 소유권 이전으로 낙찰자 은하균 귀하께 즉시 명도 하여야 하나, 각서인 본인은 임대차 보증금이 없다는 편의를 고려하여 본 경매사건 약정기일 2014년 11월 10일까지 위 부동산에 무상거주를 보장하여 주고 배당기일 당일 위 부동산에서 모든 집기류와 기물을 본 호실에서 비워주는 조건과 키를 반납하며 시설물에 따른 파손이나 손괴 발생 시 수선·교환·수리비용을 지불할 것을 약정하며 명도합의 및 지불이행 각서에 서명한다.
위 부동산 현존상태 이용 그대로 보존하여야 하며 약정기일까지 존속하며 발생한 관리비 등 공과금 일체는 각서인이 전부 납부하고 임차인은 위 부동산에 대한 현존 관리 책임의무에 따른 하자발생 시 낙찰자에게 수선 및 원상 복구를 이행하는 조건이다.

○ 추가 합의 내용

– 2014. 11. 10 쌍방이 합의한 상기 내용을 이행함에 있어 아래와 같이 추가 합의함
1. 각서인은 부동산 내부의 현 상태(인테리어 및 기존설치 시설물 등)를 2014. 11. 10일까지 그대로 보존하며 파손, 손괴, 훼손 등의 사유 발생 시 배상의 책임을 진다.
2. 상기 약속확약일 2014. 11. 10일 각서인의 이행불능으로 실행되지 않을 경우 즉 시 위 부동산에 존속한 모든 가사도구류 및 모든 물품 일체의 권원을 포기하는 것으로 간주하며, 집기 철거비용과 폐기처리에 따른 모든 비용을 각서인이 부담하고 별도 손해배상금 삼백만 원과 약정위반으로 발생한 월 임차료 일백만 원을 배당금 수령에서 차감을 약정하며 각서인은 어떠한 민·형사상의 책임도 묻지 않는다.
3. 각서인은 위 부동산을 타인에게 이전하거나 점유명의를 변경하지 않는다.
4. 본 각서는 임차인 박찬식 씨가 동거인 이재훈 씨와 함께 모든 집기를 비우며 키를 반환하는 날, 명도확인서와 이사비용 금 *** 원을 지급하는 합의 조건이다.
5. 첨부서류: 각서인 주민등록등본(주소이력포함), 신분증

2014년 11월 10일

위 각서인:　　(인) (주민등록번호 :　　　　－　　　　) 전화번호:
　　　　　　(인) (주민등록번호 :　　　　－　　　　) 전화번호:
주소: 경기도 성남시 분당구 금곡동 54-9번지 201호

낙찰자(매수인) 은화균 귀하

강 제 집 행 신 청 서

수원지방법원 성남지원 집행관사무소 집행관 귀하

채권자	성 명		주민등록번호 (사업자등록번호)		전화번호 (핸드폰)	(010-1234-1234)
	주소					
	대리인	성명( ) 주민등록(–)		전화번호 (핸드폰)	
채무자	성 명	이재훈	주민등록번호 (사업자등록번호)		전화번호	
					우편번호	
	주소					

집행목적물의 소재지	채무자의 주소지와 같음(※다른 경우에만 아래에 기재함)
집행권원	
집행의 목적물 및 집행 방법	동산압류, 동산가압류, 동산가처분, 부동산점유이전금지가처분, 건물명도, 철거, 부동산 인도, 자동차인도, 기타( )
청구금액	1. 금 원 청구원금(내역은 뒷면과 같음) 2. 위 돈에 대하여 년 월 일부터(년 월 일까지는 연 % 그다음 일부터) 그 완제 에 이르기까지는 연 %의 비율에 의한 이자

위 집행권원에 기한 집행을 하여 주시기 바랍니다.

※ 첨부서류

1. 집행권원 1통
2. 송달증명서 1통 2014. . .
3. 위임장

위 본인이 무인임을 증명함 20 . . . 담당 (인)	채권자 (인) 대리인 (인)

※ 특약사항

1. 본인이 수령 할 예납금 잔액 및 배당금 등을 본인의 비용부담하에 오른쪽에 표시 한 예금 계좌에 입금하여 주실 것을 신청합니다.
   채권자 (인)

예금계좌	개설은행	
	예 금 주	
	계좌번호	

2. 집행관이 계산한 수수료 기타 비용의 예납통지 또는 강제집행 속행의사 유무확인촉구를 2회 이상 받고도 채권자가 상당한 기간 내에 그 예납 또는 속행의 의사표시를 하지 아니한 때에는 본사건 강제집행위임을 취하한 것으로 보고 완결 처분해도 이의 없음.
   채권자 (인)

1. 굵은 선으로 표시된 부분은 반드시 기재하여야 합니다(금전채권의 경우 청구금액 포함).
2. 채권자가 개인인 경우에는 주민등록번호를, 법인인 경우에는 사업자등록번호를 기재합니다.

청구금액계산서	
내 용	금 액
합 계	원

집행목적물 소재지 약도

재판기록 열람복사 신청서				허	부

청구인	성 명	은화균	전화번호	
			담당사무원	
	자 격		소명자료	

청구구분	☐ 열 람 ☐ 등 사

대상기록	사건번호	사 건 명	재 판 부
	2014-10238	강제경매	성남지원

열람 또는 등사할 부분	(등사매수 매)

등사방법	☐ 필사 ☐ 변호사단체 복사기 ☐ 법원복사기

청구수수료	☐ 500원 ☐ 면 제	(수 입 인 지 첩 부 란)
등사비용	원 (매×100)	

비 고	

영수일시	2014. . .	영수인	

···▸ 작성요령

1. 신청인, 영수인 란은 서명 또는 기명날인
2. 소송대리인·변호인의 사무원이 열람·등사하는 경우에는 담당사무원 란에 그 사무원의 성명을 기재
3. 청구수수료는 1건당 500원(수입인지로 납부). 다만, 사건의 당사자 및 그 법정대리인·소송대리인·변호인 (사무원 포함)·보조인 등이 그 사건의 계속 중에 열람·등사하는 때에는 청구수수료 면제
4. 법원복사기로 등사하는 경우에는 1장당 50원의 등사비용을 수입인지로 납부

수원지방법원 성남지원

통 지 서

사 건 2014타경10238 부동산강제경매

채 권 자 김덕수

채 무 자 이영자

소 유 자 채무자와 같음

위 사건에 관하여 아래와 같이 집행비용이 부족하므로 이 통지서를 받은 날로부터
7 일 이내에 아래 금액을 은행에 납부하고 납부서를 담당계에 제출하여 주시기 바랍니다.

아 래

1. 법원보관금 : 매 각 수 수 료   1,767,660 원

　　　　　　　 감정평가수수료   0 원

　　　　　　　 현황조사수수료   0 원

　　　　　　　 신 문 공 고 료   0 원

　　　　　　　 합 계   1,767,660 원

2. 송 달 료   원

· 위 대금을 기한내에 납부하지 않으면 경매절차를 진행하지 않을 수 있습니다.

· 송달료는 송달료 항목으로, 송달료 이외의 금액은 법원보관금 항목으로 취급은행에
　추가납부하시기 바랍니다.

2014. 10. 7.

법원주사 박 성 신

송달류	임차인통지서			
생성일·방법	생성:2014.05.20	우편송달		송달:2014.05.23
송달받을자·주소	임차인 박찬석	성남시 분당구 쇳골로17번길 12, 201호(금곡동)		
수령인·장소	동거인(배우자) 이원녀	[성남시 분당구 쇳골로17번길 12, 201호(금곡동)]		[성남분당/이선경]
송달류	임차인통지서			
생성일·방법	생성:2014.05.20	우편송달		송달:2014.05.23
송달받을자·주소	임차인 이재훈	성남시 분당구 쇳골로17번길 12, 201호(금곡동)		
수령인·장소	동거인(형/누이) 이월녀	[성남시 분당구 쇳골로17번길 12, 201호(금곡동)]		[성남분당/이선경]

▶ 재판기록 열람서 주택임대차 계약서

아래 부동산에 대하여 임대인과 임차인은 합의하여 다음과 같이 임대차계약을 체결한다.

1. 부동산의 표시

소 재 지	경기도 성남시 분당구 금곡동 54-9 제2층 제201호					
토 지	지목	대			면적	543 ㎡
건 물	구조	철근콘크리트	용도	주거용	면적	66.35 ㎡
임대할부분	201호 전부					

2. 계약내용

제1조 [보증금 및 지급시기] ① 임대인과 임차인은 임대차 보증금과 지불시기를 다음과 같이 약정한다.

보 증 금	一金 일억이천만	원整 (₩ 120,000,000	)
계 약 금	一金 일천이백만	원整은 계약시에 지불하고 영수함 영수자	印
중 도 금	一金 삼천만	원整은 2011년 3월 8일에 지불하며,	
잔 금	一金 칠천팔백만	원整은 2011년 3월 11일에 지불한다.	

②제1항의 보증금은 공인중개사의 입회하에 지불하기로 한다.

제2조 [존속기간] 임대인은 위 부동산을 임대차 목적대로 사용,수익할 수 있는 상태로 2011년 03월 11일 까지 임차인에게 인도하여, 임대차기간은 인도일로부터 2013년 03월 10일 까지로 한다. (24 개월)

제3조 [용도변경 및 전대 등] 임차인은 임대인의 동의 없이는 위 부동산의 용도나 구조 등을 변경하거나 전대,임차권 양도 또는 담보제공을 하지 못하며 임대차 목적 이외의 용도에 사용할 수 없다.

제4조 [계약의 종료] ①임대차 계약이 종료된 경우 임차인은 위 부동산을 원상으로 회복하여 임대인에게 반환한다. ①제1항의 경우 임대인은 보증금을 임차인에게 반환하고, 연체차임료 또는 손해배상 금액이 있을 때는 이들을 제외하고 그 잔액을 반환한다.

제5조 [계약의 해제] 임차인이 임대인에게 계약당시 계약금 또는 보증금 명목으로 금전이나 물건을 교부한 때에는 다른 약정이 없는 한 중도금(중도금이 없을 때는 잔금)를 지불할 때까지는 임대인은 계약금의 배액을 상환하고 임차인은 계약금을 포기하고 이 계약을 해제할 수 있다.

제6조 [채무불이행과 손해배상] 임대인 또는 임차인이 본 계약상의 내용에 대하여 불이행이 있을 경우 그 상대방은 불이행한자에 대하여 서면으로 최고하고 계약을 해제할 수 있으며, 계약해제에 따른 손해배상을 각각 상대방에게 청구할 수 있으며, 별도의 약정이 없는 한 계약금을 손해배상의 기준으로 본다.

제7조 [중개수수료] 공인중개사의 중개수수료는 당사자간의 약정이 없는 한 본 계약의 체결과 동시에 임대인과 임차인 쌍방이 각각 지불하며, 공인중개사의 고의나 과실없이 거래 당사자 사정으로 본 계약이 무효,취소,해제되어도 중개수수료는 지급한다.

제8조 [확인설명서 등 교부] 공인중개사는 증개대상물 확인설명서를 작성하고 업무보증관계증서(공제증서 등) 사본을 첨부하여 2011년 03월 05일 거래당사자 쌍방에게 교부한다.

특약사항

1. 기본 및 현시설물상태에서 임대한다.,
2. 등기부등본상 채권최고액 금116,000,000원 근저당설정과 30,000,000원 근저당설정 상태임
3. 중도금+잔금+천만원은 30,000,000원 근저당설정을 말소하는 조건이며 금116,000,000원은 말소함 현임임 차

성남시 분당구 금곡동 주민센터 2011.03.11 (등부번호)

본 계약에 대하여 임대인과 임차인은 이의 없음을 확인하고 각자 서명·날인 후 임대인, 임차인, 공인중개사가 각 1통씩 보관한다.

2011년 3월 5일

임대인	주 소	경기도 성남시 분당구 금곡동 54-9 201호				성명	이영자
	주민등록번호	480319-2010719	전화1		전화2		
임차인	주 소	서울 관악구 낙성대동 인현아파트 102-404				성명	박찬식
	주민등록번호	630522-1953520	전화1		전화2		
중개업자	사무소 명칭	yes!공인중개사사무소					
	사무소소재지	경기 성남시 분당구 금곡동155 우방코리					
	대표	박 찬국					
	등록번호	가-3604-3-5963			031-716-3000		
	소속공인중개사						

010-9444-4500

http://www.tenit.co.kr

주택 임대차 계약서

부동산의 표시 : 경기도 성남시 분당구 금곡동 54-9 제2층 제201호
- 건물: 철근 콘크리트 / 용도: 주거용 / 면적: 66.35㎡

제 1 조 위 대상물건의 임차에 있어 세입자(임차인)는 아래와 같이 임차 보증금과 월세를 지불하기로 한다.

임대보증금	金 : 일억이천만 원(₩120,000,000)	
계 약 금	金 : 일억이천만 원(120,000,000)	은 계약시 임대인에게 지불하고
잔 금	金 : 없음	은 년 월 일 지불한다.

제 2 조 위 대상물건의 인도는 2013 년 3 월 11 일 자로 한다.
제 3 조 대상물건의 임대차기간은 인도일로부터   12 개월로 한다.
제 4 조 위 대상물건은 임대인이 임차인이 주거할 수 있도록 적극 수선해야 ~~~~~~~~~~
    가 입주후 대상물건을 변경 또는 훼손한 때에는   임대차관계종료시까지 원상복구 또는 손해배상
    해야 한다.
제 5 조 임차인이 임대인에게 잔금을 지불하기 전까지는 임대인은 계약금의 배액을 상환하고, 임차인은 계
    약금을 포기하고 이 계약을 해제할 수 있다.
제 6 조 관리비 및 종합공과금등 제세공과금은 잔금일 기준으로 정산한다.

특약사항
1. 2011년 체결한 전세계약을 갱신하여 1년 연장하는 계약임. ✓
2. 등기부등본상 채권최고액 금 116,000,000원 근저당 설정상태임.
3. 기타사항은 임대차 보호법에 따르기로 한다.

확정일자
성남시 분당구
금곡동 주민센터
2014 .04. 21
(등부번호   )

본 계약을 확실히 이행하기 위하여 계약당사자는 이의없음을 확인하고 계약서 2통을 작성하여 날인한다.
작성일자 2013 년 3 월 10 일

임대인	주 소	경기도 분당구 금곡동 54-9번지 201호				
	주민등록번호	480319-2010719	전화	019-595-9664	성명	이영자 ㊞
임차인	주 소	경기도 성남시 분당구 금곡동 54-9번지 201호				
	주민등록번호	630522-1953520	전화	010-7276-0997	성명	박찬식 ㊞
중개업자	사무소 명칭					
	허 가 번 호					
	등 록 번 호					

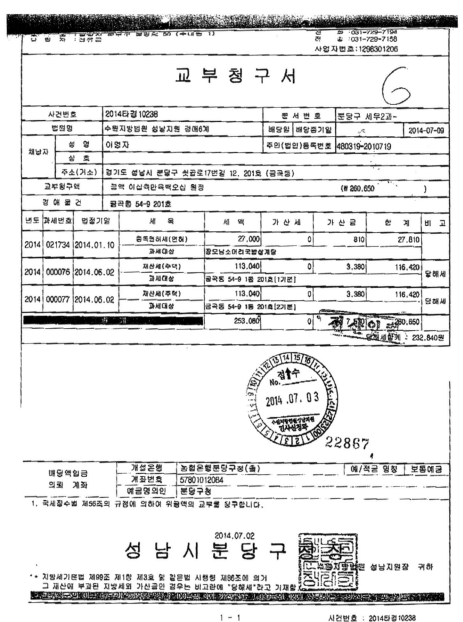

수원지방법원 성남지원
매각허가결정

사　　　건　　2014타경10238 부동산강제경매

최고가매수신고인　은화균 (600813-1029729)
　　　　　　　　　경기도 양주시 장흥면 가마골로 4** 우남A 1**-1***호

매각가격　　　201,500,000 원

별지 기재 부동산에 대하여 최고가로 매수신고한 위 사람에게
매각을 허가한다.

2014. 10. 13.

사법보좌관　금　동　근　

282

▶ 취등록세 비용

법무사지광석사무소

2014-10-28 14:49:03.623

전화　031-744-7887　　　　　　　팩스　　031-731-0878
주소　경기도 성남시 분당구 대왕판교로606번길 41 (상평동)

	접 수	완 료	교 부

비용내역서

사건명	낙찰이전	진행담당자	김미선
의뢰인	금곡동54-9, 201호	전화번호	
		팩스	
의뢰담당자		담당자휴대폰	
상대방		제 출 처	
부동산표시			
의뢰가액	과세표준액　201,500,000원 시가표준액　150,000,000원 채권할인율 2.9779% 적용 (매입시 매입금액 2,400,000원)		

공과금		보수액	
취득세	2,015,000	기본보수	110,000
교육세	201,500	누진료	166,200
농특세	0	원인증서작성	30,000
증지	15,000	고지서신고대행	30,000
등록면허세(말소)	36,000	완납절차대행	50,000
교육세(말소)	7,200	교통비,일당	40,000
증지(말소)	18,000		
국민주택채권	71,460		
등본	3,000		
완납증명서	500		
송달료	7,100		
말소수수료	180,000		
공과금소계①	2,554,760	보수액소계②	426,200
		부가가치세③	42,620
공과보수 합계(①+②+③)			3,023,580

취득세	교육세	농특세	분납합계
0	0	0	0
취득세납입일자		총합계	3,023,580

비용입금계좌	농협:078-12-314134(계좌주:지광석)
구비서류	
참고사항	

▶ 낙찰 후 전입세대열람원 열람

입찰 전 전입세대열람에서는 박**, 이**, 이** 세 명이 전입신고 되어 있다.

성안 14- 10208

전입세대열람 내역(동거인포함)

행정기관: 서울특별시 용산구 남영동

작업일시 : 2014년 07월 18일 14:56
페 이 지 : 1

주소: 경기도 성남시 분당구 쉿골로17번길 12 201호
　　　경기도 성남시 분당구　201호　54-9

순번	세대주성명	전입일자	등록구분	최초전입자	전입일자	등록구분	동거인수	동거인사항		
		주　소						순번	성명 전입일자	등록구분
1	박 **	2014-04-21 거주자 박 **			2014-04-21	거주자				
	경기도 성남시 분당구 쉿골로17번길 12, (1/1) 201호 (금곡동)									
2	이 **	2008-12-03 거주자 이 **			2008-12-03	거주자				
	경기도 성남시 분당구 쉿골로17번길 12, (1/1) 201호 (금곡동)									
3	이 **	2013-08-27 거주자 이 **			2013-08-27	거주자				
	경기도 성남시 분당구 쉿골로17번길 12, (1/1) 201호 (금곡동)									

- 이하여백 -

낙찰 후 전입세대열람에서는 이**, 이** 두 명이 전입신고 되어 있어, 낙찰 후에는 필수적으로 전입세대열람을 하여 현 전입자를 대상으로 명도·인도명령에 대한 준비를 해야 한다.

전입세대열람 내역(동거인포함)

|관: 경기도 수원시 팔달구 우만2동

작업일시 : 2014년 10월 28일 11:19
페 이 지 : 1

경기도 성남시 분당구 쉿골로17번길 12 201호
경기도 성남시 분당구 (일반+산) 201호

세대주성명	전입일자	등록구분	최초전입자	전입일자	등록구분	동거인수	동거인사항		
	주　소						순번	성명 전입일자	등록구분
이 월녀 (李月女)	2014-04-21	거주자 이 월녀		2014-04-21	거주자				
경기도 성남시 분당구 쉿골로17번길 12, (1/1) 201호 (금곡동)									
이 재훈 (李在勳)	2013-06-27	거주자 이 재훈		2013-08-27	거주자				
경기도 성남시 분당구 쉿골로17번길 12, (1/1) 201호 (금곡동)									

- 이하여백 -

전입세대열람 내역(동거인포함)

행정기관: 경기도 수원시 팔달구 우만2동

작업일시 : 2014년 10월 28일 11:19
페 이 지 : 1

주소: 경기도 성남시 분당구 (일반+지하) 201호
　　　경기도 성남시 분당구 금곡동 (일반+산) 54-9 201호

순번	세대주성명	전입일자	등록구분	최초전입자	전입일자	등록구분	동거인수	동거인사항		
		주　소						순번	성명 전입일자	등록구분
1	이 재훈 (李在勳)	2013-08-27	거주자 이 재훈		2013-08-27	거주자				
	경기도 성남시 분당구 쉿골로17번길 12, (1/1) 201호 (금곡동)									

- 이하여백 -

□ 예상명도비용

전용면적	66.35	㎡	20	평
층수	2	층	E/V있음 □	E/V없음 □
컨테이너	1	대	80㎡ 당 1대로 책정함.	

총 명도비용	2,880,000원	
접수비	100,000원	
운반 및 보관료	1,100,000원	5톤 컨테이너 1대, 보관 기간 3개월
노무비	1,680,000원	노무자 14인 * @ 120,000원

명도비용 산출근거		
	접수비	약 100,000원 * 명도접수건수
	운반 및 보관료	1,100,000원 5톤 컨테이너 1대, 보관 기간 3개월
노무비	인원	5평 미만 : 2~4명
		5평 이상~10평 미만 : 5~7명
		10평 이상~20평 미만 : 8~10명
		20평 이상~30평 미만 : 11~13명
		30평 이상~40평 미만 : 14~16명
		50평 이상 매 10평 증가 시마다 2명 추가
	임금 등	노무자 1인당 120,000원(2019년 기준)
		공휴일 또는 야간명도, 집행 불능 시 노무자 1인당 20%~30% 추가
		사다리차, 특수인력 및 포클레인 등 장비동원 – 별도 비용 추가

* 본 비용은 해당 지원 집행관 사무실에 따라 차이가 있으므로 실제와 다를 수 있다.

2
사례 공동입찰

수원14계 2013-15493 송산면 대지 **지지옥션**

병합/중복	2014-20386(중복-에스앤에이치플러스)				
소 재 지	경기 화성시 송산면 고포리 98 [일괄]99-2, **도로명주소**				
경 매 구 분	임의경매	채 권 자	㈜필래(변경전:(주)에스앤에이치플러스(변경전:(주)엠에스나인(양도인:김영주))		
용 도	대지	채무/소유자	석기운	낙 찰 일 시	14.11.19 (69,990,000원)
감 정 가	111,442,000 (13.03.28)	청 구 액	34,000,000	종 국 결 과	15.01.14 배당종결
최 저 가	67,058,000 (51%)	토지총면적	403 m² (121.91평)	경매개시일	13.03.15
입찰보증금	10% (5,705,800)	건물총면적	0 m² (0평)	배당종기일	13.05.30
조 회 수	•금일 1	공고후 151	누적 362		•5분이상 열람 금일 0	누적 24		
주 의 사 항	•법정지상권•입찰외 **특수件분석신청**				

소재지/감정서	물건번호/면 적(m²)	감정가/최저가/과정	임차조사	등기권리
445-872 경기 화성시 송산면 고포리 98 감정평가액 토지:53,392,000 **감정평가정리** ------------- -일괄입찰 -마산포마을내위치 -주위농가주택및농경지등소재한해안농촌지대 -차량접근가능,교통사정보통 -부정형등고평탄지 -서측3m내외도로접함 -소로2류(8-10m)(소로)저촉 -계획관리지역 -주거개발진흥지구	물건번호: 단독물건 대지 188 (56.87평) ₩53,392,000 건부지 입찰외제시외 •주택 48 (14.52평) 소유미상 98,99-2지상 법정지상권성립 여지있음	감정가 111,442,000 •토지 111,442,000 (100%) (평당 914,133) 최저가 57,058,000 (51.2%) **경매진행과정** ① 111,442,000 2013-06-26 유찰 ② 20% 89,154,000 ↓ 2013-08-13 유찰 ③ 20% 71,323,000 ↓ 2013-09-12 유찰 ④ 20% 57,058,000 ↓ 2013-10-22 변경	**법원임차조사** 최한규 전입 2011.05.17 주거 조사서상 *소유자점유 *채무자겸 소유자인 석기운의 진술 에 의하면, 목적물은 소 유자세대가 거주하고 있 으며, 주민등록상 전입 된 최한규(실제 거주하 고 있지 않음)는 소유자 의 아들이라고 함	소유 석기운 권 1981.05.28 근저 엠에스나인 당 2012.05.25 45,000,000 압 류 화성세무서 2013.01.11 임 의 강경애 2013.03.18 *청구액:34,000,000원 질 권 김영주 2014.01.16 45,000,000 강 제 에스앤에이치플러스 2014.04.29 2014타경20386 채권총액 90,000,000원 열람일자 : 2014.11.06

등기사항전부증명서(말소사항 포함) - 토지

[토지] 경기도 화성시 송산면 고포리 99-2

고유번호 1348-1996-456624

【 표 제 부 】 (토지의 표시)

표시번호	접 수	소 재 지 번	지 목	면 적	등기원인 및 기타사항
~~1~~ ~~(전 1)~~	~~1981년6월23일~~	~~경기도 화성군 송산면 고포리 99-2~~	~~대~~	~~215㎡~~	
					부동산등기법 제177조의 6 제1항의 규정에 의하여 2000년 09월 09일 전산이기
2		경기도 화성시 송산면 고포리 99-2	대	215㎡	2010년4월8일 행정구역명칭변경으로 인하여 2010년4월8일 등기

【 갑 구 】 (소유권에 관한 사항)

순위번호	등 기 목 적	접 수	등 기 원 인	권 리 자 및 기 타 사 항
1 (전 1)	소유권보존	1981년6월23일 제30472호		소유자 석기운 ~~화성군 송산면 고포리 27~~ 법률제3094호에의함
				부동산등기법 제177조의 6 제1항의 규정에 의하여 2000년 09월 09일 전산이기
1-1	1번등기명의인표시변경	2012년5월25일 제73144호	2011년2월21일 지번정정	~~석기운의 주소 경기도 화성시 송산면 고포리 98~~

【 을 구 】 (소유권 이외의 권리에 관한 사항)

순위번호	등 기 목 적	접 수	등 기 원 인	권 리 자 및 기 타 사 항
1	근저당권설정	2012년5월25일 제73146호	2012년5월22일 설정계약	채권최고액 금45,000,000원 채무자 석기운 경기도 화성시 송산면 마산포길 9 근저당권자 장정애 611028-2****** 인천광역시 남구 인주대로291번길 6, 바동502호(주안동, ○○아파트) 공동담보 토지 경기도 화성시 송산면 고포리 98

▶ 현장조사내역

■ 조사일시
2013년03월28일14시02분

■ 임대차정보

번호	소재지	임대차관계
1	경기도 화성시 송산면 고포리 98	1명
2	경기도 화성시 송산면 고포리 99-2	1명

■ 점유관계

소재지	1. 경기도 화성시 송산면 고포리 98
점유관계	채무자(소유자)점유, 임차인(별지)점유
기타	
소재지	2. 경기도 화성시 송산면 고포리 99-2

■ 부동산현황

- 목적물은 각 대지이나, 지상에 주택 1동이 있음.
- 채무자겸 소유자인 석기운의 진술에 의하면, 목적물은 소유자세대가 거주하고 있으며, 주민등록상 전입된 최한규(실제 거주하고 있지 않음)는 소유자의 아들이라고 함.

■ 임대차관계

[소재지] 1. 경기도 화성시 송산면 고포리 98

1	점유인	최한규	당사자구분	임차인
	점유부분		용도	주거
	점유기간			
	보증(전세)금		차임	
	전입일자	2011.05.17	확정일자	

[소재지] 2. 경기도 화성시 송산면 고포리 99-2

1	점유인	최한규	당사자구분	임차인
	점유부분		용도	주거
	점유기간			
	보증(전세)금		차임	
	전입일자	2011.05.17	확정일자	

▶ 송달상 하자 없음

∥ 문건처리내역

접수일	접수내역	결과
2013.03.20	등기소 화성등기소 등기필증 제출	
2013.03.27	채권자 강경애 보정서 제출	
2013.04.02	감정인 은전감정평가사 감정평가서 제출	
2013.04.11	기타 집행관실 현황조사서 제출	
2013.04.17	압류권자 화성세무서 교부청구 제출	
2013.05.21	교부권자 화성시 미체납교부청구서 제출	
2013.06.26	교부권자 화성세무서 교부청구 제출	
2013.07.08	채권자 김영주 채권자및근저당권자변경신고서 제출	
2013.10.07	채무자대리인 나기주 소송위임장 제출	
2013.10.21	채무자대리인 나기주 집행정지신청 제출	
2014.01.27	채권자 주식회사 엠에스나인 채권자변동신고등 제출	
2014.04.14	채권자 (주)에스앤에이치플러스 당사자표시경정신청 제출	
2014.10.16	채권자 주식회사에스앤에이치플러스(변경전:주식회사엠에스나인(양도인:김영주) 경매속행신청서 제출	
2014.11.18	교부권자 화성세무서 교부청구 제출	
2014.11.24	교부권자 화성세무서 교부청구 제출	
2014.11.26	채권자 주식회사에스앤에이치플러스(변경전:주식회사엠에스나인(양도인:김영주)) 당사자표시정정신청서 제출	
2014.12.11	최고가매수신고인 매각대금완납증명	
2014.12.16	최고가매수신고인 등기촉탁신청 제출	
2014.12.23	채권자 주식회사필래(변경전:(주)에스앤에이치플러스(변경전:(주)엠에스나인(양도인:김영주)) 채권계산서 제출	
2014.12.23	교부권자 화성세무서 교부청구 제출	
2014.12.29	채권자 주식회사필래(변경전:(주)에스앤에이치플러스(변경전:(주)엠에스나인(양도인:김영주)) 채권계산서 제출	
2014.12.31	교부권자 화성세무서 교부청구 제출	
2015.01.05	최고가매수신고인 추가말소등기촉탁신청 제출	
2015.01.07	근저당권부질권자 김영주 채권계산서 제출	
2015.01.14	기타 수원지방법원 화성등기소 등기필증 제출	

∥ 송달내역

송달일	송달내역	송달결과
2013.03.21	채권자 강경애 개시결정정본 발송	2013.03.25 도달
2013.03.21	감정인 탁재열 평가명령 발송	2013.03.25 도달
2013.03.21	채무자겸소유자 석기운 개시결정정본 발송	2013.03.25 도달
2013.03.21	채권자 강경애 보정명령등본 발송	2013.03.25 도달
2013.03.21	압류권자 수원세무서 최고서 발송	2013.03.21 도달
2013.03.21	최고관서 국민건강보험공단 화성지사 최고서 발송	2013.03.21 도달
2013.03.21	최고관서 화성세무서 최고서 발송	2013.03.21 도달
2013.03.21	압류권자 화성세무서 최고서 발송	2013.03.21 도달
2013.03.21	최고관서 화성시장 최고서 발송	2013.03.21 도달
2013.04.12	임차인 최한규 임차인통지서 발송	2013.04.15 도달

▶ 2종지구단위계획고시

화성시 고시 제 2010 - 13 호

고　　시

　　화성 도시관리계획(제2종지구단위계획구역, 제2종지구단위계획)결정(변경)"안"에 대하여 『국토의계획및이용에관한법률』제30조 및 같은법 제32조 『토지이용규제기본법』제8조 규정에 의거 도시관리계획결정(변경) 및 지형도면승인하고 『국토의계획및이용에관한법률시행령』제25조 및 제27조 규정에 의거 아래와 같이 고시합니다.

2010 년 01월　18일

화 성 시 장

1. 도시관리계획(제2종지구단위계획구역, 제2종지구단위계획)결정
   (변경)조서(안):붙임
2. 관련도서 : 게재생략(고시장소에 비치)
3. 관계도서는 화성시청 도.시정책과 및 해당 면사무소에 비치하여 일반인에게 보이고 있습니다.
※ 지형도면의 고시는 본 고시로 갈음하며, 따로 작성ㆍ고시하지 않습니다.

① 송산면 고포지구
1. 지구단위계획구역에 대한 도시관리계획 결정(변경)조서
   가. 지구단위계획구역 결정(변경)조서

| 도면표시
번 호 | 구 역 명 | 위　　치 | 면 적(㎡) | | | 비 고 |
			기 정	변 경	변 경 후	
	고포지구 제2종 지구단위계획구역	화성시 송산면 고포리 59번지 일원	210,000	증)17,107	227,107	

2. 지구단위계획에 대한 도시관리계획 결정(변경)조서
가. 토지이용 및 시설에 관한 도시관리계획 결정(변경)조서
　1) 용도지역 결정(변경)조서

| 구　　　분 | 면 적 (㎡) | | | 구성비
(%) | 비 고 |
	기 정	변 경	변경후		
계	227,107	－	227,107	100.0	－
계획관리지역	227,107	－	227,107	100.0	－

　2) 용도지구 결정(변경)조서

| 구분 | 도면
표시
번호 | 지구명 | 지구의
세 분 | 위 치 | 제한내용 | 면 적(㎡) | | | 최초
결정일 | 비고 |
						기정	변경	변경후		
변경	①	송산 고포	취락	고포리 59번지 일원	지구단위계획에 따라 개발	210,000	증)17,107	227,107	－	－

▶ 건축물대장

■ 건축물대장의 기재 및 관리 등에 관한 규칙 [별지 제1호서식]

일반건축물대장(갑)

고유번호	4159034031-1-00990002	민원24접수번호	20130613 - 33833589	명칭

대지위치	경기도 화성시 송산면 고포리		지번	99-2	도로명

※대지면적	215 ㎡	연면적	35.7 ㎡	※지역		※지구
건축면적	35.7 ㎡	용적률산정용연면적	35.7 ㎡	주구조	목조	주용도
※건폐율	16.6 %	※용적률	16.6 %	높이	m	지붕

공적 공간 면적(합계)	㎡	※ 공적공간면적(합계)에 대한 개별 면적정보는 아래와 같습니다.			
		공개 공지 면적 ㎡	쌈지 공원 면적 ㎡	공공보행통로 면적	

건 축 물 현 황

구분	층별	구조	용도	면적(㎡)	성명(명칭) 주민(법인)등록번호 (부동산등기용등록번호)
주1	1층	목조	단독주택	21.7	최병윤
부1	1층	시멘트블록조	축사	14	
		- 이하여백 -			

이 등(초)본은 건축물대

담당자 : 민원봉
전 화 : 031 -

※ 표시 항목은 총괄표제부가 있는 경우에는 기재하지 아니합니다.
※ 이 장은 전체 2페이지 중에 1페이지 입니다.

■ 건축물대장의 기재 및 관리 등에 관한 규칙 [별지 제1호서식]

고유번호	4159034031-1-00990002	민원24접수번호	

구분	성명 또는 명칭	면허(등록)번호	※ 주차장					승용
건축주			구분	옥내	옥외	인근	면제	
설계자								
공사감리자			자주식	대 ㎡	대 ㎡	대 ㎡		형식
공사시공자 (현장관리인)			기계식	대 ㎡	대 ㎡	대 ㎡	대	용량

건축물 에너지소비정보 및 그 밖의 인증정보

에너지효율		에너지성능지표(EPI) 점수	친환경건축물 인증		
등급			등급	등급	
에너지절감율	%	점	인증점수 점	인증점	

변동사항

변동일자	변동내용 및 원인	변동일자	변동내
1955. .	신규작성(신축)		
1982. .	증축(1층 시멘트블록조/스레이트 축사 14㎡ 증축)		
2001.03.21	법률 제6280호에 의거 화성군이 화성시로 2001.03.21 행정구역변경		
2011.10.05	건축물대장 기초자료 정비에 의거 (표제부(건축면적:0 -> 35.7,건폐율:0 -> 16.6)) 직권변경		
	- 이하여백 -		

※ 표시 항목은 총괄표제부가 있는 경우에는 기재하지 아니합니다.
※ 이 장은 전체 2페이지 중에 2페이지 입니다.

입 찰 물 건 분 석 표

소재지	경기도 화성시 송산면 고포리98, 99-2				
물건종류	대지 403㎡ (121.91평)				
구분	평수	금액	입찰진행내용		
대지(98)	188㎡(53.87평)	53,392,000	감정가 토지(제한)		37,374,400
대지(98-2)	215㎡(65.04평)	58,050,000	감정가 토지(제한)		40,635,000
건물	48㎡(14.5평)	매각 제외	감정가 건물		매각제외
기타	토지만 매각		회차		4차(51%)
감정가(토지)		111,442,000	(평) 914,133		100%
법사가		57,058,000	(평) 468,034		입찰 574,112
법률적 권리분석			경제적 수익분석(임대)		
말소기준권리내용			입찰예정가		69,990,000
말소기준권리	엠에스나인 근저당		%		62.8%
등기부기입일자	2012.05.25		소유권이전등기비용		1,500,000원
등 기 부 관 계			집행비(예비비)용		2,000,000원
인수하는 권리		무	수리비		
인수하는 권리내용		무	총투입비용		73,490,000
인수하는 권리금액		무	융자 금액		
등기부외 권리관계			현금 투자금액		73,490,000원
근저당 설정일	2012.05.25		일반대지시세		100만 ~120만
건물 존재시점	1955(최병윤)		일반농지시세		전 60만 임 40만
결론	안전		1인 실투자금		24,500,000
최고가 69,094,000(62%) 적정가 64,790,000(58.1%) 최저가 60,736,000(54.5%)					
지분투자	유지숙(134.33㎡ 40.6평)		김병석(134.33㎡ 40.6평)		강동민(134.33㎡ 40.6평)
중개업소	송산토박이공인 031-355-0007 고포리 483-1 급매물 010-4***-7***(김**) 과수원 69만 원				

- 본 물건은 미등기 건물로 인한 제약 있음. 석기운 031-3**-7***
  임차인 최**(아들) 010-8***-4***
- 부채총액이 124,000,000원으로 최저가 57,058,000원보다 많으므로 취하 가능성은 없어 보임.
- 경매 신청한 강경애 씨가 약 11,000,000원(금액확인) 배당을 받기에 경매자체가 취소될 가능성이 없음.
- 건물로 인한 토지의 제약이 따르지만 2종 지구단위계획구역으로 향후 미래가치를 감안 필요시 건물멸실 청구권을 행사하여 건물을 멸실하거나 소액이라도 협상을 통한 적당한 지료 수익보장.
- 99-2, 98 장기미집행도로 보상청구권 수익성 따라 접수(예상편입면적38평) 고시일 1984.12.27
- 건축물 주택 70.5㎡ 창고 포함 98.9㎡ 취등록세 주택부수토지 85㎡ 미만 1.1% 초과 1.3%(미만 접수함) 세정과 369-1938 재산세 369-2202(2014.12.5일 창고 없는 면적축소민원 신청 접수함)
  송산그린시티의 개발 시 지가 상승을 높일 수 있음.
  서해선 복선전철 홍성~송산 2018년 철도연계로 수도권 접근성이 용이하고 해양 스포츠의 메카로 활성화될 듯.

▶ http://sonsan.kwater.or.kr/

▶ [전산양식 A3360] 기일입찰표(흰색) 용지규격 210㎜×297㎜(A4용지)

(앞면)

기 일 입 찰 표

수원지방법원 집행관 귀하　　　　　　　매각(개찰)기일: 2014년 11월 19일

사 건 번 호			2013 타 경 15493 호	물 건 번 호	※ 물건번호가 여러 개 있는 경우에 는 꼭 기재
입 찰 자	본인	성 명	별첨 공동입찰자목록 기재와 같음	전화번호	
		주민(사업자) 등록번호		법인등록 번 호	
		주 소			
	대 리 인	성 명	김 종 민 ㉑(김종민인)	본인과의 관 계	지인
		주민등록 번 호	640*** - 1******	전화번호	010 - 51**- ****
		주 소	경기도 성남시 분당구 발이봉로3번길 10(수내동)		

입 찰 가 격	천 억	백 억	십 억	천 억	백 만	십 만	만	천	백	십	일	보증 금액	백 억	십 억	억	천 만	백 만	십 만	만	천	백	십	일	
				6	9	9	9	0	0	0	0	원					5	7	0	5	8	0	0	원

보증의 제공방법	☑ 현금. 자기앞수표 ☐ 보증서	보증을 반환받았습니다. 　　　　입찰자　　김 종 민　㉑(김종민인)

주의사항

1. 입찰표는 물건마다 별도의 용지를 사용하십시오. 다만, 일괄입찰 시에는 1매의 용지를 사용하십시오.
2. 한 사건에서 입찰물건이 여러 개 있고 그 물건들이 개별적으로 입찰에 부쳐진 경우에는 사건번호 외에 물건번호를 기재하십시오.
3. 입찰자가 법인인 경우에는 본인의 성명란에 법인의 명칭과 대표자의 지위 및 성명을, 주민등록란에는 입찰자가 개인인 경우에는 주민등록번호를, 법인인 경우에는 사업자등록번호를 기재하고, 대표자의 자격을 증명하는 서면(법인의 등기사항증명서)을 제출하여야 합니다.
4. 주소는 주민등록상의 주소를, 법인은 등기 기록상의 본점 소재지를 기재하시고, 신분확인 상 필요하오니 주민등록등본이나 법인등기사항전부증명서를 동봉하십시오.
5. 입찰가격은 수정할 수 없으므로, 수정을 요하는 때에는 새 용지를 사용하십시오.
6. 대리인이 입찰하는 때에는 입찰자란에 본인과 대리인의 인적사항 및 본인과의 관계 등을 모두 기재하는 외에 본인의 위임장(입찰표 뒷면을 사용)과 인감증명을 제출하십시오.
7. 위임장, 인감증명 및 자격증명서는 이 입찰표에 첨부하십시오.
8. 입찰함에 투입된 후에는 입찰표의 취소, 변경이나 교환이 불가능합니다.
9. 공동으로 입찰하는 경우에는 공동입찰신고서를 입찰표와 함께 제출하되, 입찰표의 본인란에는 "별첨 공동입찰자목록 기재와 같음"이라고 기재한 다음, 입찰표와 공동입찰신고서 사이에는 공동입찰자 전원이 간인하십시오.
10. 입찰자 본인 또는 대리인 누구나 보증을 반환받을 수 있습니다(입금증명서에 의한 보증은 예금계좌로 반환됩니다).
11. 보증의 제공방법(입금증명서 또는 보증서) 중 하나를 선택하여 ☑ 표를 기재하십시오.

위 임 장

대리인	성 명	김 종 민	직업	회사원
	주민등록번호	6***** – 1******	전화번호	010 – 5***–****
	주 소	경기도 성남시 분당구 발이봉로3번길 1**(수내동)		

위 사람을 대리인으로 정하고 다음 사항을 위임함.

다 음

지방법원 2013타경15493 호 부동산

경매사건에 관한 입찰행위 일체

본인1	성 명	유 지 숙 (유지숙인)	직 업	주부
	주민등록번호	6*****–2******	전 화 번 호	010–2***–****
	주 소	경기도 성남시 분당구 발이봉로3번길 1**(수내동)		
본인2	성 명	김 병 석 (金柄領印)	직 업	회사원
	주민등록번호	7*****–1******	전 화 번 호	010–8***–****
	주 소	경기 성남시 분당구 정자일로46, 2**동 ***호(금곡동, 청솔마을) 유천화인a ***–***		
본인3	성 명	강 동 민 (강동민인)	직 업	회사원
	주민등록번호	8*****–1******	전 화 번 호	010–8***–****
	주 소	인천광역시 서구 봉오대로283번길6, 3동 1**호 (가정동, 뉴서울아파트)		

* 본인의 인감 증명서 첨부
* 본인이 법인인 경우에는 주민등록번호란에 사업자등록번호를 기재

수원지방법원 귀중

[전산양식 A3364]

공 동 입 찰 신 고 서

수원지방법원 집행관 　　　　귀하

사건번호　　2013　타경　15493　호
물건번호
공동입찰자 별지 목록과 같음

위 사건에 관하여 공동입찰을 신고합니다.

2014　년　11　월　19　일

신청인　　유지숙　외　2 인(별지목록 기재와 같음)

※ 1. 공동입찰을 하는 때에는 입찰표에 각자의 지분을 분명하게 표시하여야 합니다.
　 2. 별지 공동입찰자 목록과 사이에 공동입찰자 전원이 간인하십시오.

용지규격 210mm×297mm(A4용지)

공 동 입 찰 자 목 록

번호	성 명	주 소		지분
		주민등록번호	전화번호	
1	유지숙 (인 ⊙)	경기도 성남시 분당구 발이봉로3번길10(수내동)		1/3
		6*****-2******	010-2***-****	
2	김병석 (인 ⊙)	경기 성남시 분당구 정자일로46, 2**동 ***호(금곡동, 청***) 유천화인a 2**-***		1/3
		7*****-1******	010-8***-****	
3	강동민 (인 ⊙)	인천광역시 서구 봉오대로283번길6,3동 1**호 (가정동,뉴*****)		1/3
		8*****-1******	010-8***-****	

용지규격 210㎜×297㎜(A4용지)

부록

임장활동(臨場活動) 요령

'임장활동'이란 부동산에 대한 현장이나 현물에 대한 확인 및 조사활동을 통해 물건의 가치판단, 점유자·세입자의 분석에 따른 입찰 여부 판단과 낙찰 후 추가비용, 예상비용, 명도, 인도의 난이도 파악과 낙찰 부동산의 완전한 재산권 행사에 따른 모든 종합적인 정보수집 활동을 말한다. 경매에서는 권리분석처럼 가장 중요한 현황조사정보 조사를 말한다. 경매의 시작을 권리분석이라고 한다면 경매의 끝은 임장활동에 있다 해도 과언이 아니다. "경매는 임장활동 여부에 따라 울고 웃을 수 있다."고 할 수 있을 만큼 임장활동은 경매에 있어서 핵심요소이다.

1. 임장의 개요

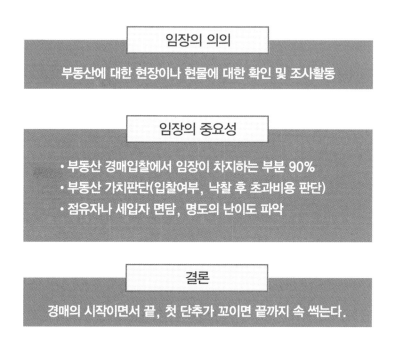

2. 현장활동 분석

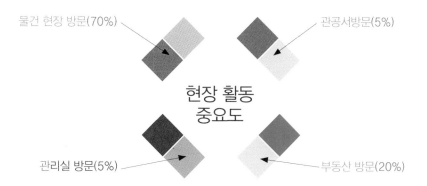

현장활동 방문 중요도 분석

물건 현장 방문(70%)

관공서방문(5%)

현장 활동
중요도

관리실 방문(5%)

부동산 방문(20%)

3. 임장 활동 준비

준비사항

1. 인터넷을 통한 물건 검색	투자금액, 물건종류, 투자목적
2. 자료 및 양식 프린터	경매지, 조사자료 양식, 등기사항전부증명서
3. 권리분석	철저한 권리분석 및 이해관계 숙지
4. 준비물	신분증, 필기구, 카메라, 녹음기
5. 나 홀로 보다 동료와 함께	위험을 줄이려면 파트너와 함께
6. 쉬운 물건부터 조사	역발상 경매라는 생각은 위험

4. 물건검색

경, 공매 물건검색 사이트

1. 물건검색	· 대법원–전입세대열람, 현황조사서, 매각물건명세서, 감정평가서 · 지지옥션– 권리관계, 입찰결과 내용, 입찰통계, 개발계획 등 　초보자가 사용하기 편리
2. 시세검색	· KB시세–매매기준 시세, 부동산 정보, 관리실 번호 · 다음시세– 빌라, 오피스텔시세, 컨설팅 입찰물건 · 기타–부동산 관련 사이트, 공인중개사협회
3. 시세검색	· 인터넷 등기소– 항상 최근 자료로 권리분석 · 온 나라–아파트 실거래 가격, 공시지가 확인 · 다음지도(로드뷰), 네이버지도(지적편집도)

5. 주택현장 권리분석

아파트

실무에서 필수적인 아파트 현장 조사요령

1. 대지권/별도등기	· 대지권 미등기, 토지 별도등기/일괄매각이면 입찰참여
2. 방향과 층수	· 같은 단지라도 시세차이가 심함, 정확한 시세조사가 필요
3. 관리비 연체여부	· 입찰가격에 반영, 점유자의 현재 재정상태 확인, 경쟁 입찰자 예상
4. 전용면적, 계단식	· 분양 평수보다 전용면적을 확인 복도식보다 계단식 선호
5. 재건축 아파트 주의	· 고층 아파트는 용적률을 높이기 힘들며, 대지지분이 작아 추가부담
6. 생활편의 시설	· 교통여건, 학교, 대형할인점, 병원, 관공서, 공원, 녹지 등등

단독, 연립, 다세대, 다가구 등

실무에서 필수적인 빌라 현장 조사요령

1. 매매 및 전 · 월세	· 황금성 없다면 시세보다 싸게 낙찰 받는다고 성공은 아니다.
2. 상권 및 교통여건	· 저소득층일수록 대중교통 및 편의시설 필수, 부동산 가격에 반영
3. 유지보수 비용	· 노후 된 건물은 수리비용 입찰가격에 반영, 반드시 내부 답사 필요
4. 주차공간 · 주변환경	· 실수요는 물론 임대도 고려, 혐오시설 이나 유해시설 확인
5. 사생활 침해	· 사생활 노출이 심하거나, 일조권이 없는 경우는 입찰자체 보류
6. 반드시 내부확인	· 동일 평수라도 구조 및 방 개수가 다름, 시세에 상당한 영향 작용
7. 신축 전단을 본다	· 중개사를 통하지 않고 분양정보, 주변 시세를 확인할 수 있다.
8. 외벽을 살핀다	· 조적조(벽돌), 콘크리트 등 구조별 장단점을 파악한다.
9. 베란다와 샷시	· 노후가 심한 주택일수록 베란다와 샷시의 추가비용 산정 필요
10. 지층, 최상층은	· 일단은 입찰 신중, 싸면 다 이유가 있다(지층과 최상층은 세밀분석)
11. 대지권과 모양	· 지분권은 시세에 영향을 주지만 이상한 모양의 대지는 미래가치로
12. 시세확인	· 부동산은 최소 세 군데 이상 먼 곳에서 가까운 곳으로 확인

실무에서 필수적인 상가 현장 조사요령

1. 수익과 차익	· 임대수익을 볼 것인가 매매 차익을 볼 것인가 결정
2. 상권 분석 여부	· 점포의 위치, 주변 상권의 권리금 여부, 시세, 업종 선택의 제한 등
3. 내부시설 확인	· 종전소유자나 임차인의 내부시설 처리비용 및 파손 여부 확인
4. 인수 권리분석	· 법정 지상권, 지상권, 유치권, 전세권 등 다양한 권리 파악
5. 세입자의 명도	· 과도한 시설의 임차인은 입찰 전 충분한 조사로 명도 난이도 조사
6. 공실	· 한번 공실은 영원한 공실, 명도가 쉽다면 매도나 임대는 더 어렵다.

6. 외부에서의 권리분석

실무에서 필수적인 외부 현장 조사요령

1. 단전 · 단수 · 가스	· 폐문부재, 독거노인, 소년소녀 가장은 명도가 쉽지 않다.
2. 화분과 빨래	· 화초 좋아하는 사람은 선하고, 빨래가 깨끗하면 사람도 깔끔하다.
3. 출입구에서 옥상	· 입구, 옥상쓰레기 소굴이면 신중, 매도는 물론 전, 월세도 쉽지 않다.
4. 보일러와 연통	· 수도권, 경기 지역 외곽만 해도 아직 기름보일러
5. 군복과 작업복	· 피 끓는 청춘과 잃을 것 없는 사람은 명도, 인도에 따른 정밀분석
6. 임장 시 면담	· 여자만 거주 시 여자가 접근용이, 임차인의 입장에서 권익보호 접근

7. 부동산 시세파악

부동산 시세확인 요령	
1. 위치가 좋은 부동산	· 전 · 월세 등 정확한 시세 정보 확인 가능
2. 목이 안 좋은 부동산	· 대체로 친절, 지나간 가격, 전 · 월세 위주
3. 가장 가까운 부동산	· 구조, 최근 거래가격, 물건 방문자 확인
4. 가장 먼 부동산	· 객관적 시세, 물건의 정확한 가치 판단
5. 대형, 기업형 부동산	· 개발현황, 호재확인, 손님은 되지 말 것
6. 중개인 부동산	· 수리 여부, 가족관계 및 점유자 확인

8. 입찰가격

입찰가격 작성 시 고려 사항	
1. 정확인 실거래가격 파악	· 현장의 급매, 매도, 매수가격 확인
2. 관리 부실로 인한 수리비	· 낙찰가격의 1% ~ 3% 수리비로 산정
3. 합의명도, 집행명도 비용	· 적정한 이사비용과 강제 집행비용
4. 부대비용 예상 반영	· 소유권이전, 금융비용, 기회비용
5. 집합건물의 관리비	· 아파트 관리비 연체금액 확인
6. 경쟁 입찰자 수의 파악	· 조회건수, 진행물건, 부동산 가치

9. 입찰분석

현장 활동을 통한 입찰 입찰 분석

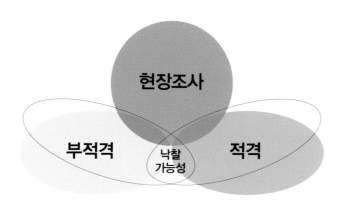

현장조사

부적격　　　낙찰
가능성　　　적격

부동산 현장 권리 분석

부동산 가격 및 미래가치 불확실　　　　　　주변환경, 시세, 투자가치 확실
(전·월세 가격 낮음, 매수세 없고 개발 여지 불투명)　　(신축, 학군, 교통, 우선선택 미래가치는 반영)

입찰　입찰을 결정하는 키워드, 명도만큼 중요함,
선택할 수 있는 마지막 기회

수리 및 보수　건물의 노후화에 따른 입찰가격 반영 및
수익률 변화 계산

전·월세 여부　매도가격 가격보다 더 중요한 가격 지표
임대수익을 통한 안전장치

미래가치　부동산은 미래가치에 투자

임차인 분석 시 고려 사항

1. 선순위 임차인 존부

▶ 대항력 있는 임차인 여부 확인 – 말소기준권리보다 선순위 임차인
▶ 배당요구종기일까지 배당 여부 – 배당 여부에 따라 인수금액 결정
▶ 정확한 인수금액 판단
▶ 선순위 임차인이 있을 경우 저당권 설정 금융기관에서 확인

2. 가장임차인 선별

▶ 소액임차인이 소유자와 친인척 관계인 경우(임대차계약서/보증금 입출금내역 확인)
▶ 과거 동일주소지에 동거한 사실이 있는 경우
▶ 임대차계약 시 소유자와 계약이 아닌 경우

3. 임차인 전입신고에 따른 주민등록 인정

▶ 다가구 주택(단독주택) : 동호수가 구분되어 있어도 해당 지번에만 신고되면 됨
▶ 연립/다세대/아파트 : 해당 지번만 기재하면 안 됨. 동 호수를 구분하여 기재

4. 주민등록이 이전되어도 대항력이 상실되지 않는 경우

▶ 임차권 등기를 한 경우
▶ 가족의 주민등록은 그대로 둔 임차인만 퇴거한 경우
▶ 임차인 모르게 제3자에 의해 주민등록이 이전된 경우

5. 법인의 임대차의 경우

▶ 주택임대차보호법은 법인을 보호대상으로 하지 않음
▶ 법인의 직원이 주민등록을 마쳤다고 하여도 우선변제권 없음

6. 전 소유자가 임차인인 경우 대항력 발생 시기

▶ 소유권이전등기일 익일부터 임차인으로서 대항력 인정

7. 경매된 주택에 거주하던 임차인이 낙찰자와 임대차계약체결 시 대항력 발생 시기

▶ 낙찰인이 낙찰대금을 납부하여 소유권을 취득하는 즉시 대항력 발생

8. 세대합가 여부 확인

▶ 최초 전입한 세대원의 전입일부터 대항력 발생

9. 소유자 또는 채무자와 특수 관계인 임차인

▶ 이혼을 가장하여 배우자를 임차인으로 권리신고 : 전입일을 이혼한 날
▶ 동일세대에서 가족공동생활을 하다가 채무자 또는 소유자만 전출 : 잔여가족 명의로 임대차 계약서 작성
▶ 최초의 근저당 또는 가등기, 가압류, 가처분 등의 설정일과 원인날짜를 확인

10. 특수 관계 임대차 유의

▶ 경매목적부동산의 소유자와 법적인 혼인관계에 있는 자 : 배우자 사이 임대차는 부정
▶ 경매목적부동산의 소유자와 혈연/친인척 관계에 있는 자 : 부모, 자식, 친인척 사이에서는 진실로 존재하는 한 그 임대차는 부인할 수 없음
▶ 경매목적부동산의 소유자가 아닌 채무자가 임차인인 경우 : 임대차가 진실로 존재하는 한 부인할 수 없음

11. 대지 부분의 배당 여부

▶ 소액임차인의 최우선변제금 : 토지/건물 모두 배당 가능(단, 저당권설정 전 건물존재)
▶ 확정일자를 갖춘 주택 : 대지 부분 배당 가능
▶ 주택에만 전세권 설정 : 대지 부분 배당 불가
▶ 공동주택에 전세권 설정 : 대지권을 건물에 종속권리로 보아 대지 부분 배당 가능

나 홀로 셀프등기

경매로 부동산을 낙찰받고 나면 대부분 경락잔금대출을 받게 된다. 그리고 경락잔금대출을 받게 되면, 금융기관에서는 업무관련 법무사사무실에서 부동산소유권이전등기 업무를 함께 대행해 준다.

자기자본으로 낙찰을 받은 물건은 본인이 직접 셀프등기를 진행할 수 있다. 절차가 복잡하거나 어렵지 않기 때문에 순차적으로 따라 한다면 부동산 경매의 등기의 흐름을 쉽게 이해할 수 있을 것이다.

부동산 경매를 낙찰받고

① 매각허가에 이의가 없으면 일주일 후 매각허가결정이 떨어지고,

② 다시 일주일간 항고기간을 주고 항고가 없으면,

③ 법원에서 낙찰자에게 잔금을 납부하라는 대금지급기한통지서를 보내 준다.

1. 부동산 경매 낙찰 후 잔금납부하기

1) 낙찰을 받으면 부동산 매각 보증금액 영수증을 수령한다.

영 수 증

유지숙외 2명의 대리인 김종민   귀 하

사건번호	물건번호	부동산 매각 보증금액	비 고
2013타경15493	1	5,705,800원	

위 금액을 틀림없이 영수 하였습니다.

2014.11.19

수원지방법원 집행관사무소

집 행 관   양우열   (인)

※ 사건에 대한 문의는 민사 집행과 담당 경매계에 문의하십시오.

2) 매각대금지급기한 통지서를 수령 후 잔금 납부를 하러 간다.

대금지급기한통지서를 받으면 잔금납부 해야 할 기일이 적혀 있고, 낙찰받은 부동산잔금납부를 하기 위해서는 물 건지 관할 법원에 가서 잔금납부를 해야 한다.

최고가매수인　　　　　경기 성남시 분당구 정자일로 46, 205동404호 (금곡동, 청솔마을)
김병석

|||||||| (바코드) 463-720
2060334-511241
(민사집행과 경매14계)
2013-013-15493-14-12-30-16-00-666

[경매14계]

수원지방법원
대금지급기한통지서

사　　　건　　2013타경15493 부동산임의경매
　　　　　　　2014타경20386(중복)

채　권　자　　주식회사필래(변경전:(주)에스앤에이치플러스(변경전:(주)엠에스나인(양도인:김영주))

채　무　자　　석기운

소　유　자　　채무자와 같음

매　수　인　　유지숙 외 2

매　각　대　금　69,990,000원

대금지급기한　2014.12.30　16:00　수원지방법원 민사집행과 경매14계

위와 같이 대금지급기한이 정하여졌으니 매수인께서는 위 지급기한까지 이 법원에 출석하시어 매각대금을 납부하시기 바랍니다.

해당물건번호 : 1(69,990,000원)

2014.　12.　4.

법원주사　　황　경　재　　(직인생략)

주의 : 1.사건진행ARS는 지역번호 없이 1588-9100입니다. 바로 청취하기 위해서는 안내음성에 관계없이 '1'+'9'+[열람번호 000250 2013 013 15493]+'*'를 누르세요.

법원 소재지	수원시 영통구 월드컵로 120
전 화[장소]	(031)210-1374(구내:1374)

⊙ 주차시설이 협소하오니 대중교통을 이용하여 주시기 바랍니다.

[대금지급기한통지서]

[법원보관금납부명령서]

수원법원 2층 14계 법원보관금납부명령서 교부 → 은행 잔금납부 후(수입인지 500원
구입) → 수원법원 1층 민원실 매각대금완납증명신청서 2부 작성 후 도장 확인 →
수원법원 2층 14계 신청서 제출 후 매각대금완납증명신청서 교부

납부해야 할 잔금이 적혀 있는 법원보관금납부명령서를 교부받아 법원 내에 있는
은행(대부분 신한은행이 많음)에 잔금을 납부하고 잔금납부 영수증을 다시 경매계에
갖다 주면 매각허가결정문을 교부받는다.

매각허가결정문을 교부받은 후 매각대금완납증명신청서 2부를 작성하고 500원짜
리 수입인지를 붙여서 신청서를 제출하고 확인 도장을 받아 교부받으면 잔금납부
까지 마무리된다. 그리고 대금완납증명서까지 받게 되면, 경매에서는 소유권등기
이전등기를 하지 않아도 진정한 소유권자가 된다.

매각대금완납증명원

사 건	2013타경15493 부동산임의경매 2014타경20386(중복)	
채 권 자	주식회사필래(변경전:(주)에스앤에이치플러스(변경전:(주)엠에스나인(양도인 :김영주))	
채 무 자	석기운	
소 유 자	채무자와 같음	

위 사건에 관하여 다음 사항을 증명합니다.

■다 음■

매 수 인 : 유지숙 외 2

매각대금 : 금   69,990,000원

매각대금 완납일 : 2014. 12. 11.

매각물건의 표시 : 별지기재 부동산표시와 같음

2014. 12. 11.

수원지방법원

법원주사 황 경 재

[매각대금완납증명원]

2. 취등록세 납부하기

취등록세는 낙찰받은 물건 주소지의 시·군·구청 세정과에 납부한다.

본 건은 3인이 3분의 1 지분에 공동낙찰을 받은 물건으로, 신고는 저자 본인이 혼자 갔기에 신고인 겸 대리인에 본인의 이름을 적고, 위임자는 공동 낙찰을 받은 사람들의 인적사항을 작성하였다.

■ 지방세법 시행규칙[별지 제9호서식] 〈개정 2011.12.31〉 (앞쪽)

등록에 대한 등록면허세 신고서

[기한 내 신고(√) 기한 후 신고(   )]

접수번호		접수일자		관리번호

신고인	①성 명 (법인명)	②주민(법인)등록번호	③주소(영업소)	④전화번호
	김병석	7*****-1******	성남시 분당구 정자일로46, 2**동	010-8***-6***

등기·등록물건 내역

⑤소 재 지	경기도 화성시 송산면 고포리9*,9*-*		
⑥물 건 명	⑦등기·등록종류	⑧등기·등록원인	⑨등기·등록가액
대지		설정	69,990,000

납부할 세액

세 목	⑩ 과세 표준	⑪ 세 율	⑫ 산출 세액	⑬ 감면 세액	⑭ 기납부세액	가산세			신고세액 합 계 (⑫-⑬- ⑭+⑮)
						신 고 불성실	납 부 불성실	⑮ 계	
합 계									
등록면허세		%							
지방교육세		%							
농어촌특 별세		%							

구비서류	1. 등록가액 등을 증명할 수 있는 서류(전세계약서 등) 사본 각 1부 2. 감면 신청서 1부 3. 비과세 확인서 1부 4. 기납부세액 영수증 사본 1부 5. 위임장 1부(대리인만 해당합니다)

「지방세법」 제30조 및 같은 법 시행령 제48조 제3항에 따라 위와 같이 신고합니다.	접수(영수)일 자인

2014년 12월 11일

신고인 김병석 (서명 또는 인)

대리인 김병석 (서명 또는 인)

시장 · 군수 · 구청장 귀하

위 임 장

위의 신고인 본인은 위임받는 사람에게 등록에 대한 등록면허세 신고에 관한 모든 권리와 의무를 위임합니다.

위임자(신고인) 강동민 (서명 또는 인)

위임자(신고인) 유지숙 (서명 또는 인)

※ 위임장은 별도 서식을 사용할 수 있습니다.

위임 받는 사람	성 명 김병석	주민등록번호 7*****–1*****	위임자와의 관계 지인
	주 소 경기도 성남시 분당구 정자일로 46,2**동 4**호(금곡동, 청솔마을)		전화번호 010-8***-6***

접수증(등록면허세 신고서)

신고인(대리인)	접수연월일	과세물건 신고내용	접수번호
김병석			

「지방세법」 제30조 및 같은 법 시행령 제48조 제3항에 따라 신고한 신고서의 접수증입니다.	접수자	접수일
	(서명 또는 인)	

210㎜×297㎜(일반용지 60g/㎡(재활용품))

취득세 ([ ]기한 내 / [ ]기한 후]) 신고서

(앞쪽)

관리번호			접수 일자	처리기간 즉시

신고인	취득자 (신고자)	성명(법인명) 김병석 외 2인	생년월일(법인등록번호) 7*****-1*****
		주소 경기도 성남시 분당 정자일로 46, 2**동 4**호(금곡동, 청솔마을)	전화번호 010-8***-6***
	전 소유자	성명(법인명) 석기운	생년월일(법인등록번호) 3*****-
		주소 경기도 화성시 송산면 고포리 98	전화번호
	매도자와의 관계	□ 배우자 또는 직계존비속 □ 기타	

취 득 물 건 내 역

소재지		경기도 화성시 송산면 고포리 98					
취득물건	취득일	면적	종류(지목/차종)	용도	취득 원인	취득가액
고포리 98	2014.12.	188	대지		경매	
고포리 99-2	2014.12.	215	대지		경매	69,990,000

세목		과세 표준 액	세율	① 산출 세액	② 감면 세액	③ 기납부 세액	가산세			신고세액 합 계 (①-②-③+④)
							신 고 불성실	납 부 불성실	계 ④	
합계										
취득세 등	취득세 신고세액		%							
	지방교육세 신고세액		%							
	농어촌 특별세 신고 세액 (취득세)	부과분	%							
		감면분	%							

「지방세법」제20조제1항, 제152조제1항, 같은 법 시행령 제33조제1항,「농어촌특별세법」
제7조에 따라 위와 같이 신고합니다.

	접수(영수)일자

2014년 12월 11일

(인)

신고인　　　　　　　김병석 (서명 또는 인)

대리인　　　　　　　김병석 (서명 또는 인)

시장 · 군수 · 구청장 귀하

첨부 서류	1. 취득가액 등을 증명할 수 있는 서류(매매계약서, 잔금영수증, 법인장부 등) 사본 각 1부 2. 취득세 감면신청서 1부 3. 취득세 비과세 확인서 1부 4. 기납부세액 영수증 사본 1부 5. 위임장 1부(대리인만 해당합니다)	수수료
		없음

위임장

위의 신고인 본인은 위임받는 사람에게 취득세 신고에 관한 일체의 권리와 의무를 위임합니다.				
			위임자(신고인) 강 동 민 위임자(신고인) 유 지 숙	(강동민인) (서명 또는 인) (유지숙인)
위임받는 사람	성명 김병석		위임자와의 관계 지인	
	주민등록번호 7*****-1*****		전화번호 010-8***-6***	
	주소 경기도 성남시 분당구 정자일로46, 2**동 4**호(금곡동, 청솔마을)			

*위임장은 별도 서식을 사용할 수 있습니다.

------------------------------------- 자르는 선 -------------------------------------

접수증(취득세 신고서)

신고인(대리인)	취득물건 신고내용	접수 일자	접수번호
「지방세법」제20조제1항, 제152조제1항, 같은 법 시행령 제33조제1항, 「농어 촌특별세법」제7조에 따라 신고한 신고서의 접수증입니다.			접수자 (서명 또는 인)

210mm×297mm[백상지 80g/㎡(재활용품)]

[등록에 대한 등록면허세 작성 방법]

예시문대로 작성한다. '취득세'는 낙찰받은 물건의 취득에 관한 세금을 납부하는 것이다. 취득세신고서를 작성하여 담당자에게 주면 담당자가 '취득세납부서 겸 영수증(아래사진)'을 준다.

참고로 저자가 낙찰받은 부동산은 대지이다(주택 제외). 따라서 토지로 보아 취득세가 4.6%가 되지만, 주택부수 토지로 보아 1.1%로 신청 납부하였다.

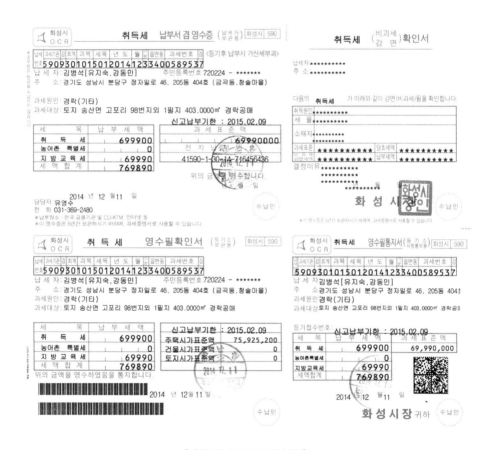

[취득세납부서 겸 영수증]

'등록면허세'는 낙찰받은 물건의 등기사항전부증명서상 지워야 할 부분에 대한 세금을 내는 것이다.

낙찰받은 물건의 등기사항전부증명서를 확인해 보면 가압류, 근저당, 강제경매개시결정 등 말소기준 이후 소멸되는 권리의 숫자 수대로 납부하면 된다.

본 물건의 말소한 건수는 2필지 8건이다.

등록면허세 신고서에 말소 8건이라고 기입해서 담당자에게 주면 취득세와 마찬가지로 '등록면허세납부서 겸 영수증(아래 사진)'을 교부받아 은행에 납부를 준다.

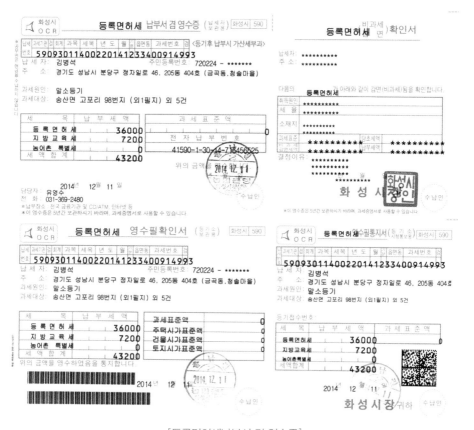

[등록면허세납부서 겸 영수증]

시·군·군청에 있는 입점은행이 다르기 때문에 미리 입정은행을 확인한다. 만일 거래은행이 아니라면 필요금액을 인출해서 가면 되고, 거래은행이라면 입·출금 업무까지 편리하게 이용할 수 있다. 화성시청 내에는 농협이 있다.

⋯→ 참고로 취득세와 등록면허세는 카드납부가 가능하다.

아직 은행에서 두 가지 업무가 남아 있다.

① 등기신청수수료 납부

등기신청수수료의 현금납부서에 기입해야 할 항목은

• 등기소명 : 낙찰받은 물건주소지 담당 관할등기소 본건은 화성등기소

• 금액 : 등록면허세 납부할 때 적은 말소사항 [8건 * 3,000원] = 24,000원
  그리고 이전등기 15,000원 등기신청수수료의 현금납부를 한다.

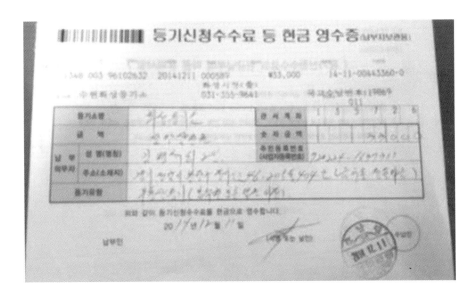

② 은행에서의 두 번째 업무는 국민주택채권 구입이다.

[채권금액]은 http://www.bond114.co.kr/bond114/bond/bondcalculator.htm에서 확인할 수 있다. 본등기 건은 주택부수토지로 보아 주택시가표준액 75,925,200원을 입력 후 계산하니 채권금액은 2,660,000원 본인부담금은 81,888원이 산출되었다.

위의 홈페이지에 들어가서 각 항목에 맞게 설정 입력(개인- 이전등기-기타지역-토지분 시가표준액)하면 된다.

저자는 건물을 제외한 대지만 낙찰받았지만, 주택부수토지로 보아 적용한다.

주택·건물·토지 시가표준액은 [취득세납부서 겸 영수증]에 나와 있다.

위 사이트에서 최종적으로 매입해야 할 채권금액을 2,660,000원을 기재하고 매입 용도는 부동산등기(소유권보존 또는 이전)로 기입한 후 대금 납부를 하고 거래내역확 인증을 받는다.

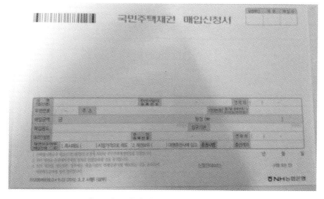

[국민주택채권 매입신청서 작성]

[거래내역확인증 영수증]

거래내역확인증 영수증까지 받았으면 화성 시청에서 해야 할 모든 일은 마쳤다.

모든 구비 영수증을 첨부하여 마지막으로 수원지방법원으로 가야 한다.
모든 영수증은 당연히 잘 챙겨 두어야 한다.

3. 부동산소유권이전등기

부동산 경매물건 법원과 물 건지 관할청에서 교부받은

① 경매계에서 받은 [매각허가결정문], [매각대금완납증명서]

② 취득세 · 등록면허세영수증

③ 국민주택채권을 사고 받은 거래내역확인서

④ 등기신청수수료의 현금영수증

위 서류가 있을 것이다.

이제 최종적으로 [부동산소유권이전등기 촉탁신청서]를 작성한다. 서식은 대법원
경매정보사이트의 경매서식에서 다운받을 수 있다.

부동산소유권이전등기 촉탁신청서

사건번호 2013 타경 15493 부동산강제(임의)경매

채 권 자 ㈜에스앤에이치플러스

채 무 자 (소유자) 석기운

매 수 인 유지숙 외 2명

위 사건에 관하여 매수인 유지숙 외 2인은 귀원으로부터 매각허가결정을 받고 2014년 12월 11일 대금 전액을 완납하였으므로 별지목록기재 부동산에 대하여 소유권이전 및 말소등기를 촉탁하여 주시기 바랍니다.

첨부서류

1. 부동산목록 4통
1. 부동산등기사항전부증명서 1통
1. 토지대장등본 1통
1. 건축물대장등본 통
1. 주민등록등본 1통
1. 취득세 영수증(이전)
1. 등록면허세 영수증(말소)
1. 대법원수입증지-이전 15,000원, 말소 1건당 3,000원(토지, 건물 각각임)
1. 말소할 사항(말소할 각 등기를 특정할 수 있도록 접수일자와 접수번호) 4부

2014년 12월 16일

신청인(매수인) 김 병 석 ㊞

유지숙 ㊞

강동민 ㊞

연락처(☎) 010-8***-6***

수원 지방법원   귀중

☞유의사항

1. 법인등기사항증명서, 주민등록등(초)본, 토지대장 및 건물대장등본은 발행일로부터 3월 이내의 것이어야 함

2. 등록세 영수필확인서 및 통지서에 기재된 토지의 시가표준액 및 건물의 과세표준액이 각 500만 원 이상일 때에는 국민주택채권을 매입하고 그 주택채권발행번호를 기재하여야 함

[첨부서류]를 확인한다.

⋯ 등기사항전부증명서는 인터넷대법원등기소에서 제출용으로 1,000원 발급 가능

등기사항전부증명서와 토지대장은 인터넷 민원24에서 발급 가능

⋯ 관할청에서 직접 발급하고자 할 때는 통합민원 신청서 작성 후 발급받으면 된다.

(앞면)

통합민원 신청서
[토지(임야)대장, 지적(임야)도, 건축물대장, 공시지가확인원, 토지이용계획확인원]

신청인성명		전화번호			□열람 □ 등본교부
토지소유자		주민번호	-		대장발급시 주민등록번호를 필요로 희신분만 기재요망
신청종목 (신청수량)	□ 토지(임야)대장(최종연혁,전체연혁) : 부 □ 지적(임야)도 : 부 □ 건축물대장 : 부(배치도, 평면도) □ 개별공시지가확인원(신청년도: ~) : 부 □ 토지이용계획확인원 : 부				
신 청 토 지					
시군구	읍·면·동	리	번지	건물명	동	층	호

1) 부동산 목록 4통(부동산의 표시란을 보고 작성하면 된다.)

	별지기재부동산목록		
번호	소재지	용도 · 구조 · 면적	비고
1	경기도 화성시 송산면 고포리 98	대 188㎡	-
2	경기도 화성시 송산면 고포리 99-2	대 215㎡	-

이하여백

2) 부동산등기사항전부증명서 1통(2필지이기에 2필지 등기를 첨부한다.)

등기사항전부증명서(말소사항 포함) - 토지

[토지] 경기도 화성시 송산면 고포리 98   고유번호 1348-1996-456571

【 표 제 부 】		(토지의 표시)			
표시번호	접 수	소 재 지 번	지 목	면 적	등기원인 및 기타사항
~~1~~ ~~(전 1)~~	~~1981년5월28일~~	~~경기도 화성군 송산면 고포리 98~~	~~대~~	~~186㎡~~	
					부동산등기법 제177조의 6 제1항의 규정에 의하여 2000년 09월 08일 전산이기
2		경기도 화성시 송산면 고포리 98	대	188㎡	2010년4월8일 행정구역명칭변경으로 인하여 2010년4월8일 등기

【 갑 구 】		(소유권에 관한 사항)		
순위번호	등 기 목 적	접 수	등 기 원 인	권 리 자 및 기 타 사 항
1 (전 1)	소유권이전	1981년5월28일 제24805호	1965년12월5일 매매	소유자 석기웅 화성군 송산면 고포리 25 법률 제3094호에의함
				부동산등기법 제177조의 6 제1항의 규정에 의하여 2000년 09월 08일 전산이기
1-1	1번등기명의인표시변경	2012년5월25일 제73143호	1981년6월15일 전거	석기웅의 주소 경기도 화성시 송산면 고포리 27

문서 하단의 바코드를 스캐너로 확인하거나, 인터넷등기소(http://www.iros.go.kr)의 발급확인 메뉴에서 발급확인번호를 입력하여
위·변조 여부를 확인할 수 있습니다. 발급확인번호를 통한 확인은 발행일부터 3개월까지 5회에 한하여 가능합니다.

발행번호 134201134081941280109641115W0565441950H1711471122   1/4   발급확인번호 ANLL-DMEI-5710   발행일 2014/12/11

등기사항전부증명서(말소사항 포함) - 토지

[토지] 경기도 화성시 송산면 고포리 99-2   고유번호 1348-1996-456624

【 표 제 부 】		(토지의 표시)			
표시번호	접 수	소 재 지 번	지 목	면 적	등기원인 및 기타사항
~~1~~ ~~(전 1)~~	~~1981년6월23일~~	~~경기도 화성군 송산면 고포리 99-2~~	~~대~~	~~215㎡~~	
					부동산등기법 제177조의 6 제1항의 규정에 의하여 2000년 09월 09일 전산이기
2		경기도 화성시 송산면 고포리 99-2	대	215㎡	2010년4월8일 행정구역명칭변경으로 인하여 2010년4월8일 등기

【 갑 구 】		(소유권에 관한 사항)		
순위번호	등 기 목 적	접 수	등 기 원 인	권 리 자 및 기 타 사 항
1 (전 1)	소유권보존	1981년6월23일 제30472호		소유자 석기웅 화성군 송산면 고포리 27 법률 제3094호에의함
				부동산등기법 제177조의 6 제1항의 규정에 의하여 2000년 09월 09일 전산이기
1-1	1번등기명의인표시변경	2012년5월25일 제73144호	2011년2월21일 지번정정	석기웅의 주소 경기도 화성시 송산면 고포리 98

문서 하단의 바코드를 스캐너로 확인하거나, 인터넷등기소(http://www.iros.go.kr)의 발급확인 메뉴에서 발급확인번호를 입력하여
위·변조 여부를 확인할 수 있습니다. 발급확인번호를 통한 확인은 발행일부터 3개월까지 5회에 한하여 가능합니다.

발행번호 134201134081941280109641115W056642050H12429171122   1/3   발급확인번호 ANLL-DMEV-6246   발행일 2014/12/11

3) 토지대장 1통(2필지이기에 각 필지별 토지대장을 첨부한다.)

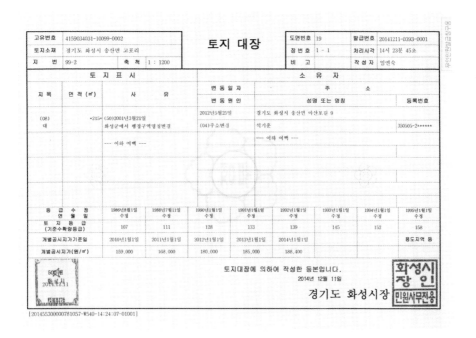

4) 주민등복등본 1통(3명이기에 세 사람의 등본이 첨부된다.)

┅ 혹시 낙찰 후 주소변경 시 주민등록초본 첨부

5) 취득세 · 면허세 · 등기신청수수료현금영수증 · 국민채권 거래내역확인증

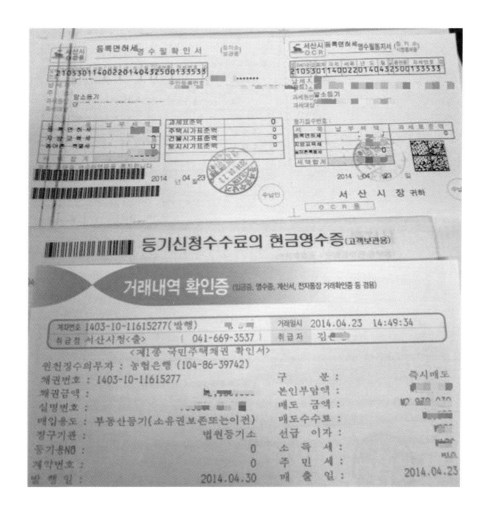

6) 말소할 권리목록 4통(2필지이기에 필지별 목록을 작성하였다.)

···▶ 말소할 권리목록 작성 방법

말소할 권리목록은 등기사항전부증명서를 기준으로 기재되어 있는 채권채무관계 중 경락으로 인해 소멸되는 것을 의미하며, 갑구와 을구 중 빠른 날짜를 기준으로 작성하면 된다.

말소할 권리목록

토지 : 경기도 화성시 송산면 고포리 98

번호	접수 날짜 및 접수 번호	등기목적
1(을1)	2012년 5월 25일 제73146호	근저당권설정
2(갑8)	2013년 1월 11일 제4733호	압류
3(갑9)	2013년 3월 18일 제41299호	임의경매개시결정
4(갑10)	2014년 4월 29일 제68471호	강제경매개시결정

이하여백

말소할 권리목록

토지 : 경기도 화성시 송산면 고포리 99-2

번호	접수 날짜 및 접수 번호	등기목적
1(을1)	2012년 5월 25일 제73146호	근저당권설정
2(갑2)	2014년 9월 2일 제98550호	압류
3(갑3)	2013년 3월 18일 제41299호	임의경매개시결정
4(갑4)	2014년 4월 29일 제68471호	강제경매개시결정

이하여백

등기사항전부증명서(말소사항 포함) - 토지

[토지] 경기도 화성시 송산면 고포리 98

고유번호 1348-1996-456571

【 표 제 부 】 (토지의 표시)

표시번호	접 수	소 재 지 번	지 목	면 적	등기원인 및 기타사항
~~1~~ (전 1)	~~1981년5월28일~~	~~경기도 화성군 송산면 고포리 98~~	~~대~~	~~188㎡~~	
					부동산등기법 제177조의 6 제1항의 규정에 의하여 2000년 09월 08일 전산이기
2		경기도 화성시 송산면 고포리 98	대	188㎡	2010년4월8일 행정구역명칭변경으로 인하여 2010년4월8일 등기

【 갑 구 】 (소유권에 관한 사항)

순위번호	등 기 목 적	접 수	등 기 원 인	권 리 자 및 기 타 사 항
1 (전 1)	소유권이전	1981년5월28일 제24805호	1965년12월5일 매매	소유자 석기호 화성군 송산면 고포리 25 법률 제3094호에의함
				부동산등기법 제177조의 6 제1항의 규정에 의하여 2000년 09월 08일 전산이기
1-1	1번등기명의인표시변경	2012년5월25일 제73143호.	1981년6월15일 전거	석기호의 주소 경기도 화성시 송산면 고포리 27

문서 하단의 바코드를 스캐너로 확인하거나, 인터넷등기소(http://www.iros.go.kr)의 발급확인 메뉴에서 발급확인번호를 입력하여
위·변조 여부를 확인할 수 있습니다. 발급확인번호를 통한 확인은 발행일부터 3개월까지 5회에 한하여 가능합니다.

발행번호 1342011340819412801096411158005654195807114171122   1/4   발급확인번호 ANLL-DMEI-5710   발행일 2014/12/11

[토지] 경기도 화성시 송산면 고포리 98

고유번호 1348-1996-456571

순위번호	등 기 목 적	접 수	등 기 원 인	권 리 자 및 기 타 사 항
1-2	1번등기명의인표시변경	2012년5월25일 제73144호.	2011년2월21일 지번정정	석기호의 주소 경기도 화성시 송산면 고포리 98
1-3	1번등기명의인표시변경	2012년5월25일 제73145호.	2011년12월7일 도로명주소	석기호의 주소 경기도 화성시 송산면 미산포길 9
2	~~가압류~~	~~2003년7월9일~~ ~~제70927호.~~	~~2003년7월4일~~ ~~수원지방법원의 가압류~~ ~~결정(2003카단22751)~~	~~청구금액 금3,822,099원~~ ~~채권자 대우캐피탈주식회사 160111-0038624~~ ~~대전 대덕구 송촌동 292-3~~ ~~(천안지점)~~
3	~~강제경매개시결정~~	~~2004년10월6일~~ ~~제111072호.~~	~~2004년9월30일~~ ~~수원지방법원의~~ ~~강제경매개시결정(2004~~ ~~타경59323)~~	~~채권자 대우캐피탈주식회사 160111-0038624~~ ~~대전 대덕구 송촌동 292-3~~ ~~(천안지점)~~
4	~~3번강제경매개시결정등기말소~~	~~2005년2월21일~~ ~~제20210호.~~	~~2005년2월17일~~ ~~취하~~	
5	~~2번가압류등기말소~~	~~2005년2월28일~~ ~~제23444호.~~	~~2005년2월17일~~ ~~해제~~	
6	~~가압류~~	~~2009년7월2일~~ ~~제123100호.~~	~~2009년7월2일~~ ~~수원지방법원~~ ~~오산시법원의~~ ~~가압류결정(2009카단102~~ ~~4)~~	~~청구금액 금12,626,434 원~~ ~~채권자 송산농업협동조합~~ ~~화성시 송산면 사강리 806-1~~
7	~~6번가압류등기말소~~	~~2009년10월23일~~	~~2009년10월19일~~	

발행번호 1342011340819412801096411158005654195807114171122   2/4   발급확인번호 ANLL-DMEI-5710   발행일 2014/12/11

고유번호 1348-1996-456571

순위번호	등 기 목 적	접 수	등 기 원 인	권 리 자 및 기 타 사 항
		제190925호	해제	
8	압류	2013년1월11일 제4733호	2013년1월10일 압류(재산세과-102)	권리자 국 처분청 화성세무서
9	임의경매개시결정	2013년3월18일 제41289호	2013년3월15일 수원지방법원의 임의경매개시결정(2013 타경15493)	채권자 김상애 인천 계양구 효서로 284, 3동 807호(작전동, 한신아파트)
10	강제경매개시결정	2014년4월29일 제68471호	2014년4월29일 수원지방법원의 강제경매개시결정(2014 타경20386)	채권자 주식회사에스엠에이잌플러스 서울 강남구 테헤란로 311, 2006호(역삼동, 아남타워빌딩)

【 을 구 】 (소유권 이외의 권리에 관한 사항)

순위번호	등 기 목 적	접 수	등 기 원 인	권 리 자 및 기 타 사 항
1	근저당권설정	2012년5월25일 제73146호	2012년5월22일 설정계약	채권최고액 금45,000,000원 채무자 서경주 경기도 화성시 흥산면 아산로길 9 근저당권자 장성희 611028-******* 인천광역시 남구 인수대로291번길 6, 바동502호(주안동, 석악아파트) 공동담보 토지 경기도 화성시 흥산면 고포리 99-2
1-1	1번근저당권이전	2013년6월28일	2013년6월27일	근저당권자 위영주 630407-*******

고유번호 1348-1996-456571

순위번호	등 기 목 적	접 수	등 기 원 인	권 리 자 및 기 타 사 항
		제102276호	확정채권양도	장소지 성남시 분당구 탄천로 95, 403동 1301호(이매동, 아름마을)
1-2	1번근저당권이전	2014년1월16일 제7590호	2014년1월16일 확정채권양도	근저당권자 주식회사엠에스나인 110111-5064722 서울특별시 강남구 테헤란로 311, 2006호(역삼동, 아남타워빌딩)
1-3	1번근저당권부질권	2014년1월16일 제7591호	2014년1월16일 설정계약	채권액 금45,000,000원 채무자 주식회사엠에스나인 서울특별시 강남구 테헤란로 311, 2006호(역삼동, 아남타워빌딩) 채권자 김영주 630407-******* 경기도 성남시 분당구 탄천로 95, 403동 1301호(이매동, 아름마을) 공동담보 토지 경기도 화성시 흥산면 고포리 99-2 을구 제1번의 근저당권

-- 이 하 여 백 --

수수료 1,000원 영수함

관할등기소 수원지방법원 화성등기소 / 발행등기소 수원지방법원 화성등기소

이 증명서는 등기기록의 내용과 틀림없음을 증명합니다.

서기 2014년 12월 11일

법원행정처 등기정보중앙관리소 전산운영책임관

등기사항전부증명서(말소사항 포함) - 토지

[토지] 경기도 화성시 송산면 고포리 99-2

고유번호 1348-1996-456624

【 표 제 부 】 (토지의 표시)

표시번호	접 수	소 재 지 번	지 목	면 적	등기원인 및 기타사항
1 (전 1)	1981년6월23일	경기도 화성군 송산면 고포리 99-2	대	215㎡	
					부동산등기법 제177조의 6 제1항의 규정에 의하여 2000년 09월 09일 전산이기
2		경기도 화성시 송산면 고포리 99-2	대	215㎡	2010년4월8일 행정구역명칭변경으로 인하여 2010년4월8일 등기

【 갑 구 】 (소유권에 관한 사항)

순위번호	등 기 목 적	접 수	등 기 원 인	권 리 자 및 기 타 사 항
1 (전 1)	소유권보존	1981년6월23일 제30472호		소유자 석기운 화성군 송산면 고포리 27 법원 제3894호에의함
				부동산등기법 제177조의 6 제1항의 규정에 의하여 2000년 09월 09일 전산이기
1-1	1번등기명의인표시변경	2012년5월25일 제73144호	2011년2월21일 지번정정	석기운의 주소 경기도 화성시 송산면 고포리 98

문서 하단의 바코드를 스캐너로 확인하거나, 인터넷등기소(http://www.iros.go.kr)의 발급확인 메뉴에서 발급확인번호를 입력하여
위·변조 여부를 확인할 수 있습니다. 발급확인번호를 통한 확인은 발행일부터 3개월까지 5회에 한하여 가능합니다.

발행번호 13420113408194128010964111S4H056642050H12429171122   1/3   발급확인번호 ANLL-DMEV-6246   발행일 2014/12/11

[토지] 경기도 화성시 송산면 고포리 99-2

고유번호 1348-1996-456624

순위번호	등 기 목 적	접 수	등 기 원 인	권 리 자 및 기 타 사 항
1-2	1번등기명의인표시변경	2012년5월25일 제73145호	2011년12월7일 도로명주소	석기운의 주소 경기도 화성시 송산면 마산포길 9
2	압류	2004년9월2일 제98550호	2004년8월27일 압류(징세15909)	권리자 국 처분청 수원세무서
3	임의경매개시결정	2013년3월18일 제41299호	2013년3월15일 수원지방법원의 임의경매개시결정(2013 타경15493)	채권자 강길애 인천 계양구 효성로 284, 3동 807호 (작전동, 한신아파트)
4	강제경매개시결정	2014년4월29일 제68471호	2014년4월29일 수원지방법원의 강제경매개시결정(2014 타경20386)	채권자 주식회사에스엔에이티플러스 서울 강남구 테헤란로 311 , 2006호 (역삼동, 아남타워빌딩)

【 을 구 】 (소유권 이외의 권리에 관한 사항)

순위번호	등 기 목 적	접 수	등 기 원 인	권 리 자 및 기 타 사 항
1	근저당권설정	2012년5월25일 제73146호	2012년5월22일 설정계약	채권최고액 금45,000,000원 채무자 석기운 경기도 화성시 송산면 마산포길 9 근저당권자 장상애 611028-******* 인천광역시 남구 인주대로291번길 6-바동502호 (주안동, 석라아파트) 공동담보 토지 경기도 화성시 송산면 고포리 98

발행번호 13420113408194128010964111S4H056642050H12429171122   2/3   발급확인번호 ANLL-DMEV-6246   발행일 2014/12/11

328

[토지] 경기도 화성시 송산면 고모리 99-2

고유번호 1348-1996-456624

순위번호	등 기 목 적	접 수	등 기 원 인	권 리 자 및 기 타 사 항
1-1	1번근저당권이전	2013년6월28일 제102276호	2013년6월27일 확정채권양도	근저당권자 김영주 630407-******* 경기도 성남시 분당구 판교로 95, 403동 1301호(이매동, 아름마을)
1-2	1번근저당권이전	2014년1월16일 제7590호	2014년1월16일 확정채권양도	근저당권자 주식회사앰에스나인 110111-5064722 서울특별시 강남구 테헤란로 311, 2006호(역삼동, 아남타워빌딩)
1-3	1번근저당권부질권	2014년1월16일 제7591호	2014년1월16일 설정계약	채권액 금45,000,000원 채무자 주식회사앰에스나인 서울특별시 강남구 테헤란로 311, 2006호(역삼동, 아남타워빌딩) 채권자 김영주 630407-******* 경기도 성남시 분당구 판교로 95, 403동 1301호(이매동, 아름마을) 공동담보 토지 경기도 화성시 송산면 고모리 98 등기 제1번의 근저당권

-- 이 하 여 백 --

수수료 1,000원 영수함

관할등기소 수원지방법원 화성등기소 / 발행등기소 수원지방법원 화성등기소

이 증명서는 등기기록의 내용과 틀림없음을 증명합니다.

서기 2014년 12월 11일

법원행정처 등기정보중앙관리소   전산운영책임관

* 실선으로 그어진 부분은 말소사항을 표시함.   * 등기기록에 기록된 사항이 없는 갑구 또는 을구는 생략함.

본 서 하단의 바코드를 스캐너로 확인하거나, 인터넷등기소(http://www.iros.go.kr)의 발급확인 메뉴에서 발급확인번호를 입력하여
위·변조 여부를 확인할 수 있습니다. 발급확인번호를 통한 확인은 발행일부터 3개월까지 5회에 한하여 가능합니다.

발행번호 13420113408194128010964111SWH05664120S00324291711122   3/3   발급확인번호 ANLL-DMEV-6246   발행일 2014/12/11

7) 위의 1~6 첨부서류를 구비하여 경매계에 접수하면 끝난다.

대법원등기소에서 등기사항전부증명서를 10일 정도 후 열람하여 신청한 내용으로 변경되었다면, 직접 신청등기소에 찾으러 가면 된다. 만일 직접 가기가 번거로우면 접수할 때 '우편송부'를 신청하고 대봉투에 우표를 구입하여 붙이고 제출하면 되며, 기간은 대략 일주일 정도 지난 후 보내 준다.

주택임대차보호법 개정 주택임대차 3법

주택임대차 3법 주요 내용

1) 계약갱신 청구권(2020. 7. 31 부터 시행)

청 구	임대차 기간이 끝나는 6개월 전부터 1개월 전까지 기간에 청구
행 사	임대차 기간이 끝나는 2개월 전까지 행사
회 수	갱신계약요구권은 1회에 한하여 행사 가능하며, 2년 보장 (묵시적 갱신은 횟수로 보지 않음, 명확한 의사표시를 한 경우만 인정)
잔존기간	2020. 12. 10 이후 최초로 체결하거나 갱신된 계약은 2개월 이상 잔존기간이 있어야 함

(1) 임차인의 갱신요구권 가능 여부

구 분	임 대 인	임 차 인
상황 1	계약만료 6개월 전부터 1개월까지 갱신을 거절하고, 법시행전에 제3자와 새로운 임대차 계약을 맺은 경우(계약금 수령입증, 계약서 등)	계약갱신요구권 행사 불가능
상황 2	법 시행 이후 제3자와 계약을 체결한 경우	계약갱신요구권 행사 가능
상황 3	계약완료 6개월 전부터 1개월 전까지 기간에 임대인이 갱신거절만 한 경우	계약갱신요구권 행사 가능
상황 4	계약완료 6개월 전부터 1개월 전까지 기간에 임차인과 합의를 통해 이미 계약을 갱신한 경우	계약갱신요구권 행사 가능

※ 계약갱신청구권 행사시 임차인은 언제든지 계약해지를 통지할 수 있으며, 임대인은 통지받은 날로부터 3개월 지나야 효력 발생(임차인은 계약해지를 통보하더라도 계약만료 전이라면 3개월간 임대료 납부해야 함)

(2) 계약갱신의 거절(2020. 6. 9. 개정 「주택임대차보호법」 제6조의3제1항)

	갱신 거절 사유
1	임차인이 2기의 차임액에 해당하는 금액을 연체한 경우
2	임차인이 거짓이나 그 밖의 부정한 방법으로 임차한 경우
3	서로 합의하여 임대인이 임차인에게 상당한 보상(이사비 등)을 제공한 경우
4	임차인이 임대인의 동의 없이 목적 주택의 전부 또는 일부를 전대(轉貸)한 경우
5	임차인이 임차한 주택의 전부 또는 일부를 고의나 중대한 과실로 파손한 경우
6	임차한 주택의 전부 또는 일부가 멸실되어 임대차의 목적을 달성하지 못할 경우
7	임대인이 주택의 전부 또는 대부분을 철거하거나 재건축 예정인 경우
8	임대인(직계존속 · 직계비속을 포함)이 목적 주택에 실제 거주하려는 경우
9	임차인의 의무를 현저히 위반하거나 임대차를 계속하기 어려운 중대한 사유가 있는 경우

※ 계약갱신청구권 행사 시 임차인은 언제든지 계약해지를 통지할 수 있으며, 임대인은 통지받은 날로부터 3개월 지나야 효력 발생(임차인은 계약해지를 통보하더라도 계약만료 전이라면 3개월간 임대료 납부해야 함)

※ 임대인의 직접 거주사유가 허위인 경우 임차인은 손해배상을 청구할 수 있다.

허위의 갱신거절시 손해배상액 산정

1. 임대인과 임차인 간 손해배상 예정액

2. 1이 없는 경우 법정 손해배상 예정액 중 가장 큰 금액

　① 갱신거절 당시 월 단위 임대료(전세금은 전액 월세로 전환, 법정전환율 2.5% 적용) 3개월분에 해당하는 금액

　② '임대인이 새로운 임차인에게 임대하여 얻은 월단위 임대료 – 갱신거절 당시 월단위 임대료'의 2년분(차액)에 해당하는 금액

　③ 갱신거절로 인해 임차인이 입은 손해액

2) 전월세 상한제(2020. 7. 31. 부터 시행 직전 계약의 5% 이내로 제한)

　① 적용시기 : 존속중인 계약에서 임대료를 증액하거나 계약갱신 청구권을 행

사하는 경우에만 가능

② 임대료상한 : 5%의 범위 내에서 임대인, 임차인 협의 조정 가능(지자체가 5% 이내 별도 설정가 능)

③ 전세에서 월세로 전환 가능 여부 : 임차인 동의 없는 한 곤란, 임차인의 동의 시 법정전환율이 적용됨

3) 전월세신고제(2021. 6. 1. 부터 시행 임대차 계약 시 실거래 신고 의무화)

① 주택 전월세 계약 시 반드시 30일 이내에 지자체에 임대차 계약 정보를 신고하도록 의무화하는 제도

② 당사자 중 일방이 신고를 거부하면 단독으로 신고 가능

③ 임대차 신고가 이뤄지면 확정일자를 부여한 것으로 간주

④ 고시원, 기숙사 등 준주택과 공장·상가 내 주택, 판잣집 등 비주택도 신고 대상

⑤ 대상 지역은 수도권 전역과 지방 광역시, 세종시, 도의 시 지역

⑥ 임대차 보증금 6천만 원을 초과하거나 월세가 30만 원을 넘기면 신고 대상

⑦ 신고하지 않거나 거짓신고를 하는 경우에는 100만 원 이하의 과태료 부과

☞ 본 자료는 개정법 개정자료이니 세부 사항은 필히 확인 필요.